超《ちょう》スクープ!!

世界《せかい》の超常現象《ちょうじょうげんしょう》
衝撃写真《しょうげきしゃしん》ギャラリー

世界各地《かくち》で、われわれの常識《じょうしき》では
はかりしれない、超常的《ちょうじょうてき》な現象《げんしょう》が起きている!

時間旅行者の姿《すがた》がとらえられた!?

▲1940年代の写真に、サングラスにトレーナーという場ちがいな姿《すがた》の男が!

◀90年近く前の映像《えいぞう》には、携帯《けいたい》電話で話す老婦人《ろうふじん》が映《うつ》りこんでいた!

見た者に死と不幸をもたらす

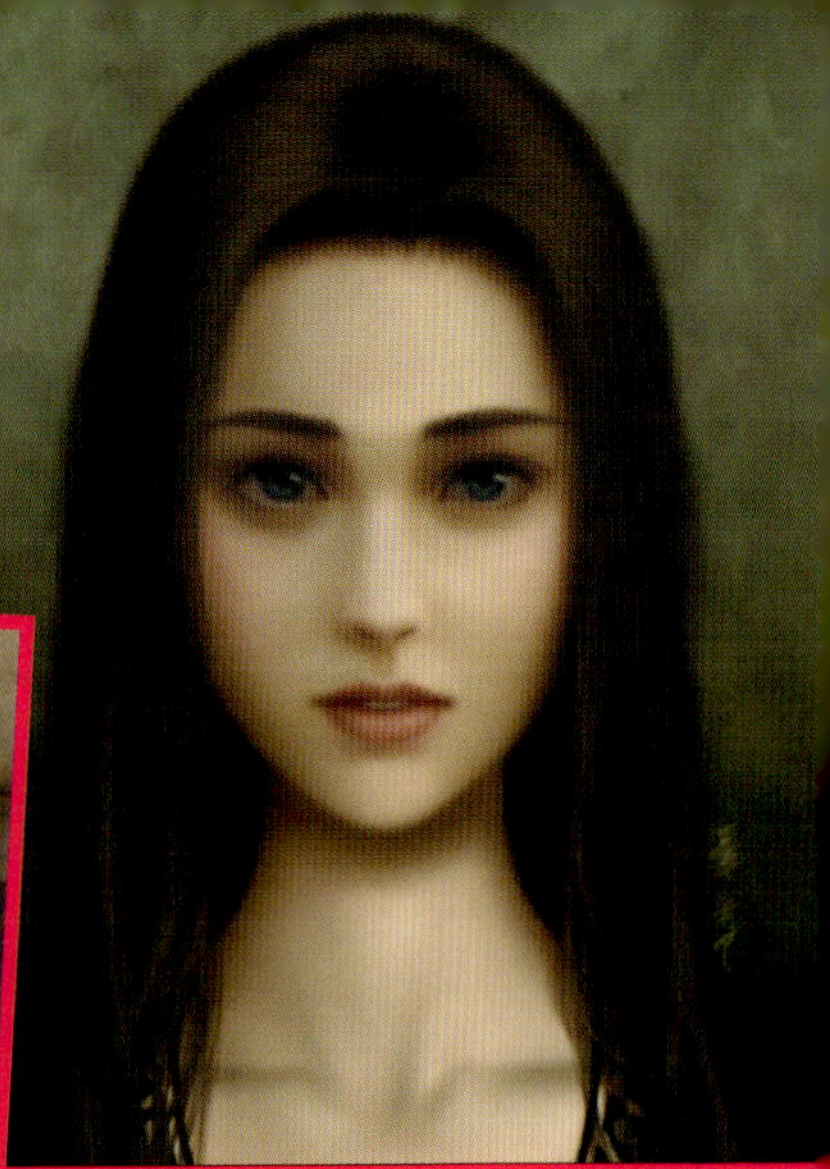

▶美しい女性《じょせい》がモデルのこの絵の所有者は、次々と謎《なぞ》の病死をとげた！　見つづけるとこの絵がほほえむといううわさも！

◀「終焉《しゅうえん》の画家」ベクシンスキーが描《えが》いたこの絵は、3回見ると死ぬという。

▲世界最長《さいちょう》の呪《のろ》いの言葉が刻《きざ》まれた彫刻《ちょうこく》。この作品の撤去《てっきょ》を求めた議院《ぎいん》は急死した！

呪われた作品群《ぐん》

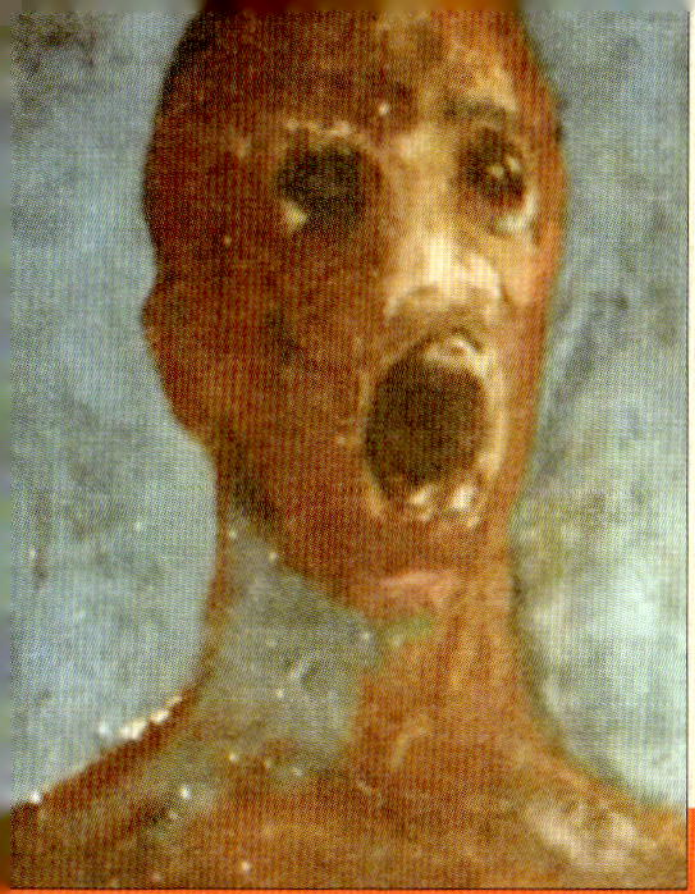

▲近年話題の呪《のろ》いの絵『もだえ苦しむ男』。所有者の家では怪《かい》異《い》が巻《ま》きおこっている!

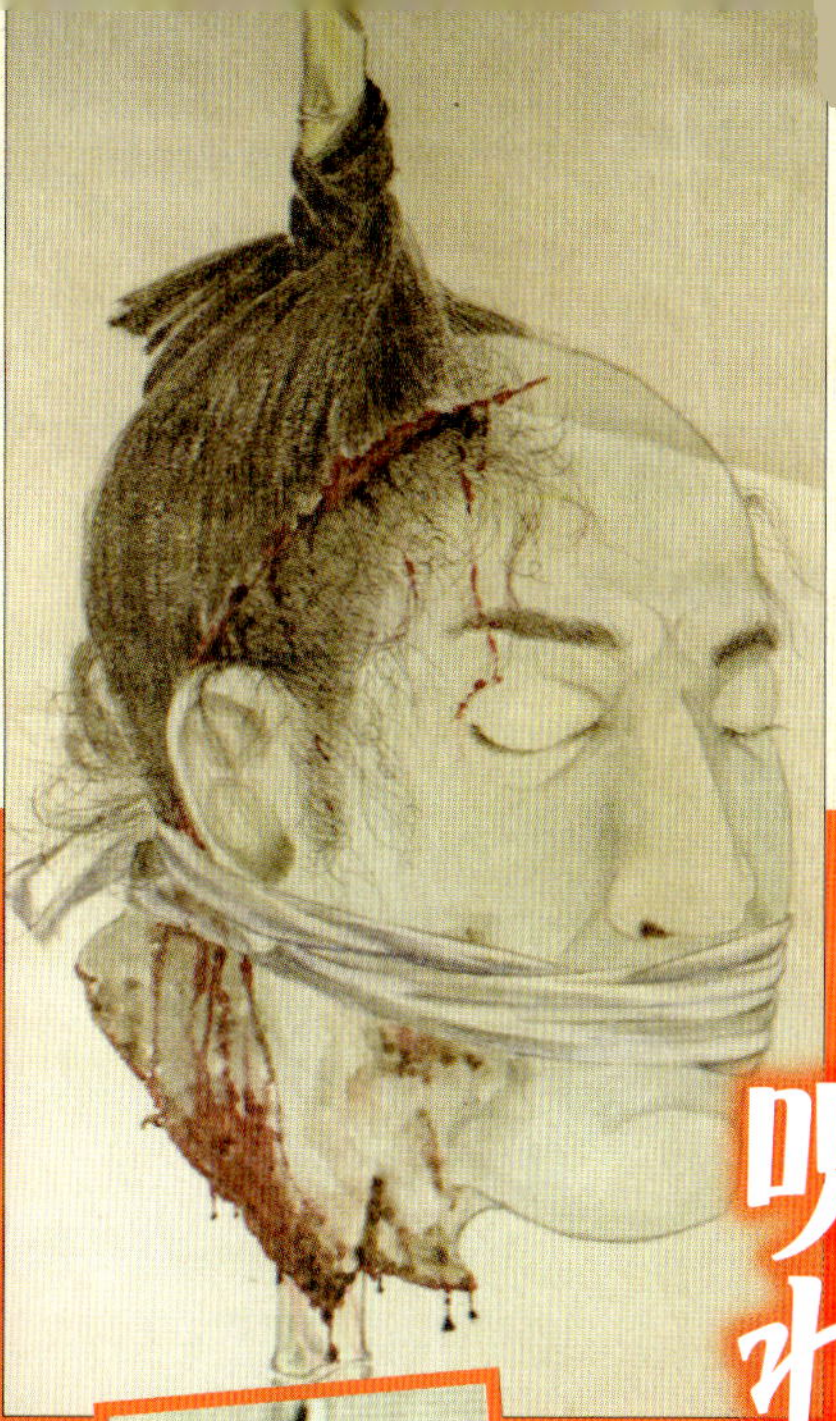

▶暗殺《あんさつ》された役人を描《えが》いた掛《か》け軸《じく》。1970 年代の生放送番組で目を開ける様子（右下）が放送され、騒然《そうぜん》となった。

◀日本最古《さいこ》の心霊《しんれい》写真といわれる1枚《まい》。被写体《ひしゃ》の住職《じゅうしょく》は、この写真を見た瞬間《しゅんかん》にもだえ苦しみ死亡《しぼう》した。

聖《せい》なる者と邪《じゃ》悪《あく》なる者は

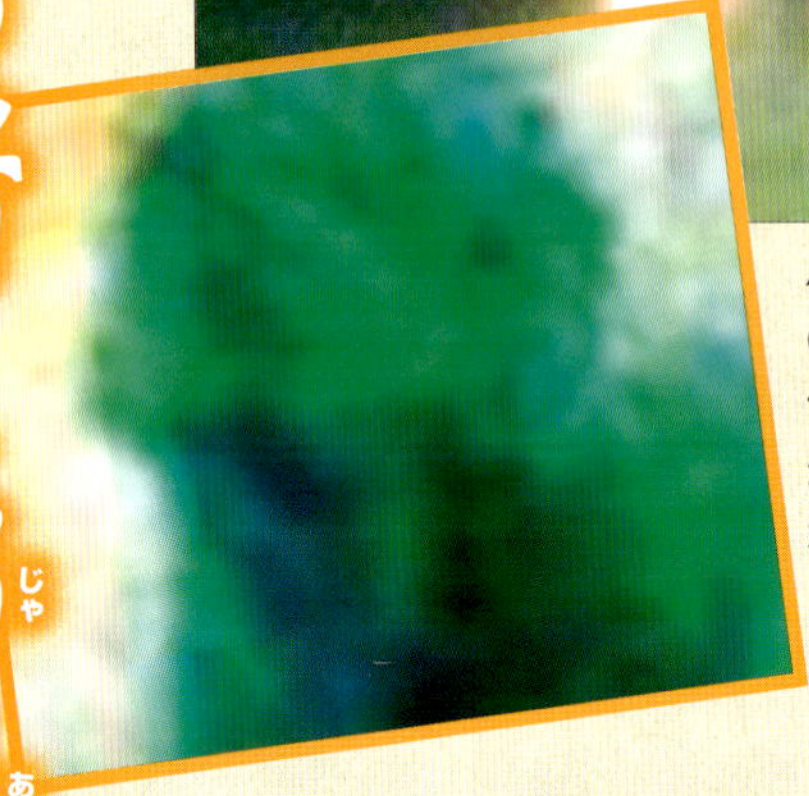

▲◀白血病の少女の背後《はいご》に現《あらわ》れた聖《せい》母《ぼ》マリア。数日後、少女の白血病は完《かん》治《ち》した。

▶ 2011年4月20日、西アフリカのコートジボアール上空に現《あらわ》れた、青いドレスをまとった聖《せい》母《ぼ》マリア。

この世界に現れている！

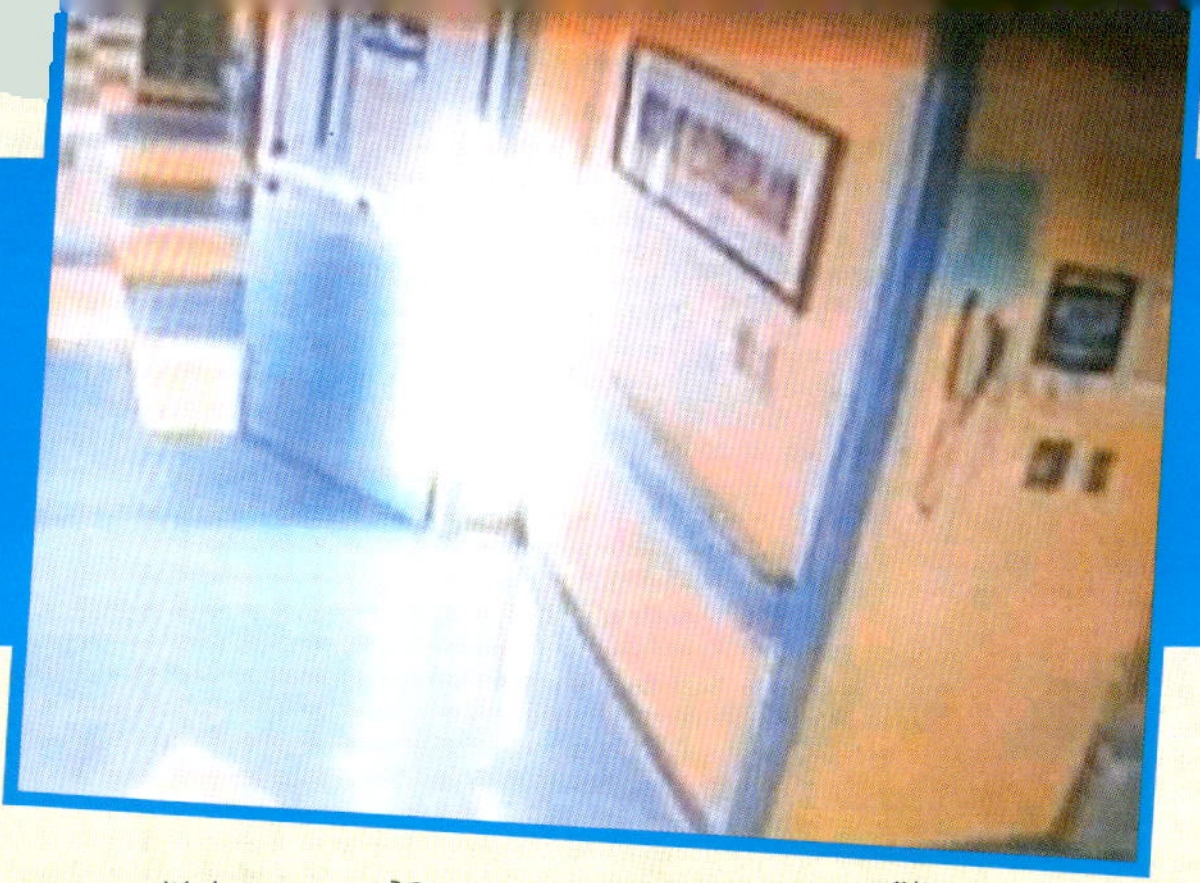

▲病院の監視《かんし》カメラに映《うつ》った天使。その病院で死を迎《むか》えようとしていた少女が、意識《いしき》を取《と》りもどす奇跡《きせき》が起きた！

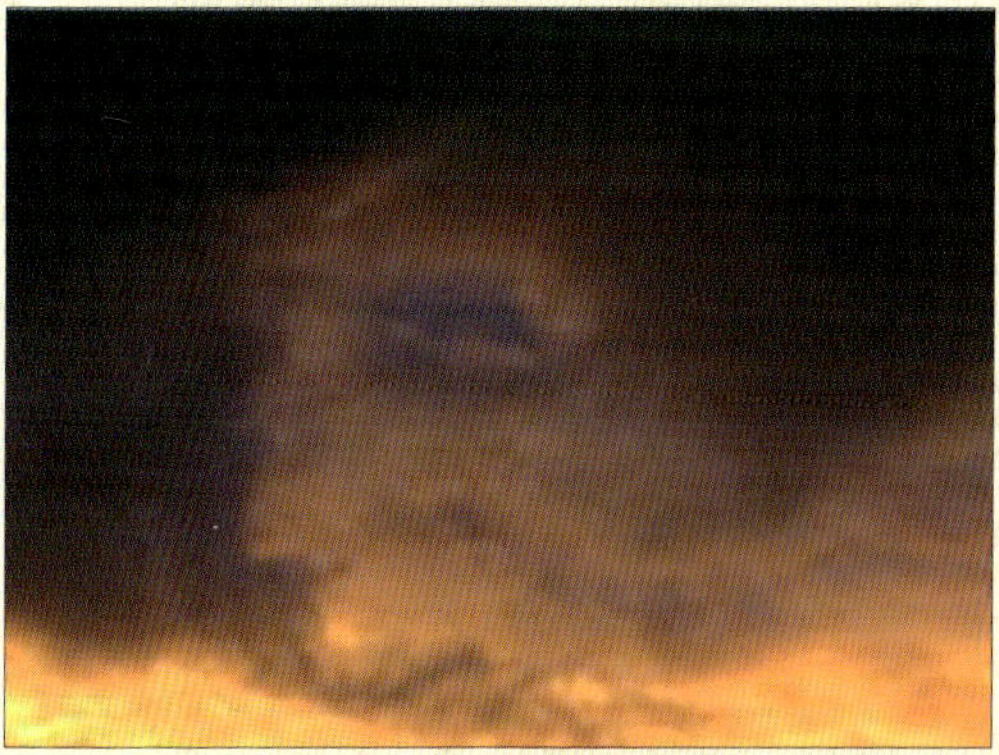

◀アメリカ・テキサス州上空に現《あらわ》れた悪《あく》魔《ま》の顔。その後、激《はげ》しいハリケーンが発生し、多大な被害《ひがい》をもたらした。

◀エジプトの抗《こう》議《ぎ》デモを報道《ほうどう》するニュース映像《えいぞう》に映《うつ》った緑の死神。ウマのようなものに乗って、画面右に消えていった。

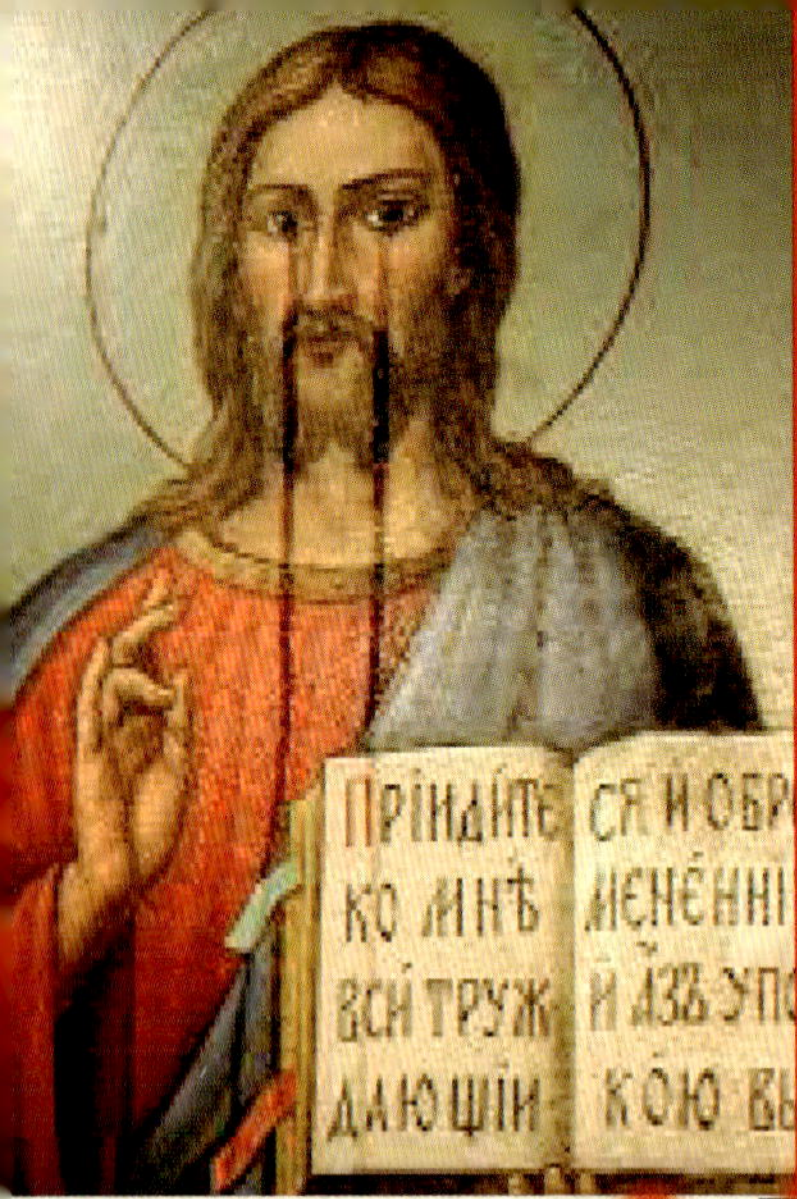

◀▲2014年、クリミア危機《きき》の直後、ロシアやウクライナの寺院や教会にある聖画《せいが》が、あいついで血の涙《なみだ》を流した！

“涙《なみだ》”の奇跡《きせき》！

▼▶女性《じょせい》が孫の病気回復をキリストの聖画《せいが》に祈《いの》ると、聖画《せいが》は涙《なみだ》を流した。その跡《あと》は今も残《のこ》る（右）。

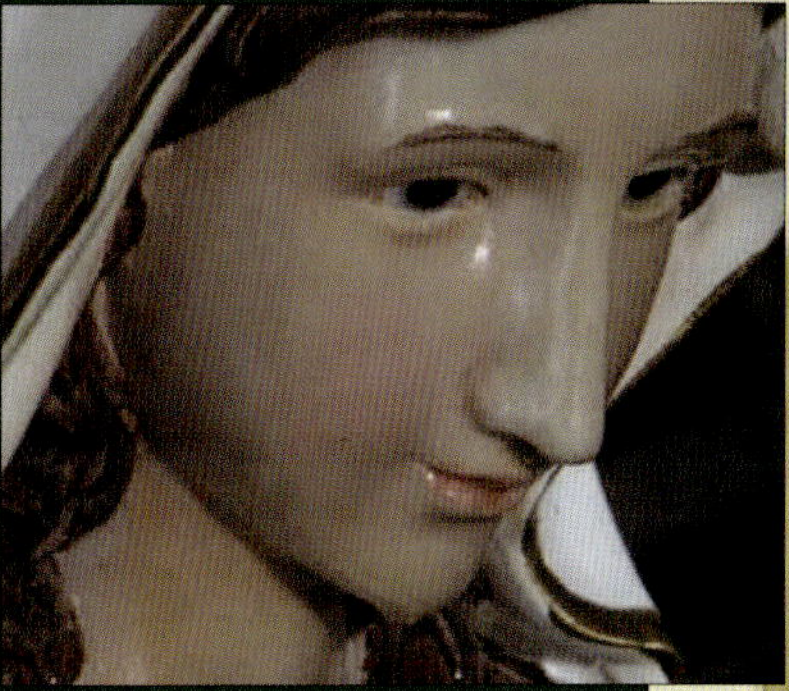

▲▶イスラエルの民家に安置《あんち》されたマリア像《ぞう》は、2014 年から突然《とつぜん》、油のような涙《なみだ》を流しはじめた。

聖画《せいが》・聖像《せいぞう》が流す

◀日本では観音像《かんのんぞう》も涙《なみだ》を流している。

▼涙《なみだ》を流す像《ぞう》として有名な、秋田県《あきたけん》の修道院《しゅうどういん》にあるマリア像《ぞう》。

▲イギリスの古城で撮《と》った写真には、「灰色《はいいろ》の貴婦人《きふじん》」の霊《れい》が!。

この世ならざる者たちの姿《すがた》

◀ヴァチカンの、サンピエトロ大聖堂《だいせいどう》のペドロ像《ぞう》の上に現《あらわ》れた、ドレスをまとった女性《じょせい》の霊《れい》。

▶イギリスにあるボーリー牧師館《ぼくしかん》の庭をさまよう修道《しゅうどう》女の霊《れい》。

◀ボリビアのサッカースタジアムの観客席《かんきゃくせき》をかけぬける謎《なぞ》の人影《ひとかげ》。フェンスもすりぬける様子が中継《ちゅうけい》に映《うつ》った。

ふいに現《あらわ》れる

◀ロシアの交差点で、左折《させつ》待ちの車の前にとつぜん現《あら》れた幽霊《ゆうれい》自動車。

▼アルゼンチンの海岸で写された謎《なぞ》の巨人《きょじん》。

▲アメリカの大量交通事故死《たいりょうこうつうじこし》があった通りで、歩きながら消える霊《れい》の姿《すがた》がとらえられた。

神《しん》秘《ぴ》と奇《き》跡《せき》の遺《い》物《ぶつ》の数々

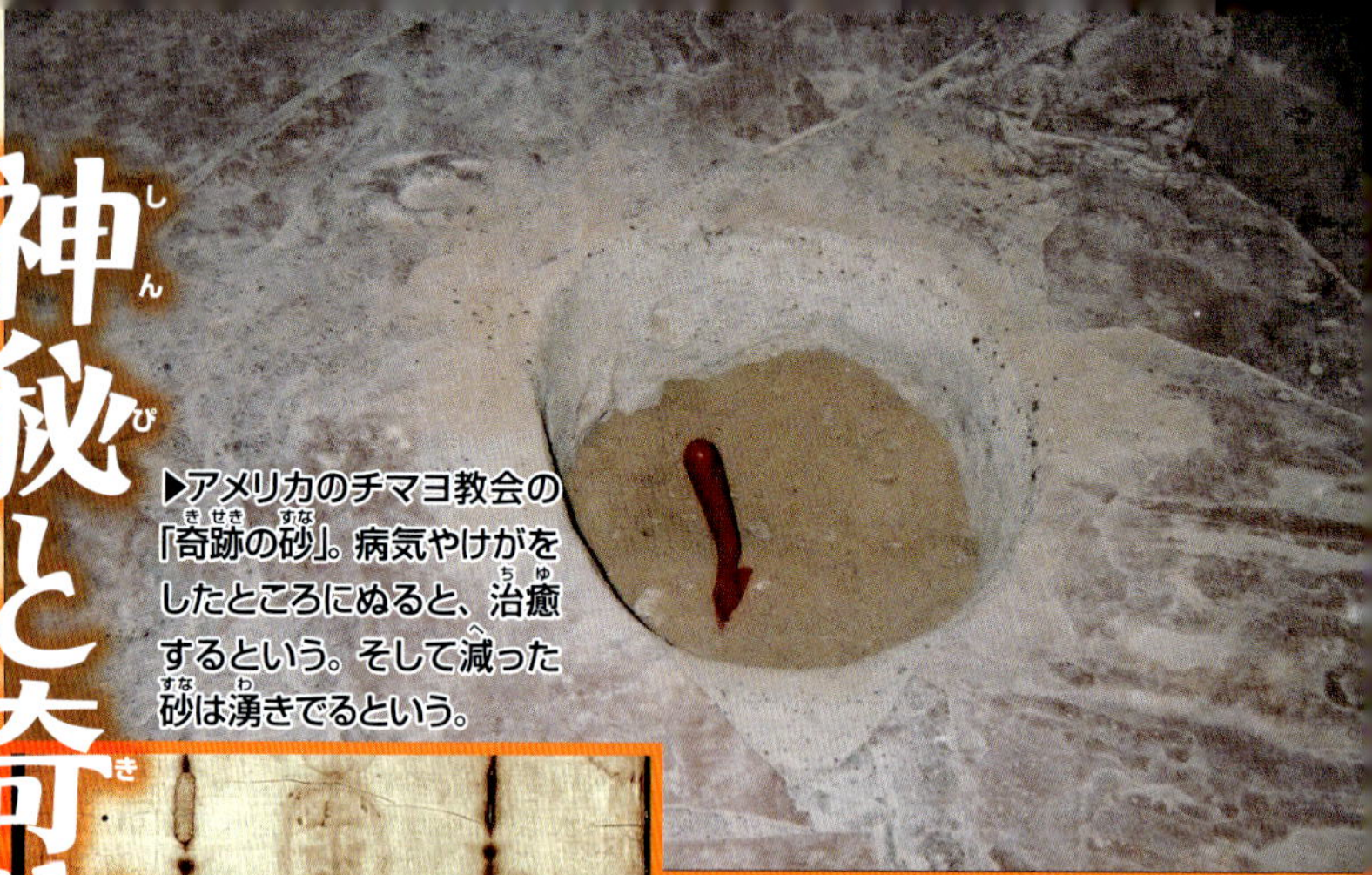

▶アメリカのチマヨ教会の「奇跡《きせき》の砂《すな》」。病気やけがをしたところにぬると、治癒《ちゆ》するという。そして減《へ》った砂《すな》は湧《わ》きでるという。

◀キリストの遺骸《いがい》をつつみ、その姿《すがた》が刻印《こくいん》された、トリノ聖骸布《せいがいふ》。

▶現代《げんだい》の建築《けんちく》の常識《じょうしき》では不可能《ふかのう》な、ロレットチャペルの奇跡《きせき》のらせん階段《かいだん》。

浮かび上がる顔、顔、顔……

▶アメリカ・イリノイ州の亡《な》くなった市長が伐採《ばっさい》から守った木に、市長の顔が現《あらわ》れた!

▲ハリウッド・スター、マリリン・モンローの墓《はか》の前に、彼女《かのじょ》の顔が浮《う》かびあがった!

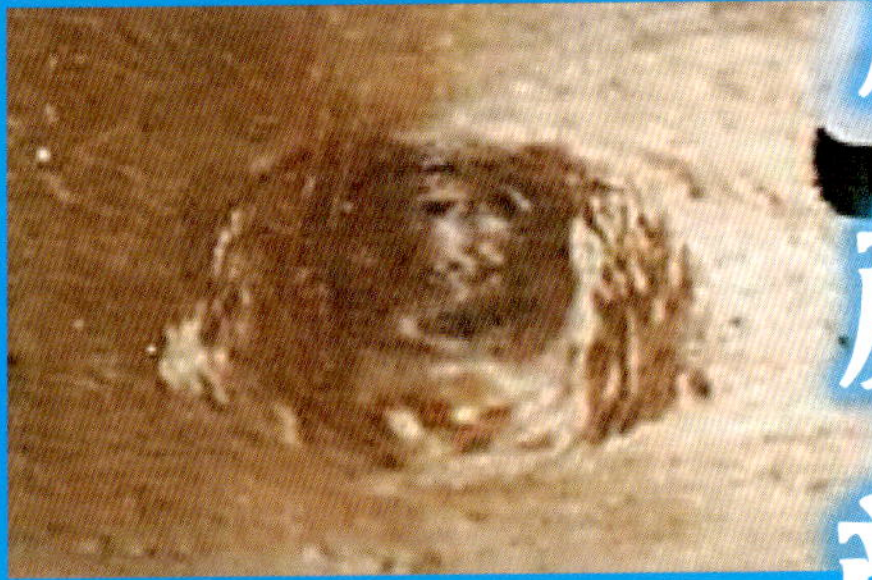

▲福島《ふくしま》県の寺の板に、胎児《たいじ》の顔が出てきた。それは角度によって表《ひょう》情《じょう》を変化《へんか》させた。

◀イギリスの教会の壁《かべ》には、亡《な》き牧師《ぼくし》の横顔が現《あらわ》れる奇跡《きせき》が起きた。

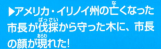

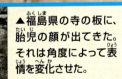

自《し》然《ぜん》界《かい》ではいったい

▶ロシアのシベリアに、とつじょぽっかりとできた大《おお》穴《あな》が。この後、第2、第3の穴《あな》も発見されたが、いずれも発生原因《げんいん》はわかっていない。

▶メキシコ上空では、正体《しょうたい》不明《ふめい》の光の渦《うず》が現《あらわ》れ人々を不安にさせた。

▶2011年、アメリカ・ニューヨーク州に降《ふ》りそそいだ、謎《なぞ》の黄緑色粘着《ねんちゃく》物質《ぶっしつ》。その正体は不明《ふめい》だ。

何が起きているのか？

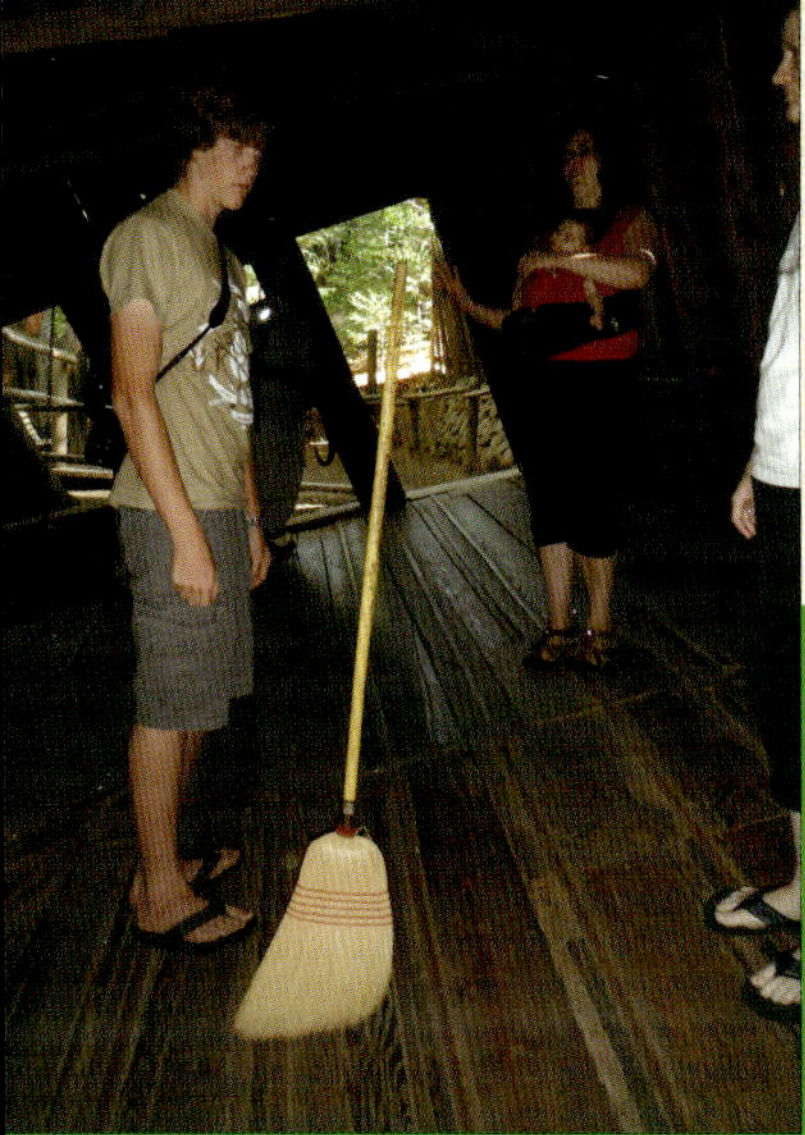

▲アメリカの重力異常地《じゅうりょくいじょうち》帯《たい》、オレゴンヴォーテックス。人も物もかたむく。

▲兵庫県神戸市《ひょうごけんこうべし》に、突如現《とつじょあらわ》れた巨大《きょだい》な光の柱。何かの前兆《ぜんちょう》だろうか？

▶イギリスの菜《な》種畑《たねばたけ》に現《あらわ》れた、多重三角形からなるミステリー・トライアングル。

◀直径約《ちょっけいやく》 17 メートルにもなる、アメリカの巨大《きょだい》アイス・サークル。

人間の体に起きた

◀ブラジルの8歳《さい》の少女アラニは、手をふれただけで難《なん》病《びょう》を治《なお》してしまう!

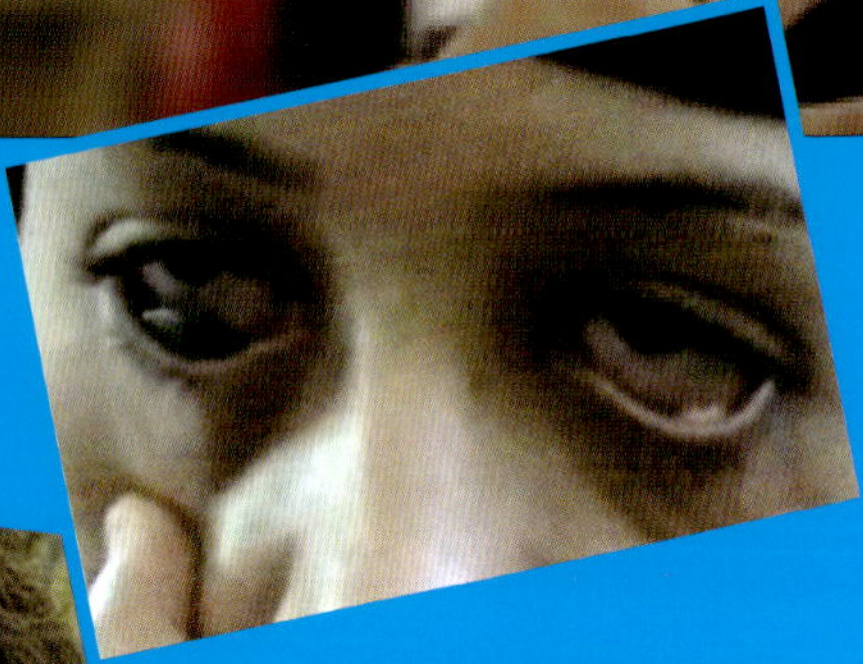

▶イエメンの少女サアディヤは、ある日、目から大量《たいりょう》の小石が出てくるようになった。

▲70年間、1回も食事をせずに生きているインドの老人《ろうじん》プララド・ジャニ。

▼セルビアの磁石《じしゃく》少年ボグダン。金属《きんぞく》が体につくだけでなく、頭痛《ずつう》治癒力《ちゆりょく》も持つという。

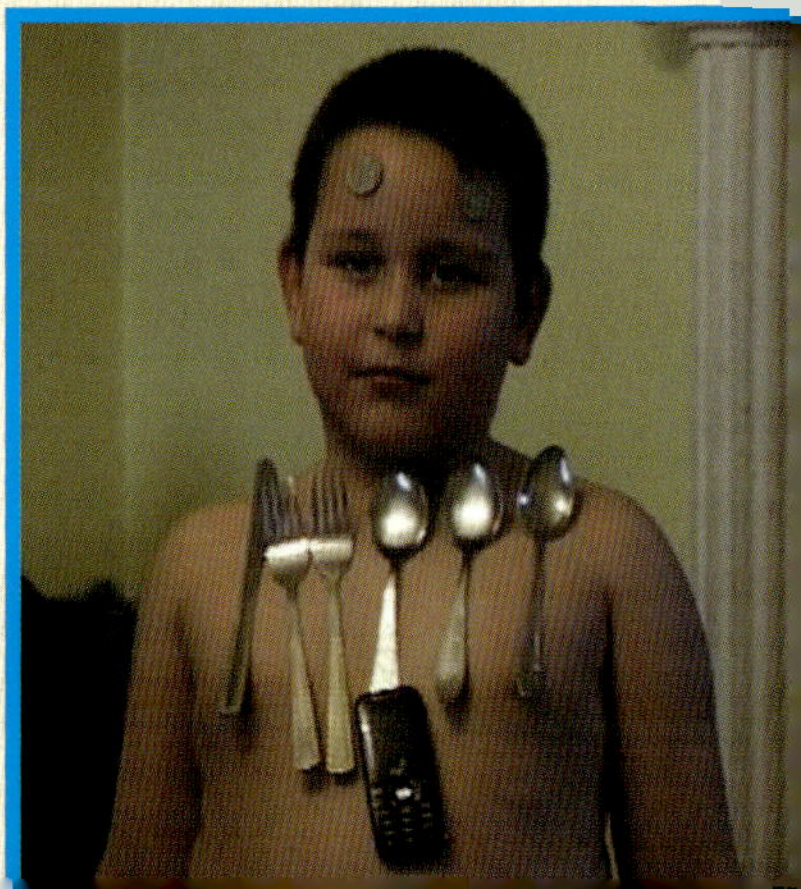

未《み》知《ち》の現象の数々

▲手や足に傷《きず》が現《あらわ》れる聖痕《せいこん》現象《げんしょう》の体現者《たいげんしゃ》として知られるボンジョバンニ。

▼40年近く、一睡《いっすい》もしないでも健《けん》康《こう》そのものの暮《く》らしを送るベトナム人タイ・ンゴク。

◀ロシアの少女ナターシャは、レントゲン写真のように、人間の体を透視《とうし》してしまう。

◀▼イタリア人女性《じょせい》ジョヴァンナは、宇宙人《うちゅうじん》の子を身ごもったという。

あり得《え》ないものを身ごもった女性《じょせい》たち

◀ナイジェリアの教会で、女性《じょせい》がミサの最中《さいちゅう》に産《う》み落とした胎児《たいじ》は、なんとウマの姿《すがた》をしていた!

ほんとうにあった!? 世界の超ミステリー 10

戦《せん》慄《りつ》！
超《ちょう》常《じょう》現《げん》象《しょう》の謎《なぞ》

並木伸一郎　監修

目次《もくじ》

CONTENTS

はじめに

タイム・スリップ、浮《う》きでる人面、ポルターガイスト、奇跡現象《きせきげんしょう》、人体や物体に起こる怪《かい》現象《げんしょう》などなど……。

そんな、常識《じょうしき》ではとても説明《せつめい》のつかない〝事件《じけん》〟。科学でもすぐには解明《かいめい》できそうにない〝摩訶不思議《まかふしぎ》な出来事〟。キミが友人に話しても信《しん》じてもらえそうにない〝奇怪《きかい》な現象《げんしょう》〟が、世界中で絶《た》えることなく起きている！

本書では、そうした事件《じけん》や事象《じしょう》の数々を厳選《げんせん》して紹介《しょうかい》している。もちろん話だけではない。その証拠《しょうこ》写真もふんだんに使ってあるので、キミの目でとくと確かめてほしい。

さらに、こうした事件《じけん》や事象《じしょう》が、いつキミ自身やキミの家族、あるいはキミの友人の身の回りで起こっても不思議《ふしぎ》ではないことが、本書を読めばよくわかるかと思う。

しかも、それは今起こるかもしれないし、明日起こるかもしれない。あるいは1週間後か1か月後かもしれない！

そう、〝怪奇《かいき》な世界〟〝怪奇《かいき》な現象《げんしょう》〟は、いつどこで、キミの目の前に現《あらわ》れるかわからないのだ。だからこそ、ワクワク、ドキドキしながら〝それ〟を待とうじゃないか！

みなさんは “聖骸布《せいがいふ》”という物を 知っていますか？
イエス・キリストの 遺体《いたい》をつつんだと いわれている “聖《せい》なる布《ぬの》”です
この聖骸布《せいがいふ》と呼《よ》ばれる物は 歴史上《れきしじょう》 複数《ふくすう》あったと いわれているが
今でも現存《げんそん》しているのは イタリアの聖《せい》ヨハネ大聖堂《だいせいどう》にある 「トリノ聖骸布《せいがいふ》」だけである
トリノ聖骸布《せいがいふ》
―その真実―
森野達弥《もりのたつや》
トリノ聖骸布《せいがいふ》は 1353年
フランスのとある 民家《みんか》で発見 された

※麻《あさ》を原料《げんりょう》とした布《ぬの》の一種《いっしゅ》

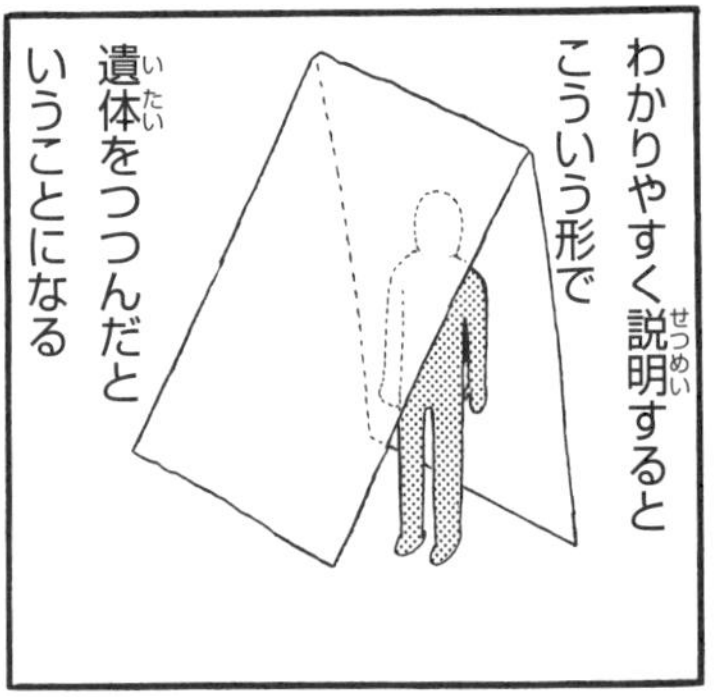

何と布《ぬの》の上には
頭を中心にふたつ折《おり》にして
遺体《いたい》をつつんだような
男性《だんせい》の全身像《ぜんしんぞう》が写っていた
この写っている人物こそが
イエス・キリストだと
いうのだ
結論《けつろん》が出ないまま
あちこちを転々とし……
１５３２年には
とある教会で火災《かさい》にあい
布《ぬの》の一部が焼《や》けてしまった
そして１５７８年
トリノの
聖《せい》ヨハネ大聖堂《だいせいどう》に
たどりついた

しかし聖骸布《せいがいふ》を
見たときの教皇《きょうこう》は……
うーむ
これは
布《ぬの》に描《えが》かれた
〝絵〟だ
と宣言《せんげん》した
そのうえで
次のように
命じたという
今後は
神聖物《しんせいぶつ》と
されぬように
展示《てんじ》するときは
気をつけるの
だぞ！
こうして
本物ではないと
判断《はんだん》された
聖骸布《せいがいふ》だが
それから
約《やく》300年後に
事件《じけん》が起こった

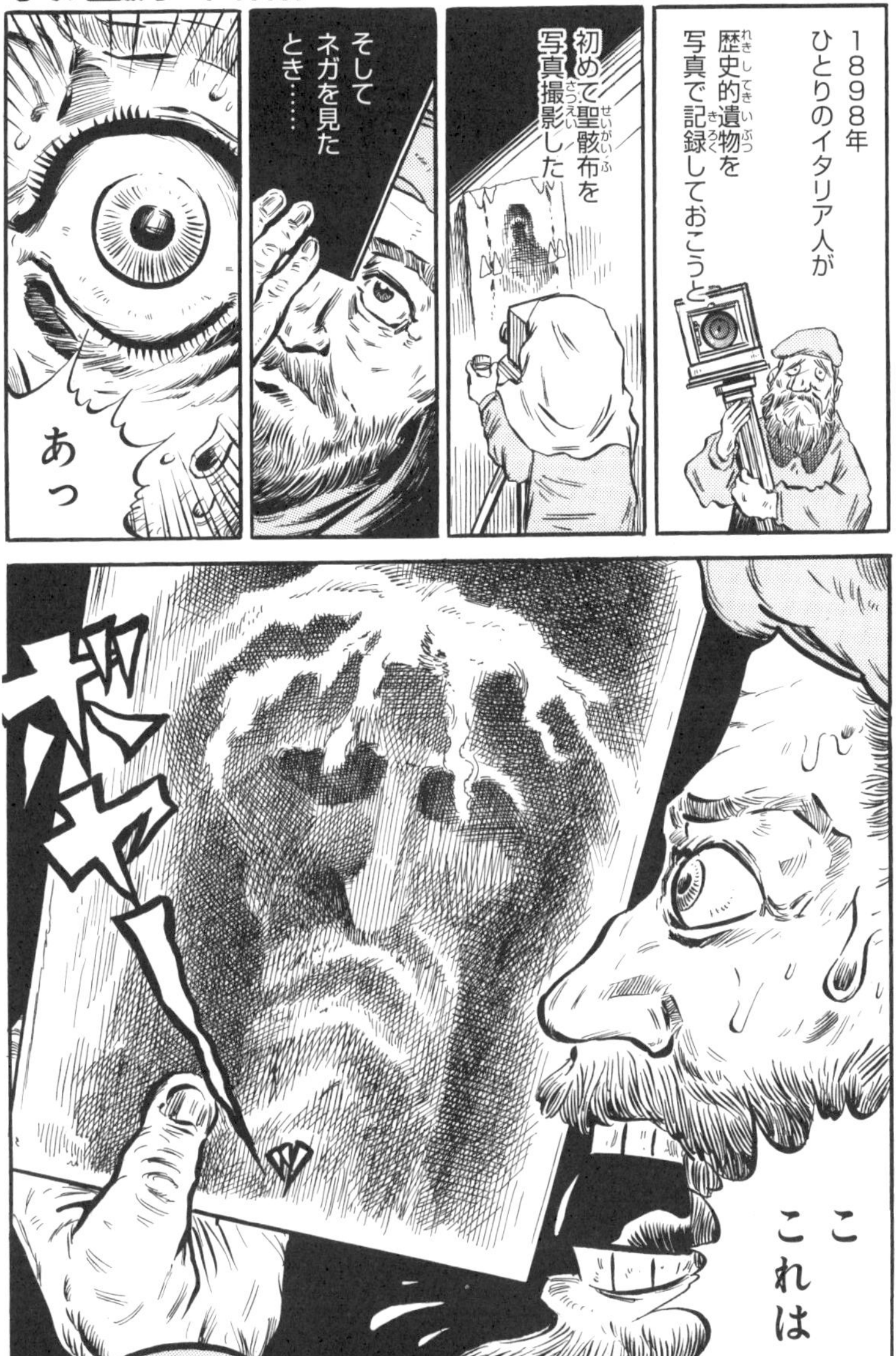
1898年 ひとりのイタリア人が 歴史的《れきしてき》遺物《いぶつ》を 写真で記録《きろく》しておこうと
初めて聖骸布《せいがいふ》を 写真撮影《さつえい》した
そして ネガを見た とき……
あっ
こ これは

ネガにはよりはっきりと
人物《じんぶつ》が写っていたのだった
そこには
あごひげや
イバラの冠《かんむり》が
写っていた
この写真により
ふたたび
真贋論争《しんがんろんそう》が始まった
しかしこの時も結論《けつろん》は出ず
100年後の1988年
ついに科学的《かがくてき》な調査《ちょうさ》が
行われることになった
調査《ちょうさ》作業は
オックスフォード大学
アリゾナ大学
スイス連邦《れんぽう》工科大学が
協同《きょうどう》で行った
聖骸布《せいがいふ》の一部を
切りとり
布《ぬの》がいつ作られたのかを
調べたのだ
その結果《けっか》——
この布《ぬの》は
1260年から
1390年ころに
作られたものです
キリストがいた
時代のものでは
ありません！

しかし
イギリスの医師《いし》
ウィリス博士《はくし》は
写真に写った男性《だんせい》の
遺体《いたい》を見て……
うーむ
これは
聖書《せいしょ》に書かれて
いる話と一致《いっち》する
のではないか？
イエスはイバラの冠《かんむり》を
かぶらされて……
槍《やり》でわき腹《はら》を
突《つ》かれている
どちらも
この布《ぬの》に
つつまれた
人物の傷《きず》と一致《いっち》
している!!
重い十字架《じゅうじか》を運ばされ
何度もヒザをつく
はりつけにされたとき
手首を釘で打たれ……
むむ！
これもまた
聖書《せいしょ》の記述《きじゅつ》と
一致《いっち》している！
やはり
この聖骸布《せいがいふ》は
本物では!?

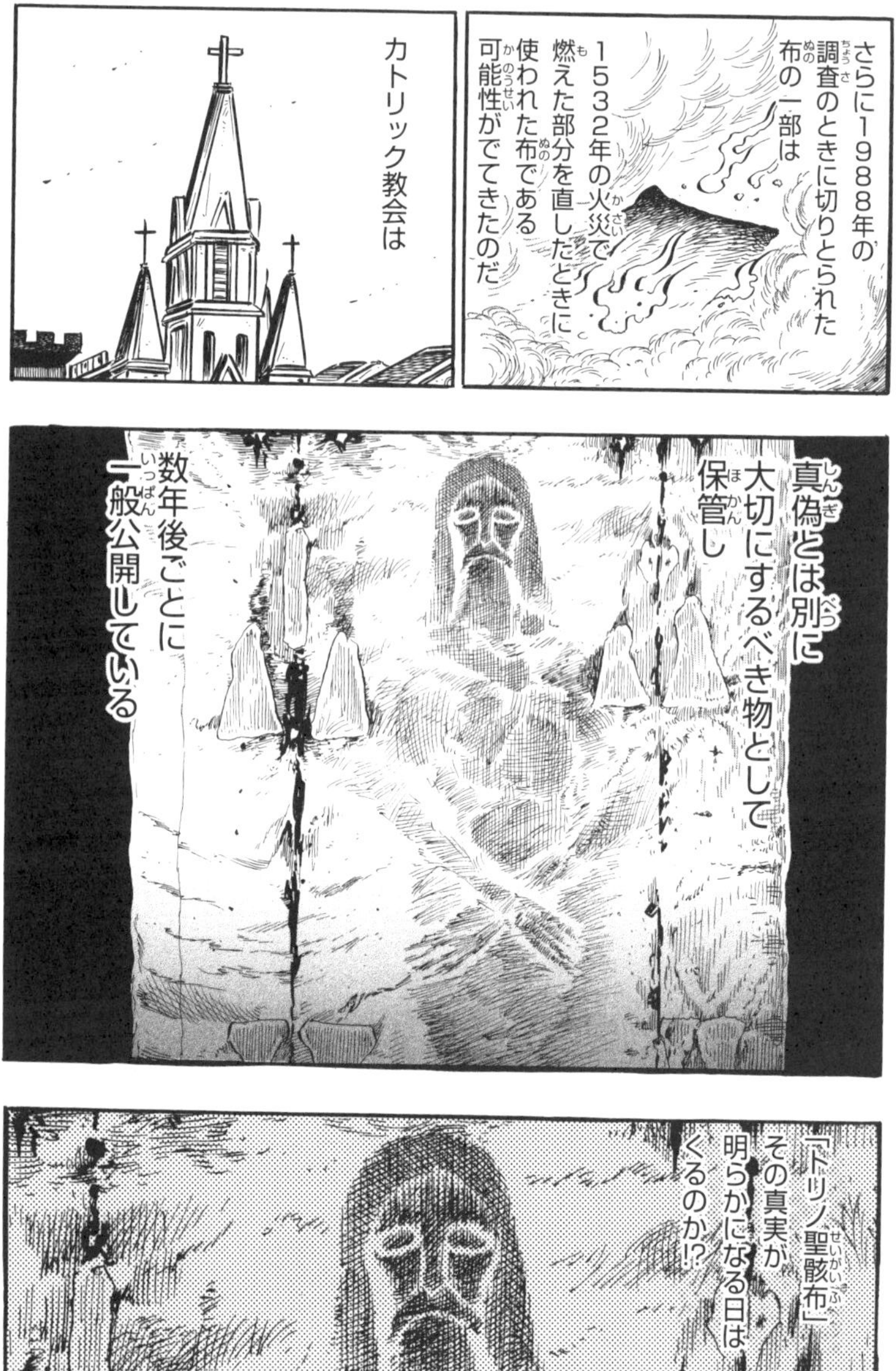
さらに1988年の調査《ちょうさ》のときに切りとられた布《ぬの》の一部は
1532年の火災《かさい》で燃《も》えた部分を直したときに使われた布《ぬの》である可能性《かのうせい》がでてきたのだ
カトリック教会は
真偽《しんぎ》とは別《べつ》に大切にするべき物として保管《ほかん》し
数年後ごとに一般《いっぱん》公開している
「トリノ聖骸布《せいがいふ》」その真実が明らかになる日はくるのか!?

第1章
世界ミステリー事件《じけん》簿《ぼ》

世界のタイムスリップ事件《じけん》

あるときとつぜん、映画《えいが》や絵画などで観《み》たような〝別《べつ》の世界〟にまぎれこむ……。その世界を調《しら》べてみれば、そこは過去《かこ》の世界だった！ そんなタイムスリップ事件《じけん》が世界各《かく》地《ち》で起きているのだ！

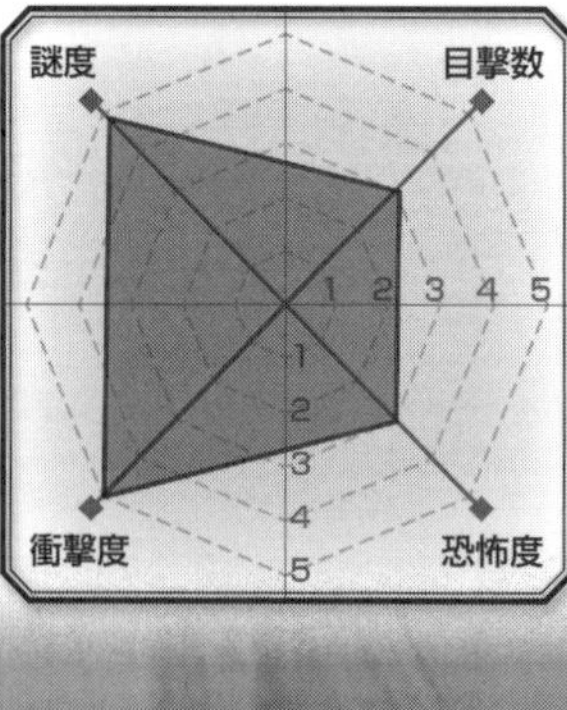

PART 1

ベルサイユ宮殿《きゅうでん》で18世紀《せいき》の王妃《おうひ》を見た女性《じょせい》

▲ベルサイユ宮殿《きゅうでん》でタイムスリップをしたシャーロット・モバリー（左）とエレノア・ジョーダン（右）。

昔から報告《ほうこく》されているタイムスリップ事件《じけん》のなかでも、とくに有名で、なおかつ信《しん》ぴょう性《せい》が高いとされているのが、1901年8月10日に起きた「ベルサイユ宮殿《きゅうでん》タイムスリップ事件《じけん》」だ。

イギリス・オックスフォード大学のセント・ヒューズ・カレッジの学寮長《がくりょうちょう》だったエレノア・ジョーダンとシャーロット・モバリーは、フランス旅行中にパリの観光《かんこう》名所、ベルサイユ宮殿《きゅうでん》を訪《おとず》れた。

ふたりは、宮殿《きゅうでん》の建物《たてもの》をひととおり見学したあと庭園に出た。すると庭園でおかしなことに気がついた。庭師《にわし》たちが仕事をしていたのだが

「あれ？　古めかしい服装《ふくそう》をしているわね」

「昔の庭師《にわし》のかっこうをしているのかしら？」

庭師《にわし》たちは18世紀《せいき》風の服を着ていたのだ。ふたりは、ベルサイユ宮殿《きゅうでん》が観光客《かんこうきゃく》向けに、昔の服装《ふくそう》

で仕事をさせているのだろうと思った。そのまま庭を歩いていると、古風な黒いマントに、つばの広いぼうしをかぶった男性《だんせい》に出くわした。男性《だんせい》は、聞きなれないなまりのフランス語で、

「あなたたち、このあたりに足をふみ入れてはいけませんよ、あちらに行きなさい」

そう告《つ》げると、急ぎ足で去っていった。

▲小トリアノン宮殿《きゅうでん》の庭園を描《えが》いた絵画。

ふと気がつけば、まわりには観光客《かんこうきゃく》どころか、人の姿《すがた》がまったくなかった。

だんだんこわいような不安《ふあん》なような気持ちになったふたりは、周囲《しゅうい》をきょろきょろと見回した。すると、庭園の離宮《りきゅう》のテラスで、目の前の木立をスケッチしている女性《じょせい》を見かけた。やはり昔の貴族《きぞく》が着ていたようなドレス姿《すがた》で、悲しげな表情《ひょうじょう》だった。

「なんだかいやだわ……」

ふたりは夢《ゆめ》の中を歩いているような、不思議《ふしぎ》な圧《あっ》迫感《ぱくかん》を感じながら庭園を出た。その瞬間《しゅんかん》、大勢《おおぜい》の観《かん》光客《こうきゃく》のざわめきが感じられた。

「よかった……」

ふたりは心から安心した。

その後、ジョーダンとモバリーはこの奇妙《きみょう》な体験《たいけん》について、「わたしたちは過去《かこ》のベルサイユ宮《きゅう》殿《でん》にまぎれこんだのでは？」と考え、徹底的《てっていてき》に調べた。すると、驚《おどろ》くべきことがわかった。

彼女《かのじょ》たちが庭園で歩いた道は、18世紀《せいき》には存在《そんざい》していたが、現在《げんざい》はなくなっていた。そして、庭師《にわし》たちの姿《すがた》はやはり18世紀のスタイルだったのだ。

さらに、ふたりに注意をした男性《だんせい》は、同時代の肖《しょう》像《ぞう》画《が》の人物に似《に》た人物がおり、庭園をスケッチしていた女性《じょせい》は、フランス王妃《おうひ》マリー・アントワネットだったということがわかったのである！

18世紀《せいき》フランスにタイムスリップしてしまったこの事件《じけん》をシャーロットらが公表すると、社会的《しゃかいてき》な地位と学識《がくしき》の高い女性《じょせい》の発言ということで、大きな話題を呼《よ》んだ。

「ベルサイユ宮殿《きゅうでん》で行われた仮装《かそう》パーティーだったのではないか」とうたがう声もあったが、パーティーだったとしても、それが行われたのは、ふたりが

▲マリー・アントワネット（左）とふたりが見たという人物（右）の肖像画《しょうぞうが》。

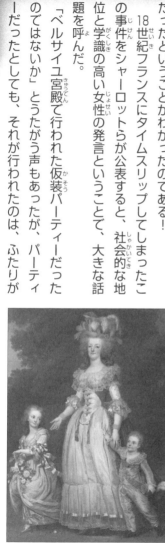

ベルサイユ宮殿《きゅうでん》を訪《おとず》れる7年前のことなのだ。

また、ふたりのように、トリアノンの庭でマリー・アントワネットらしき女性《じょせい》を目撃《もくげき》した人が多くいることもわかった。その多くが、8月10日——シャーロットたちがマリー・アントワネットを目撃《もくげき》した日と同じだった。なお、マリー・アントワネットがフランス革命《かくめい》で、監獄《かんごく》に幽閉《ゆうへい》されたのは、1792年8月10日のことである。何か関係《かんけい》があるのだろうか?

PART 2 3・11東日本大震災《だいしんさい》後に起きたタイムスリップ

知らぬ間にタイムスリップし、しばらくしてまた元の時代にもどってくる体験《たいけん》は、つい最近《さいきん》でも報告《ほうこく》されている。その現場《げんば》は、2011年3月11日に起きた東日本大震災《だいしんさい》の被災地《ひさいち》である。

ある女性《じょせい》物理学者によって、英語《えいご》で書かれ、アメリカで発表されたというその論文《ろんぶん》によれば、次のようなタイムスリップ事件《じけん》が震災《しんさい》の混乱《こんらん》の中で起きていたという。

震災《しんさい》から数日後のこと。宮城県《みやぎけん》の沿岸部《えんがんぶ》で被災《ひさい》したある一団《いちだん》が、行方不明《ゆくえふめい》になった家族を捜《さが》すために、ワゴン車で被災現場《ひさいげんば》にもどってきた。その一団《いちだん》は、廃墟《はいきょ》とがれきの広がる光景《こうけい》にぼう然《ぜん》としながらも、小道をワゴン車で走った。そのときだ!

「急に霧《きり》が……いや、雲!?」

とつじょ、ワゴン車は異様《いよう》な形をした雲

▶被災《ひさい》から1週間後の2011年3月18日の三陸海岸《さんりくかいがん》の様子。

のようなかたまりの中に入りこんでいった。

「おい、これはどういうことだ!?」

車内の人々は、車窓《しゃそう》から次々に見えてくる様子に言葉をうしなった。それは、とても古風で昔なつかしい村落や、そこで生活する人々の姿《すがた》だったのである。

「なぜ、こんな場所に出たのだろう……」

「いや、そもそもおかしな話だが、それにしても、なんだかちぐはぐじゃないか?」

被災者《ひさいしゃ》に同行していた消防団員《しょうぼうだんいん》によれば、その光景《こうけい》は、19世紀《せいき》のイギリス・ヴィクトリア王朝時代と日本の江戸《えど》時代の風景《ふうけい》をごちゃまぜにしたような印象《いんしょう》だったという。しかも、シルクハットをかぶった紳士《しんし》や侍《さむらい》が道を行き来していたというのだ。

「最初《さいしょ》、映画《えいが》の撮影現場《さつえいげんば》にでもまぎれこんだのかと思いました。でも、震災《しんさい》直後に時《じ》代劇《だいげき》みたいな映画《えいが》を撮《と》るはずもないですし……」

消防団員《しょうぼうだんいん》の男性《だんせい》はそう語っている。

この異様《いよう》な景色《けしき》は、雲の中でゆらゆらとゆらめいていたが、数分、ワゴン車をそのまま走らせたところ、雲をぬけ、再《ふたた》び被災地《ひさいち》の光景《こうけい》がもどってきたという。

彼《かれ》らは、場所や時代を超《こ》えた過去《かこ》の光景《こうけい》を次々とのぞき見たのかもしれない。

また、これとは別のタイムスリップ事件も報告されている。

震災《しんさい》から４日後の、３月15日のことだ。被災者《ひさいしゃ》の主婦《しゅふ》の目の前で、とつぜん、空間に穴《あな》が開き、夫《おっと》が吸《す》いこまれて消えたという。以後《いご》、主婦《しゅふ》の夫《おっと》は行方不明《ゆくえふめい》である。ところが、だ。数か月後、消えた夫《おっと》と同姓同名《どうせいどうめい》の男性《だんせい》が、警察《けいさつ》にかけこんできた、という記録《きろく》が残《のこ》っていることが判明《はんめい》した。その日時は、なんと１９８１年３月15日！　その男性《だんせい》は、

「わたしは２０１１年から、とつぜん、空間の穴《あな》に吸《す》

いこまれた。最初《さいしょ》は1960年代と思われる時代に出たのだが、また吸《す》いこまれ、ここ（1981年）に出たのだ」

と語ったという。ただし、このような証言《しょうげん》は警察《けいさつ》には信《しん》じてもらえなかったろう。その後、男性《だんせい》がどうなったのかはわかっていない。

これらと似《に》たような事例《じれい》は、日本だけに限《かぎ》らない。

古くは1945年2月21日、イギリスのボストンにある病院に、ある男性《だんせい》がかつぎこまれた。男は自らを1850年代のイギリス海軍《かいぐん》の水兵《すいへい》と名乗り、その後《ご》の調査《ちょうさ》で彼《かれ》の発言を裏《うら》づける証拠《しょうこ》が多く見つかったという。

また、1986年4月26日にソ連《れん》（現在《げんざい》のロシア）では、チェルノブイリ原発事故《げんぱつじこ》が発生。このさい、チェルノブイリの住《じゅう》民《みん》の多くが、1700年代の帝政《ていせい》ロシア時代や、1800年代のナポレオン戦争《せんそう》時代の光景《こうけい》を見たという記録《きろく》が報告《ほうこく》されている。そんな目撃証言《もくげきしょうげん》のひとつに、第1次世界大戦《せかいたいせん》中にドイツ軍《ぐん》の飛行船《ひこうせん》が1隻《せき》、とつじょチェルノブイリ上空に現《あらわ》れ、原発からさほど遠くないプリピャチ市郊外《こうがい》に墜落《ついらく》、爆発《ばくはつ》したというものがある。これは、ドイツ軍《ぐん》の飛行船《ひこうせん》が、過去《かこ》から現在《げんざい》にタイムスリップしたということだろうか。

▲第1次世界大戦《せかいたいせん》当時のドイツ軍《ぐん》の飛行船《ひこうせん》。

▲サングラスにトレーナーという格好《かっこう》をした謎《なぞ》の人物。

PART 3

写真や映画《えいが》に記録《きろく》されたタイムトラベラー

タイムトラベルした人の証言《しょうげん》だけでなく、世の中には「これはタイムトラベラーではないか?」と思える記録《きろく》が残《のこ》っているのである。

まずは上の写真をごらんいただきたい。

これは1940年代のカナダのブリティッシュ・コロンビア州にある橋の、復興現場《ふっこうげんば》で撮影《さつえい》されたものだ。シルクハットやスーツなどに身をつつんだ紳士淑女《しんししゅくじょ》にまざって、ひとり、違和感《いわかん》を感じる服装《ふくそう》の人物がいることに気がつかないだろうか。

その男は、現代的《げんだいてき》なサングラスとトレーナーを着用しているのだ。それだけでもこの時代にそぐわないのに、手元をよく見れば、何やらコンパクトカメラのようなものまで持っているようなのである。

この写真は2004年にカナダの博物館《はくぶつかん》の公式サイ

トに掲載《けいさい》されたもので、それを見た人々の間で、「タイムトラベラーが写っている」と話題になったものだ。「彼《かれ》らの過去《かこ》の生活」という題がつけられているが、そこには、過去《かこ》の生活どころか、われわれがいまだできない「時間移動《じかんいどう》」という技術《ぎじゅつ》を持つ人物が写っていたのである！

もう一例《いちれい》、見てみよう。

左の写真は映画監督《えいがかんとく》で俳優《はいゆう》のチャーリー・チャップリンのDVD《ディーブイディー》の映像《えいぞう》で発見されたものだ。このDVD《ディーブイディー》はアメリカの映画館《えいがかん》で1928年に公開された映画《えいが》、『サーカス』の上映会《じょうえいかい》の様子を記録《きろく》したものなのだが……、映画館《えいがかん》に向かう客たちの中に、まるで携帯《けいたい》電話《でんわ》で会話をしながら歩いている、真っ黒なぼうしにコート姿《すがた》の老婦《ろうふ》人《じん》が映《うつ》っていたのだ。

携帯電話《けいたいでんわ》が想像《そうぞう》もつかない時代に、ありえるだろうか。

タイムトラベルは、自分の意思であるにせよないにせよ、意外とひんぱんにある現象《げんしょう》なのかもしれない。

▲携帯電話《けいたいでんわ》を持って話しながら、チャップリン映画上映《えいがじょうえい》会《かい》に向かう、謎《なぞ》の老婦人《ろうふじん》（上）とその拡大《かくだい》（下）。

双子《ふたご》同士に秘《ひ》められた超能力《ちょうのうりょく》!?

ミステリー事件簿 002

双子《ふたご》の不思議《ふしぎ》

一卵性《いちらんせい》の双子《ふたご》には、離《はな》れた場所にいてもおたがいのことがわかる、テレパシー能《のう》力《りょく》があるといわれる。さらにそれだけではすまされない、驚《おどろ》くべき現象《げんしょう》が双子の間では起きているのだ！

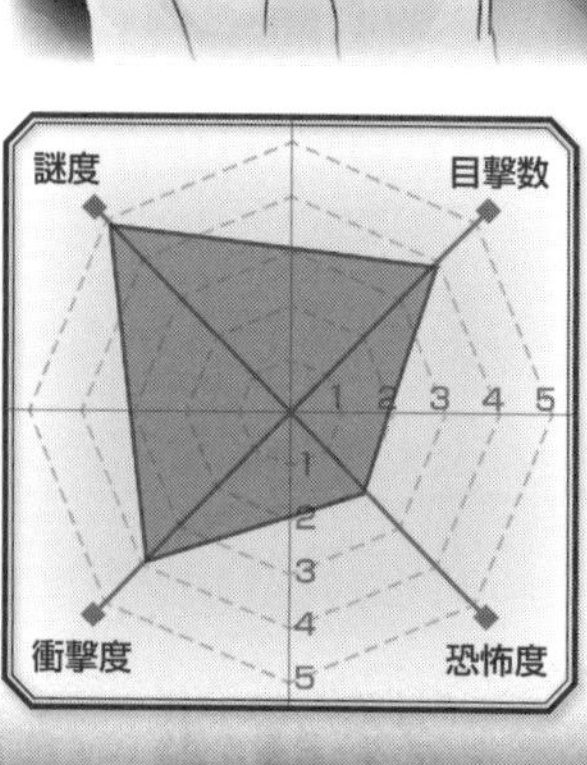

PART 1 双子《ふたご》のテレパシー現象《げんしょう》

フランスの小説家《しょうせつか》アレクサンドル・デュマは、1841年3月、コルシカ島のスラクロという村の宿に泊《と》まった。

そこで出会った宿の息子リュシアンと親しくなりいろいろな話をした。リュシアンには双子《ふたご》の兄弟ルイがおり、彼《かれ》は今、パリで暮《く》らしていると聞く。

「最近《さいきん》は会ってないのかい？」

デュマが聞くと、リュシアンはこう答えた。

「連絡《れんらく》もないよ。でも、心配はないんだ。ルイは今、落ちこんでいるけど、元気さ」

「え？　どうして会わずに連絡《れんらく》もないのに、そんなことが言いきれるんだい？」

「ぼくら兄弟は、離《はな》れていても、おたがいのことが昔からわかるんだよ、信《しん》じられないだろ？」

リュシアンとルイの関係《かんけい》に興味《きょうみ》を持ったデュマは、パリに帰るとルイをパーティーに招《まね》いた。ところが、ルイはある女性《じょせい》をめぐってライバルの男性《だんせい》と決闘《けっとう》をすることになっていた。ルイは、

「デュマさん、ぼくは未来《みらい》がわかるんだ。ぼくはこの決闘《けっとう》で死ぬだろう。だから、あなたに決闘《けっとう》を

◀フランスの小説家《しょうせつか》アレクサンドル・デュマ。

見とどけてもらいたい。そして、その死の時刻《じこく》を覚《おぼ》えておいてほしいんだ」

デュマは決闘《けっとう》に立ち会い、ルイは予告《よこく》どおり命を落とした。その時刻《じこく》9時10分。

5日後、リュシアンがデュマの家を訪《たず》ねてきたが、すでにリュシアンはルイが決闘《けっとう》によって亡《な》くなったこと、その時刻《じこく》は9時10分だったことまで知っていた。デュマは驚《おどろ》き、なぜ知っているのか聞くと、

「ルイの死んだ時間、馬に乗っていたぼくは、頭に激痛《げきつう》が起き、落馬した。それでさとったのさ」

デュマはこのエピソードをもとに、のちに小説《しょうせつ》『コルシカの兄弟』を書いたという。これが、双《ふた》子《ご》のテレパシーについての史上初《しじょうはつ》の記録《きろく》だといわれている。

PART 2 双子《ふたご》のテレパシーの科学的《かがくてき》研究

双子《ふたご》のテレパシー能力《のうりょく》は、以後《いご》も報告《ほうこく》が続《つづ》いた。そこで、1882年、イギリスの哲学者《てつがくしゃ》ヘンリー・シジウィックらが設立《せつりつ》した「心霊研究《しんれい》協会《きょうかい》」によって、科学的《かがくてき》な研究が始《はじ》まった。

同協会《どうきょうかい》によって700件《けん》もの事例《じれい》が集《あつ》められ、そのうち5件《けん》を、双子《ふたご》間に見られるテレパシーの典型的《てんけいてき》な例《れい》として認定《にんてい》した。

▲イギリス心霊研究協会《しんれいけんきゅうきょうかい》の初代《しょだい》会長ヘンリー・シジウィック。

だが、同協会《どうきょうかい》の双子《ふたご》のテレパシー研究は、効果《こうか》のある実験方法《じっけんほうほう》が見つからなかったために、たちまち行きづまり、終了《しゅうりょう》してしまったのだ。

その後、50年ぶりに動きがあった。１９３７年にアメリカのテレパシー研究の権威《けんい》だった、ジョゼフ・バンクス・ライン博士《はかせ》によって、双子《ふたご》のテレパシー実験《じっけん》が行われたのだ。だが、実験《じっけん》の対象《たいしょう》はわずか6組の双子《ふたご》だったため、数の少なさもあってめぼしい結果《けっか》は出なかった。

以後《いご》もさまざまな実験《じっけん》が行われた。そのなかでも特筆《とくひつ》すべきが、１９７６年にスペインの医師《いし》や心理学者、精神科医《せいしんかい》らからなる研究グループによる実験《じっけん》だった。それは、双子《ふたご》のどちらかに刺激《しげき》をあたえ、もう一方にどんな変化《へんか》が起こるかを調べたものだ。

▶ジョゼフ・バンクス・ライン博士《はくし》の、双子《ふたご》のテレパシー実験《じっけん》の様子。

そのきっかけは、地方新聞が報《ほう》じたランダ家の４歳《さい》の双子《ふたご》シルビアとマルタについての記事だった。

マルタがアイロンにさわってやけどをしたとき、16キロ離《はな》れた所にいたシルビアの手にも、マルタと同じように水ぶくれができたのだ。

この記事に注目した研究グルー

プによって、実験《じっけん》が開始された。被験者《ひけんしゃ》はもちろん、シルビアとマルタだ。その結果《けっか》は、満足のいくものだった。

たとえば、ひざをハンマーで軽くたたくと、反射《はんしゃ》で足がはねあがるが、それをマルタに行ったところ、別《べつ》の部屋で待機《たいき》していたシルビアの足もはねあがったのである。また、シルビアの目に光を当てると、マルタもまぶしそうにまばたきをした。シルビアの鼻に刺激臭《しげきしゅう》を近づけると、マルタも不快《ふかい》そうに鼻をおさえたのである。

ところが、これだけの成果《せいか》が出たにもかかわらず、理由は不明《ふめい》だが、以後《いご》の実験《じっけん》は中止された。

PART 3 双子《ふたご》は感覚《かんかく》を共有《きょうゆう》している！

それから30年たった1997年、スペインの研究チームと同じような実験《じっけん》が、テレビ番組の企画《きかく》として、イギリスの超常現象《ちょうじょうげんしょう》研究家ガイ・プレイフェアによって行われることとなった。

彼《かれ》が双子《ふたご》のテレパシーに興味《きょうみ》を持ったのは、1975年のロス・マクワーター殺害事件《さつがいじけん》だ。

▲2003年、イギリスのテレビで行われた、プレイフェアによる双《ふた》子《ご》のテレパシーの公開実験《じっけん》。

ロスがテロリストによって殺害《さつがい》されたとき、遠く離《はな》れた場所にいたロスの双子《ふたご》の兄弟ノリスは、いすにくずれ落ちたという。この話を知ったプレイフェアは、双子《ふたご》の実験《じっけん》にかかわることになったのだ。

この実験《じっけん》の被験者《ひけんしゃ》は10代の双子《ふたご》エラインとエヴァリンのダブ姉妹。エラインがリラックスした状態《じょうたい》になったとき、目の前に置《お》かれたオブジェが爆発《ばくはつ》。これにエラインがびっくりしたとき、別《べつ》の部屋にいたエヴァリンの呼吸数《こきゅうすう》と心拍《しんぱく》数《すう》も極端《きょくたん》にはねあがった。ただし、エヴァリンはそのとき、自分に何が起こったかは気がついていなかったのである。

2003年にもイギリスのテレビ番組で、プレイフェアによって8組の双子《ふたご》のテレパシー実験《じっけん》が行われた。このとき、双子《ふたご》の反応《はんのう》が一番がよかったのは、双子《ふたご》のひとりが氷水につっこむ実験《じっけん》や、びっくり箱の実験《じっけん》だった。別室《べっしつ》にいた双子《ふたご》のもうひとりも、いずれもまったく同じ反応《はんのう》をしめしたのだ。ただし、別室《べっしつ》のもうひとりは、やはり何も意識《いしき》していなかった。

どうやら一卵性《いちらんせい》の双子《ふたご》は、遺伝子《いでんし》が同じである影響《えいきょう》なのか、おたがいに刺激《しげき》などを共有《きょうゆう》して感じてしまう可能性《かのうせい》があるようだ。

PART 4 双子《ふたご》に起きた偶然《ぐうぜん》の一致《いっち》

さらに、双子《ふたご》の感覚共有《かんかくきょうゆう》だけでは説明《せつめい》できない、不思議《ふしぎ》な事例《じれい》も数多く報告《ほうこく》されている。

1979年、イギリス人女性《じょせい》バーバラ・ハーバートと双子《ふたご》の妹は、第2次世界大戦の混乱《こんらん》のさなか、母親に捨《す》てられ、別々《べつべつ》の家に引きとられた。39歳《さい》のとき、バーバラは生き別《わか》れになった妹を探《さが》したところ、ダフニ・グッドシップという名で生きていることがわかり、ついに再会《さいかい》。そこで驚《おどろ》くべきことがわかったのだ。

再会《さいかい》の日、バーバラとダフニが着ていた服は、ベージュ色のドレスに茶色のベルベットのジャケットだった。これだけなら、単《たん》なる偶然《ぐうぜん》といえるだろう。しかし!

ふたりは子どものころにガールスカウトに所属《しょぞく》。15歳《さい》のときに階段《かいだん》から足を踏《ふ》みはずし、足首には今もケガの後遺症《こういしょう》が残《のこ》っている。ふたりの職業《しょくぎょう》は公務員《こうむいん》、16歳のときに公務員《こうむいん》の男性《だんせい》とダンスパーティーで知りあい20代ですぐに結婚《けっこん》。最初《さいしょ》の子どもは流産《りゅうざん》し、2男1女の子どもをもうける。好《す》きな小説家《しょうせつか》、よく読む雑誌《ざっし》も同じ……など、30もの偶然《ぐうぜん》の一致《いっち》が見られたというのだ。

もう一例《いちれい》、紹介《しょうかい》しよう。これはアメリカの権威《けんい》ある科学誌《かがくし》『サイエンス』に掲載《けいさい》されたものだ。

アメリカ・オハイオ州のジム・ルイスは、生まれてすぐに養子《ようし》に出された双子《ふたご》の兄弟がいると知り、30年後に再会《さいかい》。そこでおたがいの、これまでの話をした。すると!

彼《かれ》らの最初《さいしょ》の結婚《けっこん》相手の名はリンダ。再婚《さいこん》相手の名はベティ。息子の名はジェイムズ・アラン。飼《か》い犬の名はトーイ。いろいろな職業《しょくぎょう》についたが、それらも同じ。愛車《あいしゃ》も好《す》きなビールも趣味《しゅみ》も同じ。10代のころに5キロ体重が増《ふ》え、同じころにダイエットを始めていたことがわかった。さらに、

夏休みにはフロリダの同じリゾート地で過《す》ごしており、そのとき利用《りよう》していたビーチは、わずか270メートルしか離《はな》れていなかった。すれちがっていた可《か》能性《のうせい》もあっただろう。

一卵性《いちらんせい》の双子《ふたご》が同じ遺伝子《いでんし》であることから、体の特徴《とくちょう》や食べ物の好《この》みが共通《きょうつう》することは考えられるだろう。しかし、結婚《けっこん》相手の名前や職業《しょくぎょう》、ケガをした時期や行動の一致《いっち》は説明《せつめい》がつかない。

双子《ふたご》の不思議《ふしぎ》は、今も解明《かいめい》されていないのである。

体が炎《ほのお》につつまれる
恐怖《きょうふ》の怪事件《かいじけん》

ミステリー事件簿
003

人体発火事件《じけん》

あるときとつぜん、体が燃《も》えはじめる人体発火。現在《げんざい》までに多くの事例《じれい》があり、科学者も「ありえないことだが実際《じっさい》にある」と認《みと》める、原《げん》因《いん》不明《ふめい》の超常現象《ちょうじょうげんしょう》の謎《なぞ》にせまる！

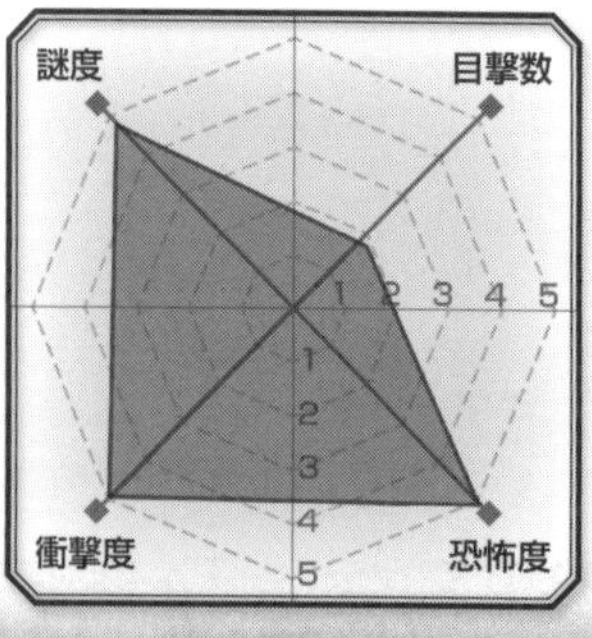

PART 1 体重80キロの主婦《しゅふ》がわずか4キロの灰《はい》に

世界で報告《ほうこく》される人体発火現象《げんしょう》。その多くは、わずか5分以内《いない》に数千度の温度に体が燃《も》えあがり、灰《はい》となってしまうという。しかも、この現象《げんしょう》で亡《な》くなった人の周《まわ》りには炎《ほのお》の発生源《はっせいげん》はなく、また、人体と接《せっ》している周囲《しゅうい》は多少燃《も》えるていど。これほどの熱《ねつ》が発しているならば、家屋全体が燃《も》えあがってもおかしくないというのにである。

そんな人体発火での典型的《てんけいてき》な事例《じれい》のひとつが、1951年に起きたメアリー・リーザ夫人事件《ふじんじけん》だ。

同年7月2日の朝、アメリカ・フロリダ州のアパートで、67歳《さい》のリーザ夫人《ふじん》の焼死体《しょうしたい》が見つかった。発見者はアパートの大家であるカーペンター夫人《ふじん》。

「リーザさん、あなたに電報《でんぽう》が届《とど》いているわよ」

カーペンター夫人《ふじん》は、リーザ夫人《ふじん》へドア越《ご》しに呼《よ》びかけた。しかし、返事がない。

「おかしいわね……いつもならすぐ出てくるのに」

不審《ふしん》に思ったカーペンター夫人は、ドアのノブに

▲人体発火し亡《な》くなったメアリー・リーザ夫人《ふじん》。

手をかけた。すると――

「熱《あつ》いっ!」

熱《ねっ》せられたフライパンのようで、さわることができない。

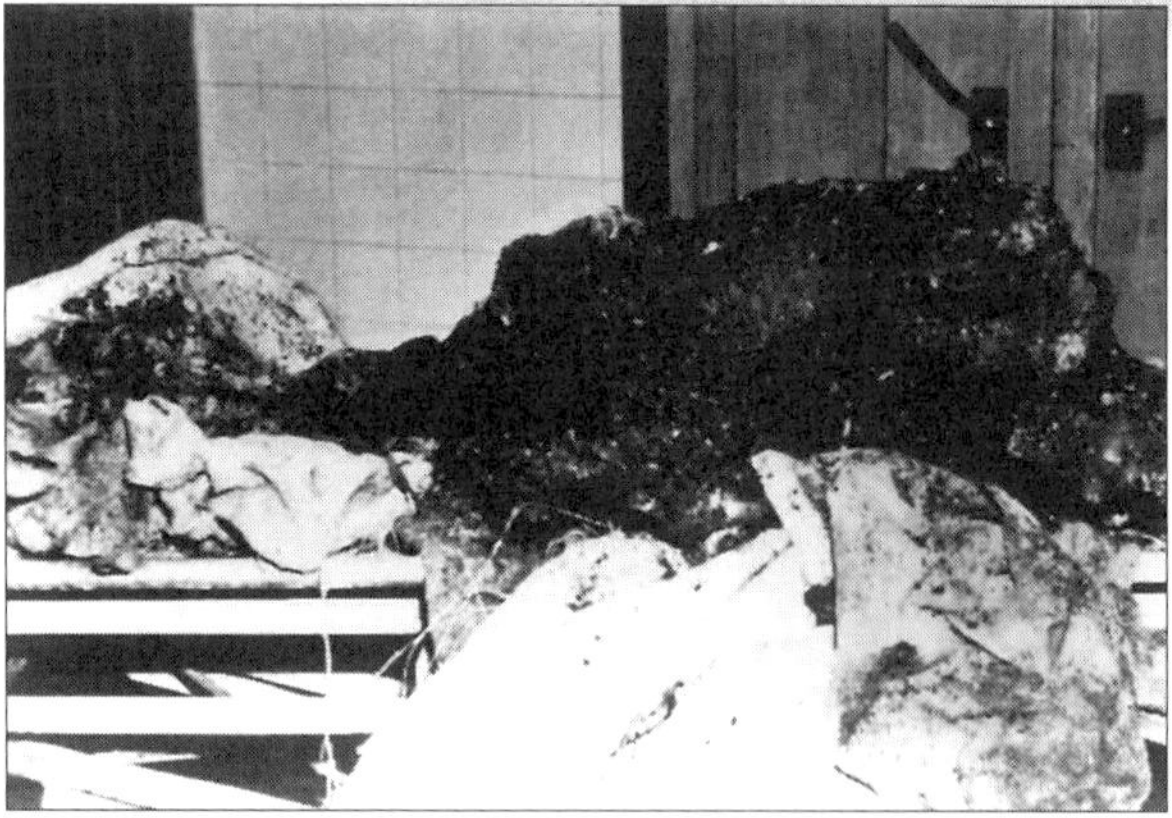
▲事件現場《じけんげんば》は真っ黒なこげあとと、わずか4キロの灰《はい》しか残《のこ》されていなかったという。

近くではたらいていた職人《しょくにん》ふたりがかけつけ、大声で助けを呼《よ》んだ。カーペンター夫人《ふじん》から説明《せつめい》を聞くと、職人《しょくにん》たちはすぐさまドアをけりあけた。同時に、すさまじい熱風《ねっぷう》が部屋の外に流れだしてきた!

「何が起こっているっていうんだ……」

たじろいだものの、彼《かれ》らはサウナのような熱気《ねっき》に満《み》ちた部屋に踏《ふ》みこんだ。リーザ夫人の姿はなかった。

ただ、部屋の中で火災《かさい》があったらしく、台所と居間《いま》の境《さかい》の上部に、うっすらと炎《ほのお》が残《のこ》っていた。

カーペンター夫人《ふじん》は、リーザ夫人《ふじん》がいつも腰《こし》かけていた椅子《いす》があとかたもなく消えていることに気がついた。その場所には、直径《ちょっけい》1メートルほどの円形のこげ跡が認《みと》められた。

そこには、椅子《いす》のクッションに使用されていたスプ

▶メアリー夫人《ふじん》の火災現場《かさいげんば》。夫人《ふじん》がいたと思われる場所は、灰《はい》となっていた。

リングと、何かの残骸《ざんがい》があった。よく見ると……、なんと焼《や》けただれた人間の肝臓《かんぞう》と背骨《せぼね》の一部、野球ボール大に縮《ちぢ》まった頭蓋骨《ずがいこつ》、そして黒こげになったスリッパをはいた足であった。

体重が80キロをゆうに超《こ》えていたリーザ夫人《ふじん》だったが、骨《ほね》をふくめてわずか4キロの灰《はい》になってしまっていたのだ。

この遺体《いたい》を検死《けんし》したペンシルバニア州立大学教授《きょうじゅ》ウィルトン・ロッグマンは「たとえば3000度の高熱《こうねつ》に人体が12時間さらされたとしても、骨《ほね》は残《のこ》る」と語った。

また、縮《ちぢ》んでしまった頭蓋骨《ずがいこつ》についても「熱《ねつ》をうければふくれるか、粉々《こなごな》に砕《くだ》けちってしまうはずだ。どう考えても異常《いじょう》だ」との見解《けんかい》をのべている。

結局《けっきょく》、リーザ夫人《ふじん》の焼死体事件《しょうしたいじけん》は、未解決《みかいけつ》のまま人体発火事件《じけん》の仲間《なかま》入りをした。

PART 2

人体発火から生きて帰った男

人体発火の原因《げんいん》はまったくわかっていない。なぜなら、ほとんどの人体発火の犠牲者《ぎせいしゃ》が、遺体《いたい》で発見されているからだ。だから、なぜ発火するのか、どのような形で火が発生するのかそのメカニズムがわからず、検証《けんしょう》することすらできていないのだ。

だが！　世界の人体発火事件《じけん》の例《れい》の中には、発火から生き残《のこ》った人もいる。それが、ジャック・エンジェルという人物だ。

販売員《はんばいいん》のエンジェルは、１９７４年の11月12日、仕事でアメリカ・ジョージア州に来た。夜、いつも利用《りよう》しているモーテルに泊《と》まろうとしたが、部屋は満室《まんしつ》。そこで、乗ってきた車をモーテルの駐車場《ちゅうしゃじょう》に停《と》め、車中泊《しゃちゅうはく》をした。

ところが、彼《かれ》が目を覚《さ》ましたのはなんと4日後の11月16日の午後！　なぜそんなに眠《ねむ》ってしまったのだろう……。

ぼう然《ぜん》としながら、彼《かれ》はモーテルの喫茶《きっさ》スペースへ向かった。テーブルにつくと、顔なじみの従業員《じゅうぎょういん》が声をあげた。

▲人体発火から生きのびたジャック・エンジェル。

「ジャック、あんた、右手が焼《や》けてるじゃないか!」

エンジェルも自分の目をうたがった。確《たし》かに自分の手が炎《ほのお》をあびたように赤黒くこげている。痛《いた》みがまったくなかったために、彼自身《かれじしん》、気がつかなかったのだ。あまりのことに彼《かれ》は気をうしなった。エンジェルは運ばれた病院のベッドの上で意識《いしき》を取りもどした。そこで再度《さいど》ショックを受ける。なんと右手だけでなく、胸部《きょうぶ》や両足、腰《こし》、背中《せなか》までも重いやけどを負っていたのだ。

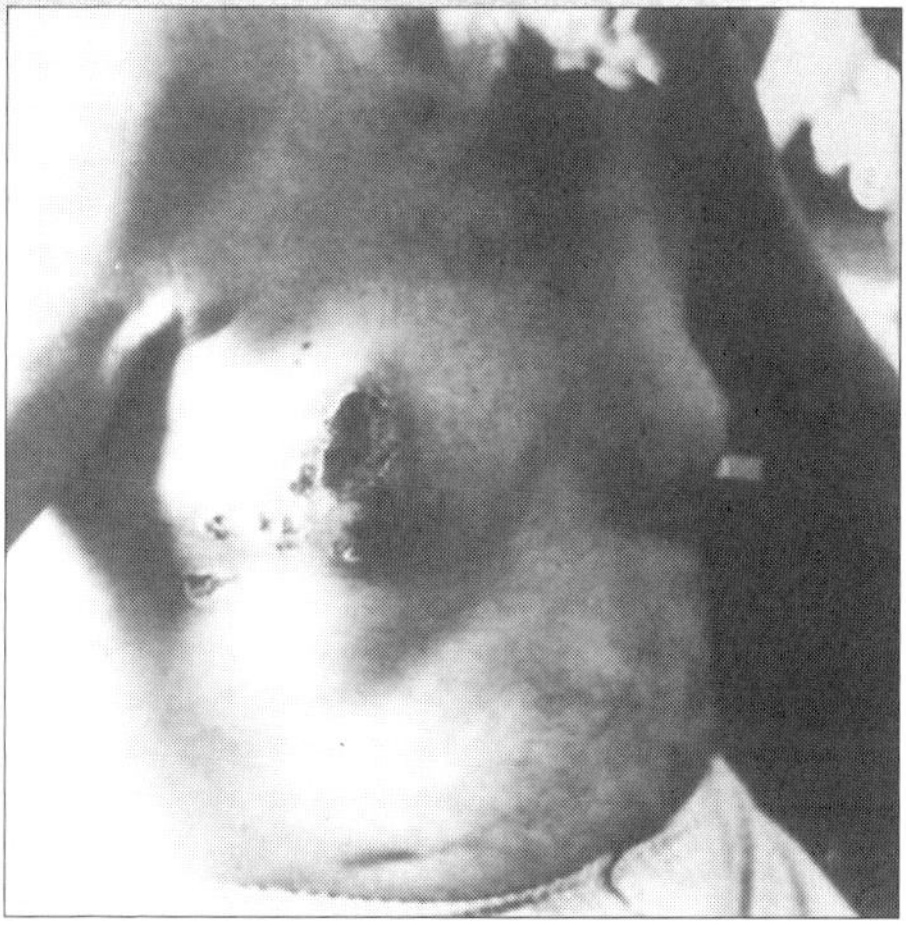
▶エンジェルが人体発火でやけどを負った傷跡《きずあと》。

当初は、エンジェルが寝《ね》ていた車の電気系統《けいとう》が故障《こしょう》し、そこで発生した火が、彼《かれ》に燃え移ったと考えられた。その場合、車メーカーに損害賠償《そんがいばいしょう》を求《もと》めることができる。

エンジェルには弁護士《べんごし》がつき、専門家《せんもんか》によって車内の調査《ちょうさ》が徹底的《てっていてき》に行われた。しかし、車内にはこげあとひとつなかった。車も正常《せいじょう》でどこにも壊《こわ》れたところはなかった。ならば、彼《かれ》の体のみが勝手に燃えたというのだろうか……。そして、なぜ、エンジェルは自分の体が焼《や》けていたのに、痛《いた》みを感じなかったのか?

真実は今なお解《と》きあかされていないが、この事件《じけん》は人体発火の犠牲者《ぎせいしゃ》が生きているという、たいへんめずらしい例《れい》として、よく知られることとなった。

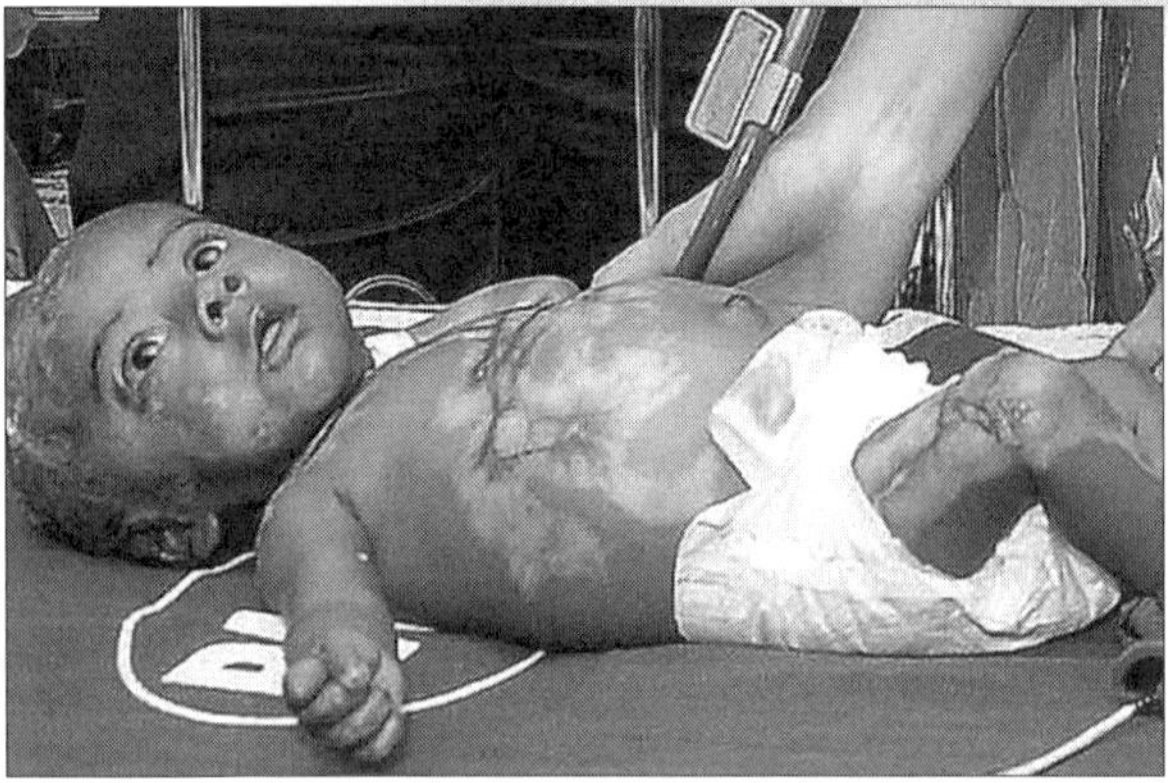

▲体が発火する赤ちゃんラフール。

PART 3

燃《も》える赤ちゃんがインドにいた！

2013年8月、人体発火事件《じけん》でも、前例《ぜんれい》のない衝撃的《しょうげきてき》なニュースが世界をかけめぐった！　インドの新聞『タイムズ・オブ・インディア』で報《ほう》じられたのをきっかけに、世界のさまざまなメディアでも取りあげられ、日本でもニュース報道《ほうどう》されたその事件《じけん》は、燃《も》える赤ちゃんが誕生《たんじょう》した、というものだった！

ラフールと名づけられたその赤ちゃんは、インド南部タルミナド州郊外《こうがい》で生まれた。そして生まれて9日目の5月22日、自然《しぜん》発火現象《げんしょう》を引きおこしたのだ。

ラフールが燃《も》えていることに気づいた母親は、すぐに消火にあたったが、ラフールは大やけどを負い、病院へ運ばれた。

周囲《しゅうい》に発火の原因《げんいん》がなかったこともあり、村の人々は、母親が赤ちゃんに火をつけたのだ、とうわさした。

しかし、その3日後には入院中に病室で発火！ さらに生後45日目、65日目にもラフールの体は炎《ほのお》につつまれた。そこでようやく、「赤《あか》ん坊《ぼう》に原因《げんいん》があるのではないか」と考えられるようになった。

ラフールの両親は、ついにインドの大学病院に入院させ、検査《けんさ》を依頼《いらい》した。医師《いし》たちは、血液《けつえき》検査《けんさ》やレントゲン検査《けんさ》など、35項目《こうもく》にもわたってラフールを検査《けんさ》した。すると、新事実が明らかになった。ラフールの皮膚《ひふ》の毛穴《けあな》から、燃えやすいガスや液体《えきたい》が検出《けんしゅつ》されたのだ。つまり、ラフールは汗《あせ》をかくと発火を引きおこす体質《たいしつ》だったのである！ もちろん、こんなことは人体のメカニズム上ありえない。それでも〝火〟は出るのだ。

現在《げんざい》、大学病院では、なぜこれらの物質《ぶっしつ》が出るのか、その原因解明《げんいんかいめい》を進めている。

さて、その後のラフールだが、発火は報告《ほうこく》されていない。病室は、ラフールが汗《あせ》をかかないよう、温度や湿度《しつど》の管理《かんり》が徹底《てってい》されているからだ。厳重《げんじゅう》な監視体制《かんしたいせい》で見守られている。

これまでの人体発火は、遺体解剖《いたいかいぼう》の結果《けっか》、内部から火が発生している、という報告《ほうこく》もあるので、ラフールの場合はまた新たな症例《しょうれい》なのかもしれない。人体発火の謎《なぞ》は深まるばかりである。

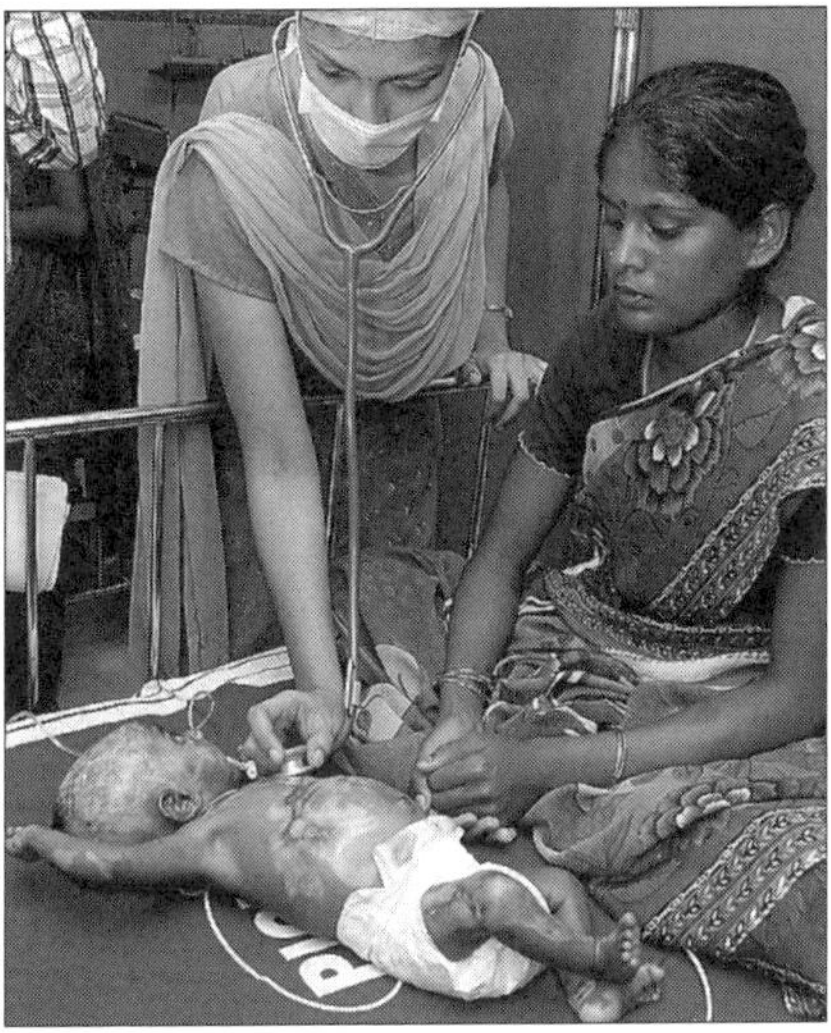
▲ラフールは厳重《げんじゅう》な監視体制《かんしたいせい》にあり安全だ。

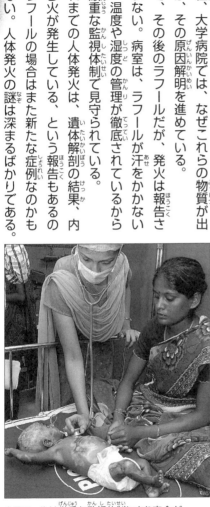

あらゆる場所に
現《あらわ》れる謎《なぞ》の顔

ミステリー事件簿004

浮《う》きでる人面事件《じけん》

▲2010年9月、アメリカ・テキサス上空に現《あらわ》れた悪魔《あくま》。くわしくは左ページを参照。

空に、墓場《はかば》に、木に、壁《かべ》に……。世界各地《かくち》のさまざまな場所で、人面が浮《う》かびあがる事件《じけん》が起きている。それらの顔は、いったいだれの顔なのだろうか？

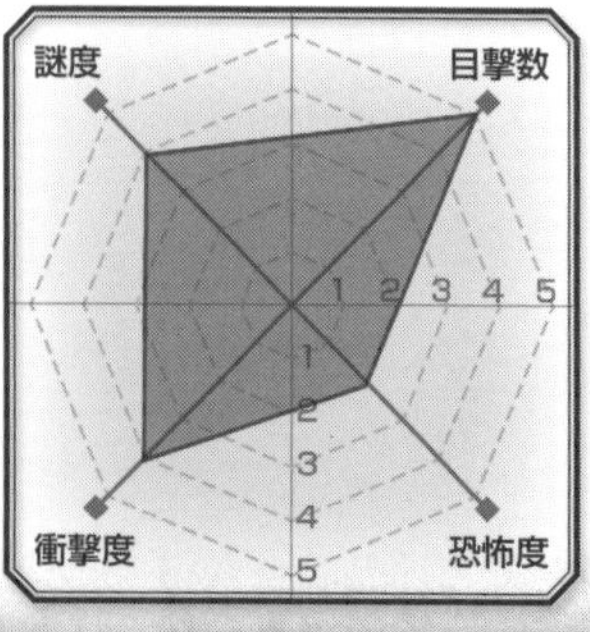

PART 1

天空に悪魔《あくま》の顔が出現《しゅつげん》、そのあとに……

世界各地《かくち》に浮《う》きでる顔の事件《じけん》として、まず最初《さいしょ》に紹介《しょうかい》するのは、天空に現《あらわ》れた顔だ。それは、まるで悪魔《あくま》を思わせるものだった！

この顔は２０１０年９月、アメリカ・テキサス州ヒューストンで撮影《さつえい》された。

天気を見ようと人々が空を見あげたところ、低《ひく》くたれこめた雲とは別《べつ》に、炎《ほのお》のようなものが現《あらわ》れた。やがてそれは、突《つ》きでた額《ひたい》、大きな目や鼻、さらに口のようなものを形づくり、不気味《ぶきみ》な顔へと姿《すがた》を変《か》えたのである。

これを見た人々は、「悪魔《あくま》が現《あらわ》れた！」と叫《さけ》び、家に逃《に》げかえったという。

光のいたずらでそう見えただけ、と思うかもしれないが……なんと、その後、ハリケーンが発生し、ヒューストンに上陸《じょうりく》したという。

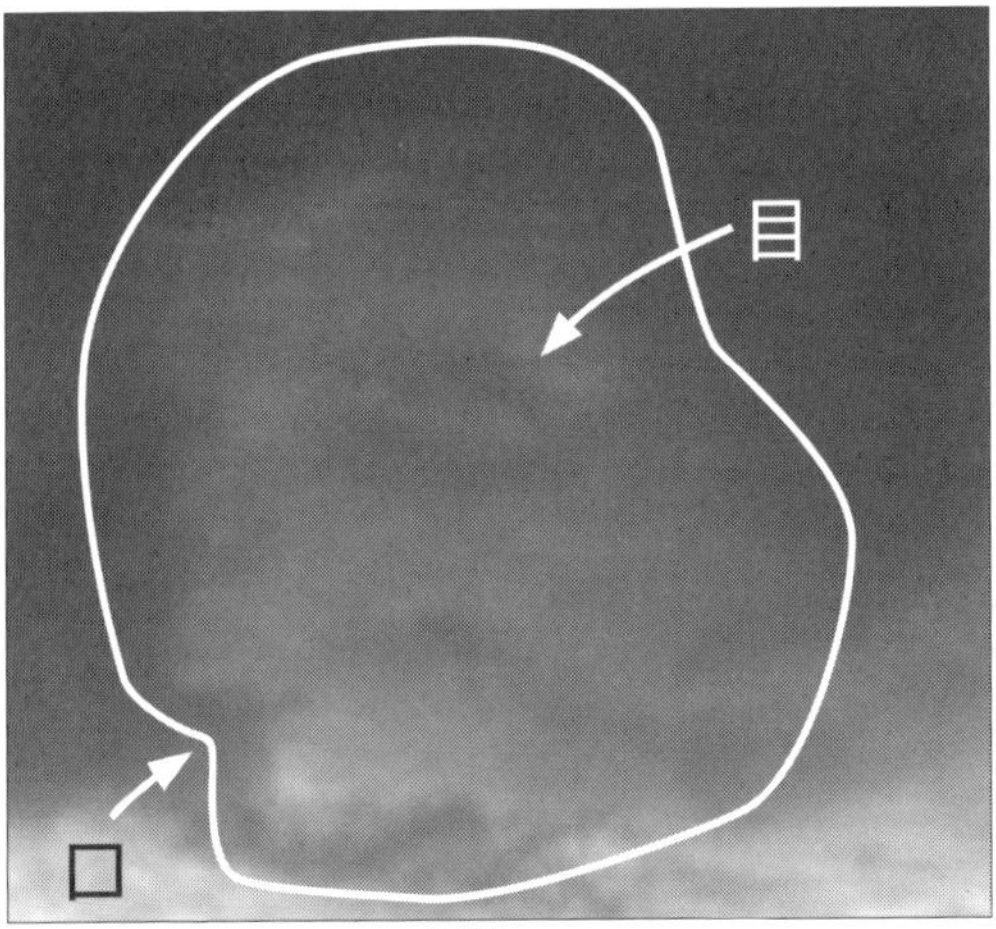

▲右ページの悪魔の顔の拡大《かくだい》。

PART 2

墓前《ぼぜん》に浮《う》かぶマリリン・モンローの霊顔《れいがん》

宙《ちゅう》に現《あらわ》れ、浮《う》かびあがる人面出現《しゅつげん》の事件《じけん》をもうひとつ紹介《しょうかい》しよう。

マリリン・モンローといえば、1950年代にハリウッドのトップスターとして大人気を博《はく》した女優《じょゆう》だ。亡《な》くなったあとは、アメリカ・カリフォルニア州のウエストウッドメモリアルパークに眠《ねむ》っている。そんなモンローの墓《はか》の前で、霊媒師《れいばいし》ジョン・メイヤーズという人物が写真を撮影《さつえい》した。撮影日《さつえいび》やくわしい状況《じょうきょう》などは不明《ふめい》なのだが、このときの写真に、モヤのようなものが写しだされた。よく見れば、それはまぎれもなく、モンロー本人の顔をしていたのである！

▲ハリウッドのトップスター、マリリン・モンロー。

モンローは人気絶頂《ぜっちょう》の1962年8月5日、36歳《さい》の若《わか》さで、自宅《じたく》の寝室《しんしつ》で死んでいるのが発見された。この死をめぐって、当時、マスコミはこぞって「睡眠薬《すいみんやく》の大量服用《たいりょうふくよう》による中毒死《ちゅうどくし》で、自殺《じさつ》をした」と発表した。

しかし、モンローの死には、さまざまな憶測《おくそく》が飛《と》びかった。というのも、彼女《かのじょ》にはマフィアとの交流など裏社会《うらしゃかい》との関係《かんけい》や、アメリカ大統領《だいとうりょう》ジョン・F《エフ》・ケネディと不倫関係《ふりんかんけい》にあったといううわさがあり、「ほんとうは自殺《じさつ》ではなく、何者かによって殺《ころ》されたのではないか、という話まで浮上《ふじょう》していたのだ。

だが、彼女《かのじょ》の死亡原因《しぼうげんいん》の調査《ちょうさ》は、その後ほとんど進められず、死因《しいん》はいまだ明らかになっていない。

この霊顔《れいがん》の撮影者《さつえいしゃ》であるメイヤーズは、「彼女《かのじょ》は自分の死の真相を伝《つた》えるために墓前《ぼぜん》に現《あらわ》れたのではないか」と語っているのだが……。

▲メイヤーズが撮影《さつえい》したモンローの霊顔《れいがん》。

PART 3 亡《な》き町長が守った木に霊顔《れいがん》が浮《う》きだした！

もう一例《いちれい》、アメリカで浮《う》かびあがった霊顔《れいがん》の事件《じけん》を見てみよう。

2007年6月のこと。アメリカ・イリノイ州ローズモンドの町営《ちょうえい》ヘルスセンター、ウィロー・クリーク・クラブに植えられている、高さ18メートルのスズカケの木の表面に、人の顔のようなものが浮《う》きだしてきた。

その顔を見た、ローズモンドの元町長の息子マーク・スティーブンスは声をあげた。

「これは……まちがいなく、亡《な》き父の顔だ！」

さらに、マークの兄弟で町長代理をつとめるブラッドリー・スティーブンスもまた、「これは、父からのメッセージにちがいない。この木を大切にするように、と、亡《な》き父は言っているのだと思います」と語った。

じつは、元町長ドナルド・スティーブンスの顔がこの木に現《あらわ》れたのには、理由がある。

1992年のことだ。元は工場があったこの場所に、ヘルスセンターが建《た》てられることになった。そのとき、ヘルスセンターの入り口に当たる場所に立っていたこの木がじゃまになるので、切りたおそうということになった。だが、ドナルドは、「美しいこの木を切らないでほしい」とうったえ、伐採《ばっさい》を中止させたのである。さらに、この2～3年後に木が枯《か》れかけ、再《ふたた》び切られそうになったときも、ドナルドは必死《ひっし》でこの木を守った。

そうした木へのドナルドの愛情《あいじょう》が、表面に顔となって現《あらわ》れるという怪現象《かいげんしょう》を引きおこしたのではないかと、町の人々は思っているのだ。

▲元町長ドナルドにそっくりという、木に浮《う》かびあがった霊顔《れいがん》。

PART 4

教会の壁《かべ》に亡《な》き牧師《ぼくし》の霊顔《れいがん》が浮《う》かびあがる

霊顔《れいがん》の浮《う》きだし事件《じけん》は、アメリカだけに限《かぎ》らない。

▲オックスフォードの教会の壁《かべ》に現《あらわ》れたルデル牧師《ぼくし》の霊顔《れいがん》。

イギリス・オックスフォードのとある教会の部屋の壁《かべ》では、1921年に白い塗料《とりょう》のようなシミが現《あらわ》れはじめた。それは、時をへるにしたがって、しだいに人の顔のような形になってきたのである。

これは誰《だれ》なのか？

じつは、この部屋には、熱心《ねっしん》な布教《ふきょう》活動を続《つづ》けて1898年に亡くなった、ディーン・ルデルという牧《ぼく》師《し》がその家族とともにまつられている。

彼《かれ》の死を惜《お》しむ人々の気持ちが、ルデルの魂《たましい》にとどいたのだろうか、死後、彼《かれ》にそっくりな顔が浮《う》かびあがったようなのだ。さらに、ルデルの顔の隣《となり》には、なんとルデルの妻《つま》によく似《に》た顔まで浮《う》かびあがった！

同教会では、この霊顔《れいがん》を「ルデルの奇跡《きせき》」と呼《よ》んでいる。

PART 5

寺の板に現《あらわ》れた胎児《たいじ》の霊顔《れいがん》

霊顔《れいがん》の出現《しゅつげん》は、もちろん日本でも何例《なんれい》もある。

たとえば、福島県福島市《ふくしまけんふくしまし》の大林寺《だいりんじ》にある、水子供養《みずこくよう》のための地蔵堂《じぞうどう》内の板には、1982年3月22日の午後、突然《とつぜん》、人間の顔を連想《れんそう》させるものが浮《う》かびあがった。

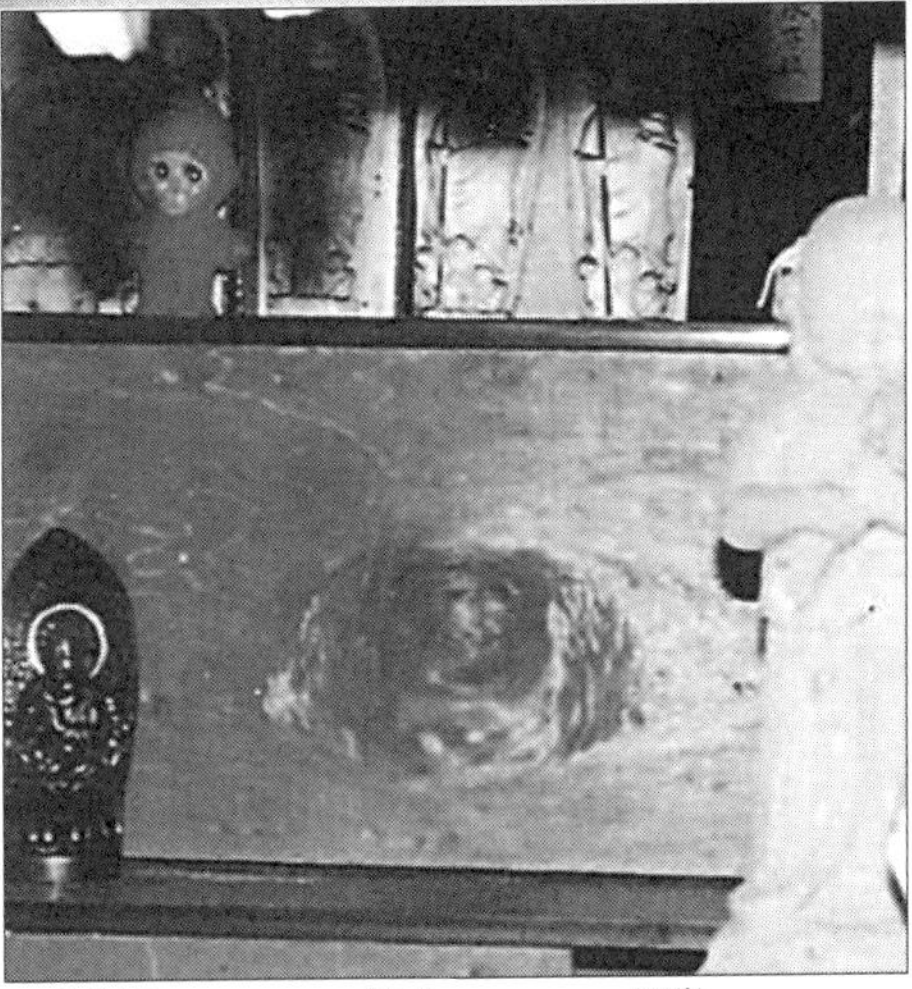

▲御利益《ごりやく》をもたらす、胎児《たいじ》を思わせる霊顔《れいがん》。

当日昼前まで地蔵堂《じぞうどう》で供養《くよう》していた住職《じゅうしょく》も、多数の参拝者《さんぱいしゃ》もだれひとり、この顔の出現《しゅつげん》に気がつく者はいなかったことから、まさにとつぜん現《あらわ》れたとしかいえない。

この顔を見た住職《じゅうしょく》は、胎児《たいじ》だと思い、さらに角度によって表情を変化《へんか》させることに驚《おどろ》いた。

そして、奇跡《きせき》が起こった！「寺をお参《まい》りしたら急死に一生を得《え》た」「夫婦《ふうふ》が円満になった」などという声が聞かれはじめ、福島県近隣《ふくしまけんきんりん》の県からも、多くの人がお礼参《れいまい》りに訪《おとず》れるようになったというのである。

目に見えない
恐怖《きょうふ》の怪現象《かいげんしょう》

ミステリー事件簿
005

ポルターガイスト事件《じけん》

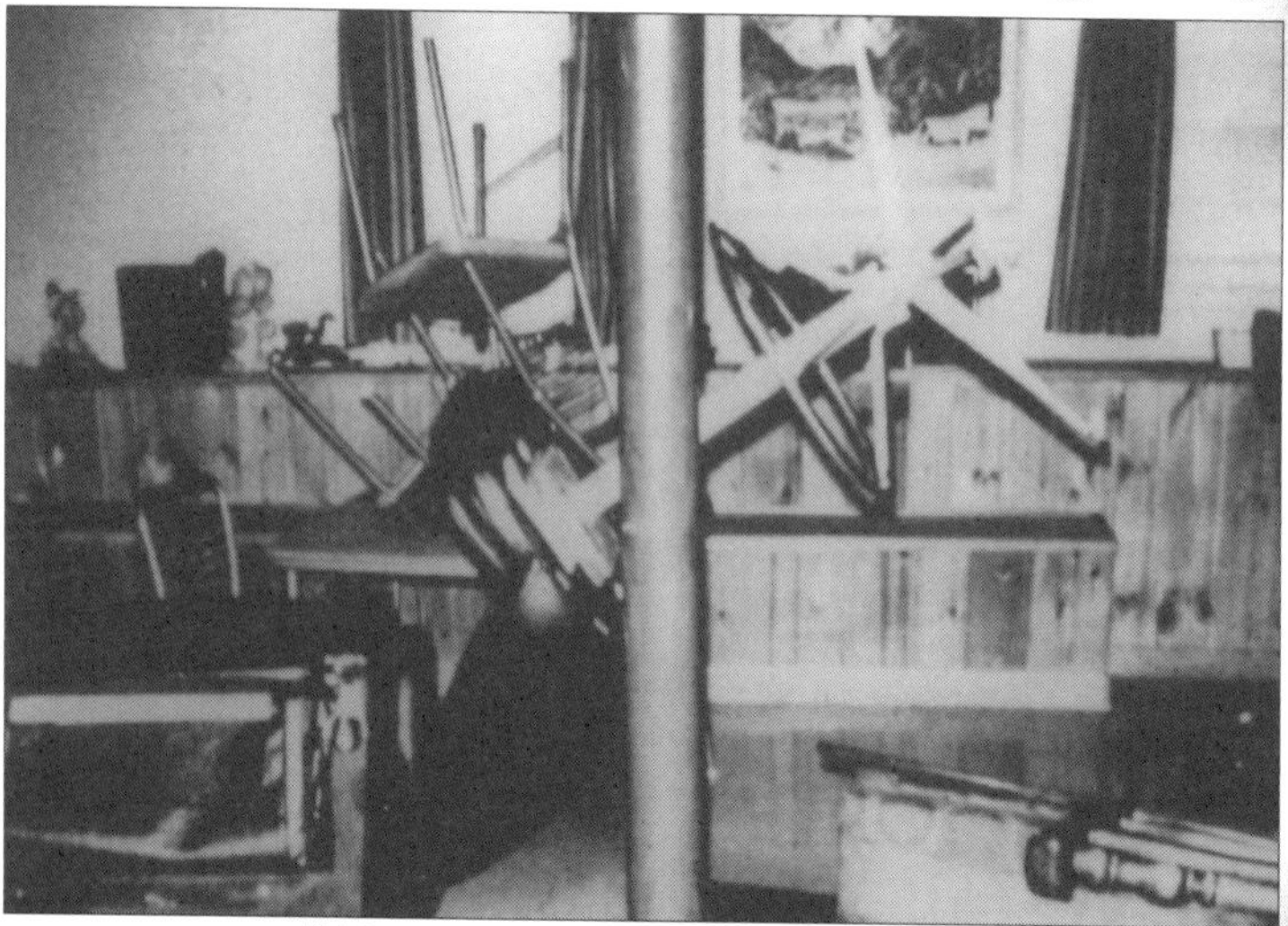

▲ポルターガイスト現象《げんしょう》で宙《ちゅう》に浮《う》かぶ家具。

激《はげ》しい怪音《かいおん》が鳴りひびき、物が投げすてられるように宙《ちゅう》を舞《ま》う！　この常識《じょうしき》では考えられない怪《かい》現象《げんしょう》は、1000年以上《いじょう》前から人々に恐怖《きょうふ》をあたえ続《つづ》けている！

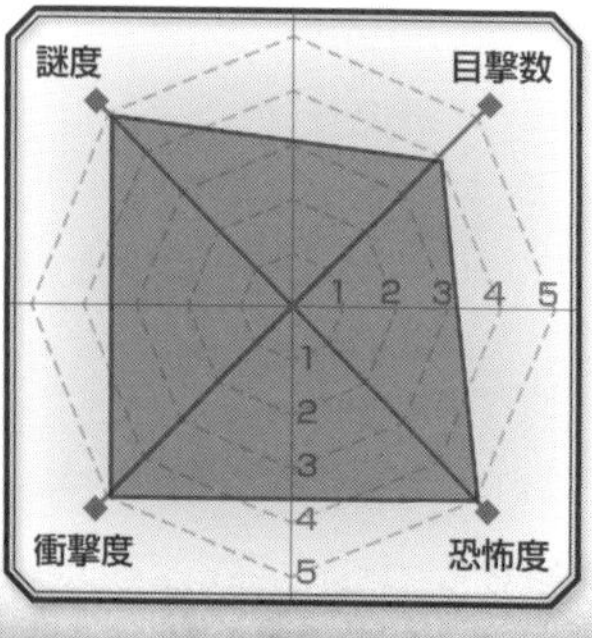

PART 1 呼《よ》びだされた霊《れい》が取りつき猛威《もうい》をふるう！

ポルターガイストの原因《げんいん》と考えられるひとつに、悪霊《あくりょう》や悪魔《あくま》のしわざという説《せつ》がある。

1974年3月3日、アメリカ・メイン州のデッド・ドノバンの一家が見舞《みま》われたポルターガイストもそうした悪霊《あくりょう》が原因《げんいん》とされている。というのも、怪現象《かいげんしょう》が発生するようになる前に、娘《むすめ》のパティが、ウィジャ盤《ばん》で遊んでいたからだ。

ウィジャ盤《ばん》とは、霊《れい》を呼《よ》びだし交信《こうしん》する道具である。

「ほんとうに霊《れい》なんて呼《よ》べるのかしら」

パティは好奇心《こうきしん》からウィジャ盤《ばん》を動かしていたところ、人知れず、霊《れい》との交信《こうしん》に成功《せいこう》してしまったのだ。

「いったいなんてこった！」

デッドは目の前の出来事に衝撃《しょうげき》を受けた。車のエンジンが破壊《はかい》されており、庭木が根こそぎ引きぬかれていたのだ。さ

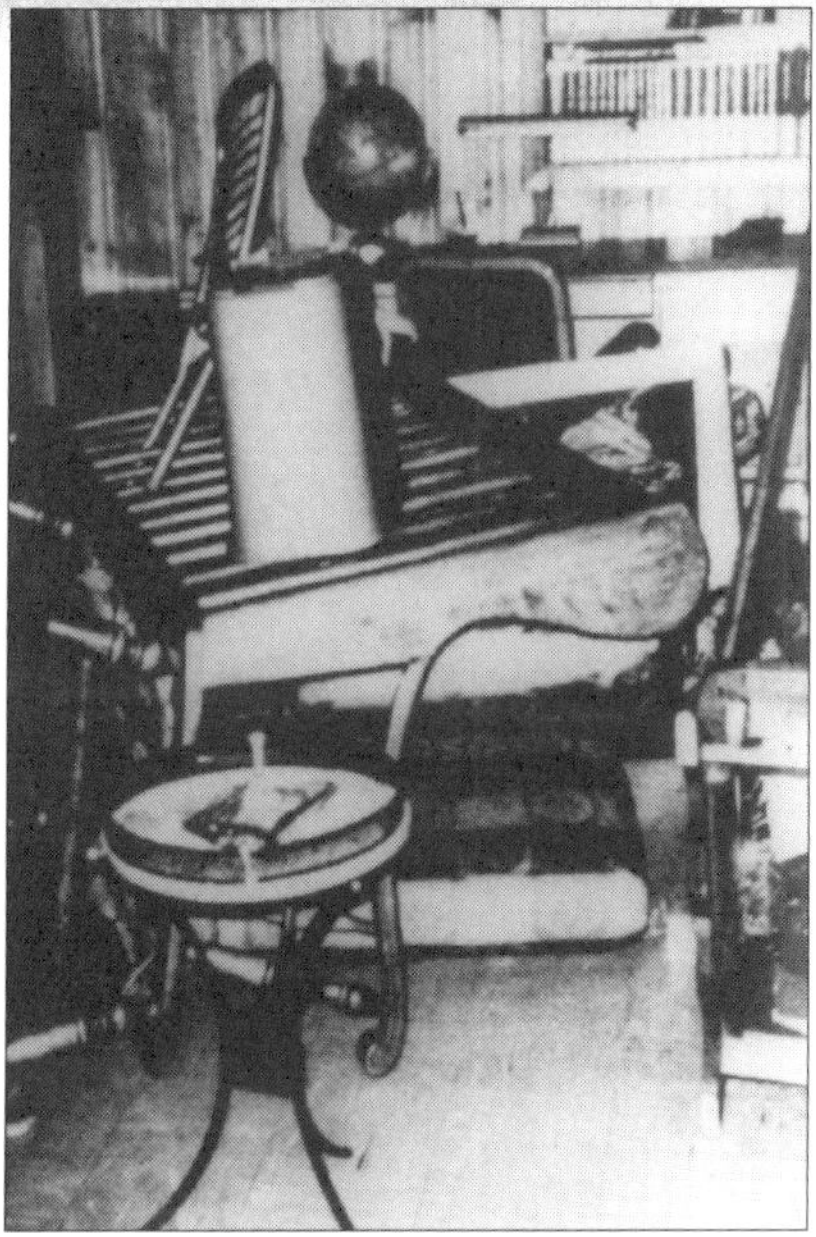

▶浮《う》きあがったゴミ箱が、積《つ》み重なった家具に落下したところ。

らに、屋根上の電線用の支柱《しちゅう》がぽっきり折《お》れていた。

その翌日《よくじつ》には、車のタイヤがナイフのようなもので切られてパンクしていた。

「だれかのいたずらにしてはたちが悪いぞ……、何が起こっているんだ！」

このときはまだ、ドノバン一家はだれかの嫌《いや》がらせくらいにしか考えていなかった。そこで警察《けいさつ》に通報《つうほう》し、夜間パトロールを強化してもらった。

▲ポルターガイスト現象《げんしょう》で宙《ちゅう》を飛《と》ぶ電気スタンド。

だが、10日もたったころ、今度は激《はげ》しい破壊音《はかいおん》と同時に、部屋の壁《かべ》に直径《ちょっけい》50センチの穴《あな》が開いた。

「まさか……こんなことが起こるなんて！」

人のいたずらでは考えられない怪異《かいい》が、その日からたてつづけに起こった。夜になると壁《かべ》に何かがぶつかるような打撃音《だげきおん》が鳴りひびき、テレビが消えたりついたりをくりかえし、家具が宙《ちゅう》を舞《ま》った。そして家の中を、〝実体がつかめない何か〟の気配が支配《しはい》した。

「どうやら、これは常識外《じょうしきがい》の者のしわざかも……」

そこで、ドノバン一家は高名なエクソシストであるウォーレン夫妻《ふさい》に悪霊退治《あくりょうたいじ》を依頼《いらい》。４月20日にドノバン家にやって来た夫妻《ふさい》は、家に足を踏《ふ》みいれた瞬間《しゅんかん》、

“邪悪《じゃあく》な異臭《いしゅう》”をかいだ。さらに、邪悪《じゃあく》な気が夫妻《ふさい》を外にはじきだそうとするのを感じた。

「この家は悪霊《あくりょう》に支配《しはい》されている！　今のままここにすむのは危《あぶ》ない」

ウォーレン夫妻《ふさい》は、一時的に一家をデッドの実家に避難《ひなん》させた。それから夫妻《ふさい》による悪霊退治《あくりょうたいじ》が始まった。気を集中させ、十字架《じゅうじか》を切って悪霊《あくりょう》ばらいの念《ねん》を送った。すると壁《かべ》の絵が燃《も》えあがった。このとき、ウォーレンは悪霊《あくりょう》のふるう見えない鞭《むち》の攻撃《こうげき》を受け、二の腕《うで》の皮膚《ひふ》を十字に切られたという。

悪霊《あくりょう》との戦《たたか》いは続《つづ》き、5月2日にはウォーレン夫妻《ふさい》と並《なら》ぶ力を持つエクソシスト、ローク神父も悪霊《あくりょう》ばらいに加《くわ》わった。神父が聖水《せいすい》をまき十字架《じゅうじか》をかざして祈《いの》ると、全長2メートルを超《こ》えるみにくい顔の悪魔《あくま》が出現《しゅつげん》した。

ローク神父は悪魔《あくま》に聖水《せいすい》を浴《あ》びせながら叫《さけ》んだ

「神の力に屈《くっ》せよ！　悪魔《あくま》、ここから立ちされ！」

やがて悪魔《あくま》は怒《いか》りに満《み》ちたおそろしげな表情のままゆっくりと消えていった。悪魔《あくま》が去ったのだ。

こうして60日あまりも続《つづ》いた悪霊《あくりょう》による怪異《かいい》はこの日で終わりをつげ、ドノバン一家の生活は正常《せいじょう》にもどったのである。

▲ドノバン家を調べるエクソシスト、ウォーレン。

PART 2 外国に転居《てんきょ》しても発生するポルターガイスト

「ポルターガイストから逃《に》げたはずなのに、悪霊《あくりょう》はいったいどこまで追いかけてくるのか!?」

ディエリー一家の気持ちは、まさにその言葉に尽《つ》きるだろう。

フランスの田舎町《いなかまち》ミュルーズのディエリー一家が、ポルターガイスト現象《げんしょう》に見舞《みま》われたのは、1979年のことだ。最初《さいしょ》は、だれもいないのに「コンコン」と窓《まど》をたたく音が鳴る怪異《かいい》が起きた。

やがて自動車がぶつかる音や赤ちゃんの泣《な》き声などを耳にするようになった。

「やだ……耳がおかしくなったのかしら」

初《はじ》めは妻《つま》のカーラだけに聞こえていたが、すぐに家族もその音を聞くようになった。

やがてテーブル、まくらやシーツ、時には重いベッドまでが浮《う》かびあがった。まさに典型的《てんけいてき》なポルターガイスト現象《げんしょう》である!

そこで、原因解明《げんいんかいめい》のため、ポルターガイスト研究の権威《けんい》、フライブルク心霊《しんれい》科学研究所・所

▶ディエリー一家が暮《く》らしていたミュルーズの家。

長ハンス・ベンダー教授《きょうじゅ》が調査《ちょうさ》チームとともに同家を訪《おとず》れた。だが、最新《さいしん》の科学機器《きき》による徹底的《てっていてき》な調査《ちょうさ》を行ったにもかかわらず、同家のポルターガイストの正体は何ひとつ解明《かいめい》できなかった。

この行為《こうい》がきっかけになったのか、ポルターガイストは怪音《かいおん》だけではすまなくなった。カーラの体に覚《おぼ》えのない謎《なぞ》のひっかき傷《きず》ができはじめ、金縛《かなしば》りにもあった。部屋から物が消えることもあった。そんな状態《じょうたい》が3年間も続《つづ》き、一家は精神的《せいしんてき》に追いつめられていった。

▶ポルターガイスト調査《ちょうさ》をするフライブルク心霊《しんれい》科学研究所のチーム。

▶ディエリー一家で最初《さいしょ》にポルターガイストに気づいた妻《つま》カーラ。

「もう、この家にはすめないわ！」

ついに一家は引っこしを決意した。

引っこしの2日前、一家の隣人《りんじん》から、この家の以前《いぜん》の持ち主もポルターガイストに悩《なや》まされていたことを教えられた。つまり、この建物《たてもの》には悪霊《あくりょう》が取りついており、それが怪異《かいい》を起こしていたのだ。

出発の日、一家は飛行場《ひこうじょう》でメキシコ行きの飛行機《ひこうき》の搭乗手続《とうじょうてつづ》きをしていた。ところが、たしかに持っていたはずのパスポート類《るい》がない。カーラはパニックになったが、なんとか一家は引っこし先のグアダルーペ島へと向かった。

「悪霊《あくりょう》はあの家についていた。これで、おれたちの暮《く》らしも平和になるな……」

よろこびに満《み》ちた気持ちで、一家は新居《しんきょ》に入った。すると、出発前に紛失《ふんしつ》したはずのパスポートが、新居《しんきょ》のベッドのマットレスの下から出てきたのだ。さらに、テレビの故障《こしょう》が続《つづ》くなど、ディエリー一家は、海を渡《わた》ってもポルターガイストにつきまとわれているという。

PART 3 ポルターガイストからの恐怖《きょうふ》のメッセージ

ポルターガイストを引きおこす霊《れい》が、なぜ暴《あば》れているのかは不明《ふめい》なことが多い。しかし、まれに悪霊《あくりょう》自らが、メッセージを告《つ》げることがある。ケンとデビー夫妻《ふさい》の事件《じけん》もそのひとつだ。

イギリス・チェスター近郊《きんこう》にすむケンとデビー夫妻《ふさい》の家が、1984年12月、とつぜんポルターガイスト現象《げんしょう》に見舞《みま》われた。家具は空中を飛《と》びまわり、勝手に動きまわった。台所ではカップやビンが高く積《つ》みあげられ、鍋《なべ》が宙《ちゅう》に浮《う》かび、壁《かべ》やドアをたたく音、足音などがひん発した。

「ポルターガイスト現象《げんしょう》だ！　なぜわが家に起こるのか……」

不可解《ふかかい》な思いでこの怪異《かいい》に苦しめられていた夫妻《ふさい》だったが、ある日を境に、パソコンの画面に、古い言葉による奇妙《きみょう》なメッセージが現《あらわ》れるようになった。

「そなたは、われの家にすんでいる。われはそなたを驚《おどろ》かせようと意図するものではない。だが、夜になると、そなたはとらわれの身のわれわれを苦しめている。ときとして変化《へんか》はわれわれを悩《なや》ませる。夜な夜なわれわれの眠りをさまたげること、はなはだしい。われわれの家を盗《ぬす》むのは大いなる罪《つみ》である」

このメッセージの主は、なんと16世紀《せいき》に、この家にすんでいたトーマス・ハーデンと名乗った。夫妻《ふさい》が家をリフォームしたことで、ポルターガイストを誘発《ゆうはつ》、その結果《けっか》、過去《かこ》世界へ通じるトンネルが開いてしまった、と告《つ》げたのである。

▶勝手に動きまわり、積《つ》まれた家具。

▶床《ゆか》に書かれたトーマスのメッセージ。

やがてトーマスは、家の床《ゆか》にもメッセージを残《のこ》すようになった。

こうして、1987年の3月までの間、300通あまりのメッセージが送られてきたが、その後は少しずつ減《へ》り、やがては終息《しゅうそく》した。ただし、なぜポルターガイストが終わったのかは、いまだ不明《ふめい》である。

われわれは奇跡《きせき》の目撃者《もくげきしゃ》となる!

ミステリー事件簿006

聖《せい》なる奇跡《きせき》の事件《じけん》

▲病気も治癒《ちゆ》するという奇跡《きせき》の水が湧《わ》くルルドの泉。

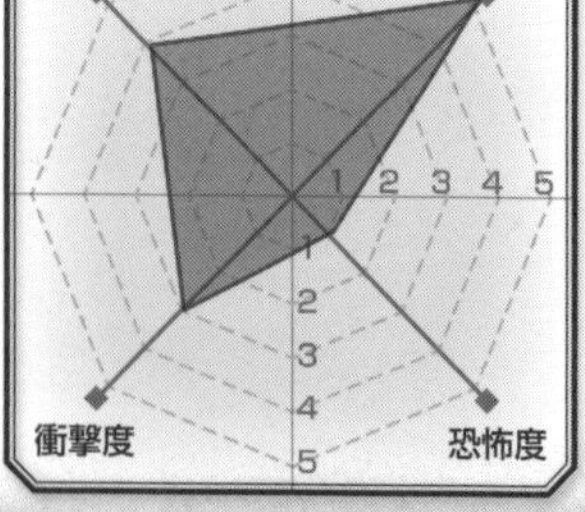

キリスト教にまつわるエピソードの中には、まさに奇跡《きせき》と呼《よ》ぶしかない、神秘的《しんぴてき》かつ聖《せい》なる事件《じけん》が伝《つた》えられている。それらは今なお、人々に感動をあたえている。

PART 1

少女ベルナデッタが起こした奇跡《きせき》の事件《じけん》

１８５８年、フランス南西部、ピレネー山脈のふもとの町ルルドで、ある奇跡《きせき》が起きた。この地にすむ14歳の貧《まず》しい少女、ベルナデッタ・スビルーが妹と山でまきを拾《ひろ》っていたときのことだ。ベルナデッタは山中の洞窟《どうくつ》で、白いドレスに青いベルト、白いベール姿《すがた》の不思議《ふしぎ》な女性《じょせい》を見た。

「ああ、なんて神々《こうごう》しい方だろう……」

ベルナデッタはその女性《じょせい》の神聖《しんせい》な美しさに目をうばわれた。

その後、不思議《ふしぎ》な女性《じょせい》は18回もベルナデッタの前に現《あらわ》れ、９回目の出現《しゅつげん》のときはベルナッタを導《みちび》き、泉《いずみ》を湧《わ》かせた。

この話を聞いた司祭《しさい》らは、驚《おどろ》いた。

「その女性《じょせい》は、マリア様ではないか！」

あわてた司祭《しさい》らは、マリアが現《あらわ》れた場所に１８６４年、小さな聖母堂《せいぼどう》を建《た》てた。

また、ベルナデッタが導《みちび》かれた泉《いずみ》は、

▶ルルドにある、ベルナデッタの前に現《あらわ》れた聖母《せいぼ》マリアの像《ぞう》。

なんと飲む人に「どんな病も治《なお》す湧《わ》き水」という奇跡《きせき》を起こし、世界中で評判《ひょうばん》になっていった。

現在《げんざい》では、聖母堂《せいぼどう》は大聖堂《だいせいどう》となり、数あるキリスト教の聖地《せいち》でも、もっとも有名な場所のひとつとして、多くの人々が祈《いの》りをささげている。泉《いずみ》の周囲《しゅうい》も美しく整備《せいび》され、車いすやストレッチャーに乗せられた人も近くまで行くことができるようになった。また、泉《いずみ》の湧《わ》き水はパイプで沐浴場《もくよくじょう》まで引かれ、自由に持ちかえれるようになっている。

▶ルルドにある聖母《せいぼ》の大聖堂《だいせいどう》。

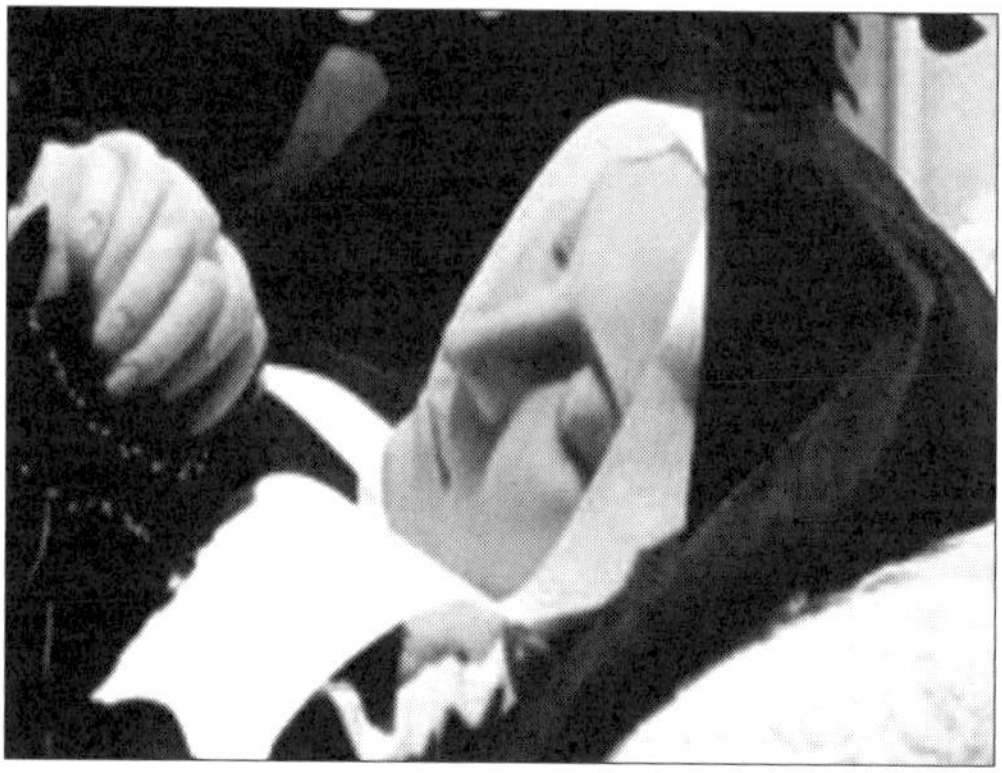
▶死後も腐《くさ》らないベルナデッタの遺体《いたい》。

ところで奇跡《きせき》の目撃者《もくげきしゃ》ベルナデッタだが、のちにブルゴーニュのヌーヴェル愛《あい》徳修道院《とくしゅうどういん》に入り、1879年に35年の短い生涯《しょうがい》を終えた。しかし彼女《かのじょ》の遺体《いたい》には、腐敗《ふはい》しないという〝もうひとつの奇跡《きせき》〟が起きており、今もヌーヴェルの修道院《しゅうどういん》でガラスの棺《ひつぎ》に入れられ、安《あん》置《ち》されている。

PART 2 キリストの姿《すがた》を写す聖《せい》なる布《ぬの》は本物か!?

イタリア北西部の町トリノにあるヨハネ大聖堂《だいせいどう》。ここにはなんと、十字架《じゅうじか》にかけられたキリストの遺体《いたい》をつつんだ、聖骸布《せいがいふ》という布《ぬの》が保管《ほかん》されている。布《ぬの》は杉綾織《すぎあやお》りのリンネルで、大きさは縦《たて》4・36メートル、横1・1メートルほどのもの。これが、奇跡《きせき》の聖遺物《せいいぶつ》といわれているのだ。

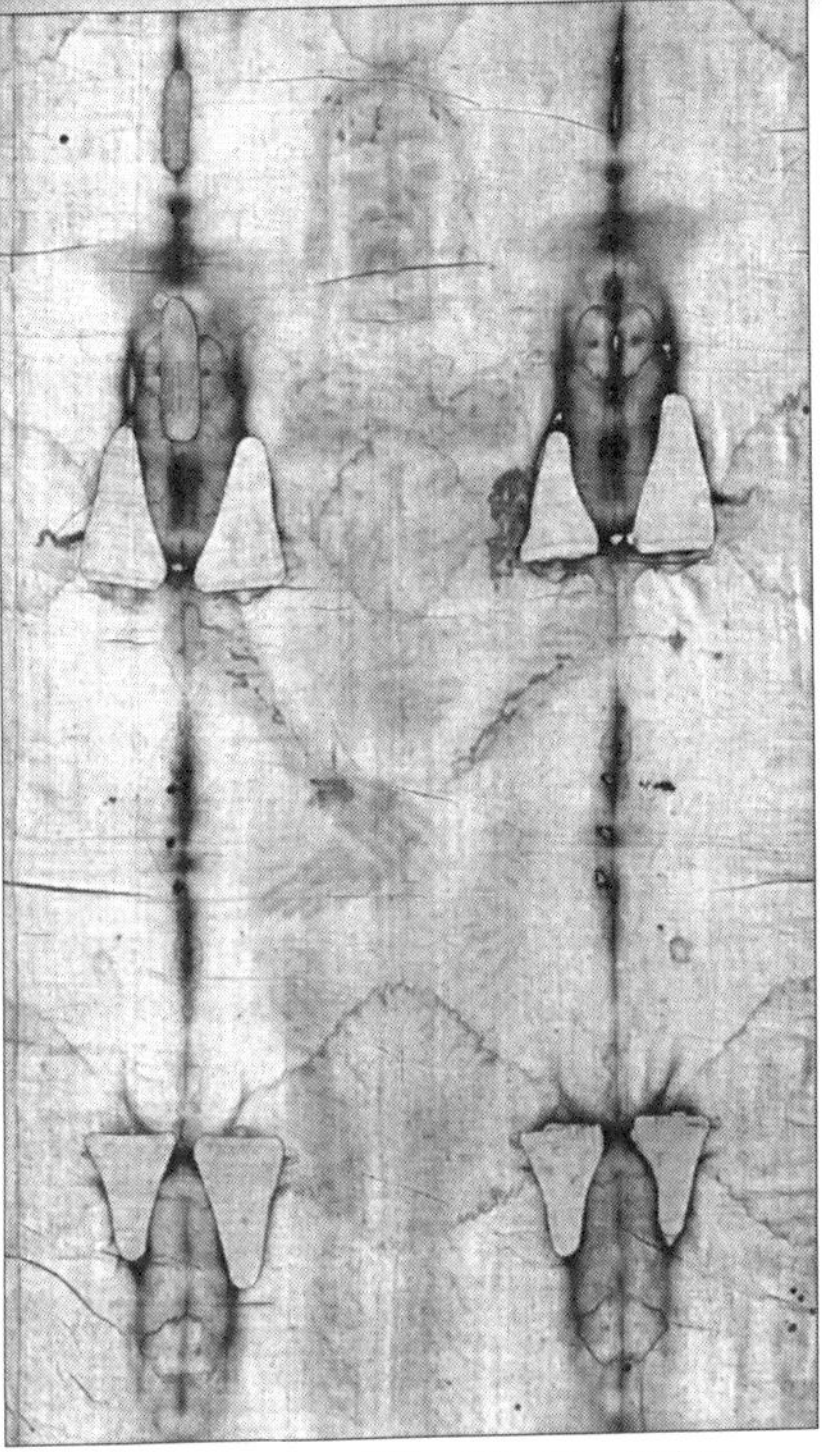

▲キリストとおぼしき男性《だんせい》の姿《すがた》を残《のこ》す聖骸布《せいがいふ》。

キリストは死刑《しけい》になるとき、自らをはりつける50キロ近い十字架《じゅうじか》をゴルゴダへ運ばされた。その道中ですでに肩《かた》からは血が流れ、何度も転んだことで足からも出血。はりつけのとき、両手と両足首を釘《くぎ》で打たれ、頭にはイバラの冠《かんむり》がかぶせられた。何度もキリストに向けて振《ふ》られたムチにより全身から血がふき出し、さらに死後も、両脇《りょうわき》を槍《やり》で突《つ》かれている。この

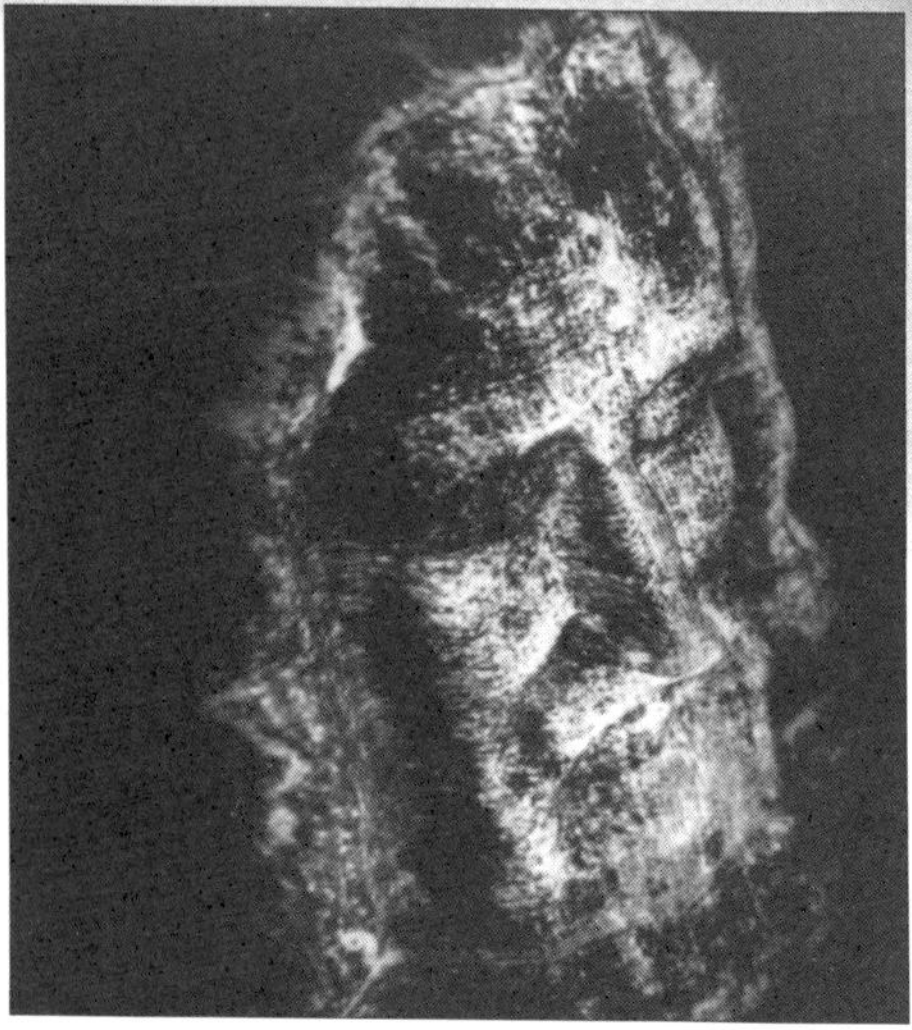

▲聖骸布《せいがいふ》に残《のこ》された人物の顔を映像分析器《えいぞうぶんせきき》で立体再現《さいげん》（上）と、肖像画《しょうぞうが》で再現《さいげん》したもの（下）。

そのキリストの遺体《いたい》をつつむのに使われたのが、トリノ聖骸布《せいがいふ》だという。

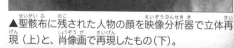

トリノ聖骸布《せいがいふ》は、最初《さいしょ》に発見されたあとさまざまな所有者をへて、1578年、トリノへと移《うつ》された。だが、この布は宗教界《しゅうきょうかい》はもちろん科学界も巻《ま》きこみ、何世紀《なんせいき》にもわたって議論《ぎろん》されることになった。——これは本物なのか、ニセ物なのかと。

しかし、キリストという伝説的《てんせつてき》人物に使われた布《ぬの》が、2000年の時を超《こ》えてほんとうに存在《そんざい》するものなのだろうか？　だが調査《ちょうさ》の結果《けっか》、実際《じっさい》にはりつけにされた男性《だんせい》をくるんだものであること、十字架《じゅうじか》は当時の人が使用していたものと同じ形だということ、頭部にはイバラの冠《かんむり》をかぶっていたあとがあることなどが確認《かくにん》された。

聖骸布《せいがいふ》には、くるまれた男性《だんせい》の血痕《けっこん》によって、その姿《すがた》が生々しく写しだされている。手首や足首に見られるひときわ大きなシミは磔《はりつけ》の跡《あと》だろうか。たしかにその姿《すがた》は痛々《いたいた》しくも、神々《こうごう》しい。

もしこれが本物であれば、奇跡《きせき》であり、大事件《だいじけん》といえるだろう!

ちなみにヨハネ大聖堂《だいせいどう》では、ふだんは実物大のレプリカが公開されている。近年では2000年と2010年に本物が一般《いっぱん》公開され、世界中から信者《しんじゃ》を集めたという。

PART 3 ロレットチャペルの奇跡《きせき》のらせん階段《かいだん》

アメリカ・ニューメキシコ州にロレットチャペルという教会がある。1873年に建立《こんりゅう》されたが、建物《たてもの》には欠陥《けっかん》があった。2階建《かいだ》てなのだが、のぼるための階段《かいだん》を造《つく》るスペースがなかったのである。

そのため、2階へははしごを使ってのぼるようにしたが、修道女《しゅうどうじょ》らははしごをこわがり、使いたがらなかった。そこで修道女《しゅうどうじょ》らは、大工だった聖母《せいぼ》マリアの夫、聖《せい》ヨセフに祈《いの》りをささげた。

奇跡《きせき》は9日目に起きた。ロバを引きつれ、大工道具を持った白髪《しらが》の男性《だんせい》がどこからともなく現《あらわ》れ、わずかな道具でみるみるうちにらせん階段《かいだん》を造《つく》りあげ、立ちさっていったのだ。

階段《かいだん》は33段《だん》もあるが、360度を2回転するらせん状《じょう》になっており、せまい教会内にきっちりおさまっていた。また、じつに不思議《ふし ぎ》なのは、このらせん階段《かいだん》は壁《かべ》に接《せっ》していないのに、支柱《しちゅう》がない。これは建築《けんちく》工学上、ありえないのだという。

以後《いご》85年間、毎日のように修道《しゅうどう》女《じょ》が利用《りよう》しても、一度も事故《じこ》は起きていないという。

今では観光客《かんこうきゃく》の増加《ぞうか》と老朽化《ろうきゅうか》により使用が制限《せいげん》されているが、その不思議《ふしぎ》さは少しも変《か》わっていない。

▲ロレットチャペルの奇跡《きせき》のらせん階段《かいだん》。

PART 4 すくいだしても砂《すな》が湧《わ》きでるチマヨ教会

アメリカ・ニューメキシコ州には、チマヨ教会と呼《よ》ばれる小さなカトリックの教会がある。この教会の聖堂《せいどう》の一番奥《おく》にある小部屋には、直径《ちょっけい》40センチほどの小さな穴《あな》がある。この穴《あな》の中には、なんと、万病《まんびょう》を治《なお》す奇跡《きせき》の砂《すな》があるのだ。ひっきりなしに入室する訪問者《ほうもんしゃ》たちは、時には大きな容器《ようき》に入れて奇跡《きせき》の砂《すな》を持ちかえるが、不思議《ふしぎ》なことに砂《すな》が減《へ》る様子はない。砂《すな》が湧《わ》きでているのだ。

チマヨ教会にはこんな伝説《てんせつ》が残《のこ》る。1810年、修道士《しゅうどうし》のドンベルナルド・アベイダはチマヨにある丘《おか》に祈《いの》りをささげていた。すると丘《おか》の中腹《ちゅうふく》から一筋《ひとすじ》の光が射《さ》した。

▲チマヨ教会の、奇跡《きせき》の砂《すな》が湧《わ》く40センチほどの穴《あな》。

不思議《ふしぎ》に思ったアベイダが丘に行くと、光は地中から立ちあがっている。地面をほると小さな十《じゅう》字架《じか》が出てきた。神からのおくり物と感じたアベイダは持ちかえり、アリゾナ州にある教会の祭壇《さいだん》に安置《あんち》した。しかし翌朝《よくあさ》、祭壇《さいだん》を見ると十字架《じゅうじか》がない。探《さが》したところ、十字架《じゅうじか》はほりおこされた場所にもどっていた。この話を聞いた人々は、この地に教会を建《た》てることにした。これがチマヨ教会の設立《せつりつ》の由来である。

その後、十字架《じゅうじか》は再《ふたた》び消え、その代わりに十字《じゅうじ》架《か》が出た穴《あな》から砂《すな》が湧《わ》きでるようになった。この砂《すな》こそ、万病《まんびょう》を治《なお》す奇跡《きせき》の砂《すな》である。

砂《すな》は体の痛《いた》むところや病気の場所にすりこんで使う。ガンや難病《なんびょう》が治《なお》ったという報告《ほうこく》もある。

ミステリー事件簿
007

涙《なみだ》がうったえかける意味とは!?

聖画《せいが》・聖像《せいぞう》の事件《じけん》

▲ロシアやウクライナでは、血の涙《なみだ》を流す聖画《せいが》が続出《ぞくしゅつ》している!

絵画や像《ぞう》は、時として涙《なみだ》を流すという、怪《かい》現《げん》象《しょう》を起こすことがある。聖《せい》像《ぞう》・聖画《せいが》は、われわれに何かをうったえようとしているのだろうか!?

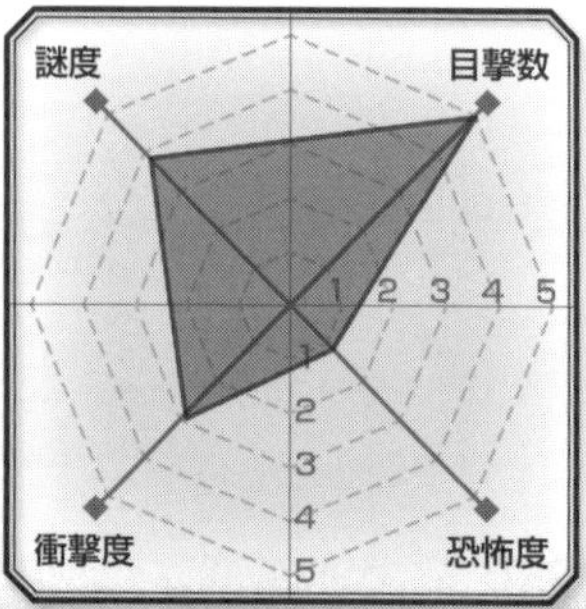

PART 1

キリストとマリアはクリミア危機《きき》をなげく⁉

　2014年2月に起きたウクライナ争乱《そうらん》。この事件《じけん》をきっかけに、クリミア半島をめぐって、ウクライナとロシアは一触即発《いっしょくそくはつ》の緊張状態《きんちょうじょうたい》をむかえた。いわゆるクリミア危機《きき》だ。

　そして2月以降《いこう》、ウクライナとロシアの教会や寺院におさめられている、イエス・キリストや聖母《せいぼ》マリアを描《えが》いた聖画《せいが》が涙《なみだ》を流しだした、という報告《ほうこく》があいついだ！　そう、まるでこの危機的状況《ききてきじょうきょう》をなげいているかのように……。

　この事件《じけん》は、現地《げんち》ではニュース番組で大々的《だいだいてき》に報道《ほうどう》されたという。ほんとうなら、これはただならぬことといえるだろう。

　じつは、国際危機《こくさいきき》のときに聖画《せいが》が涙《なみだ》を流すという現象《げんしょう》は、今回に限《かぎ》ったことではない。ロシア帝国《ていこく》が崩壊《ほうかい》することとな

▲血の涙《なみだ》を流す聖母《せいぼ》マリアの聖画《せいが》。

った1917年の十月《じゅうがつ》革命《かくめい》のときや、1991年のソビエト連邦崩壊《れんぽうほうかい》の直前にも、同じようなことが起きているのである。

それだけに、キリスト教徒の間では、クリミア危機《きき》をきっかけに、大惨《さん》事《じ》が起こるのではないか、とうわさされているという。

これは、キリストや聖母《せいぼ》マリアがわれわれに危機《きき》が到来《とうらい》することを警告《けいこく》しているのだろうか？

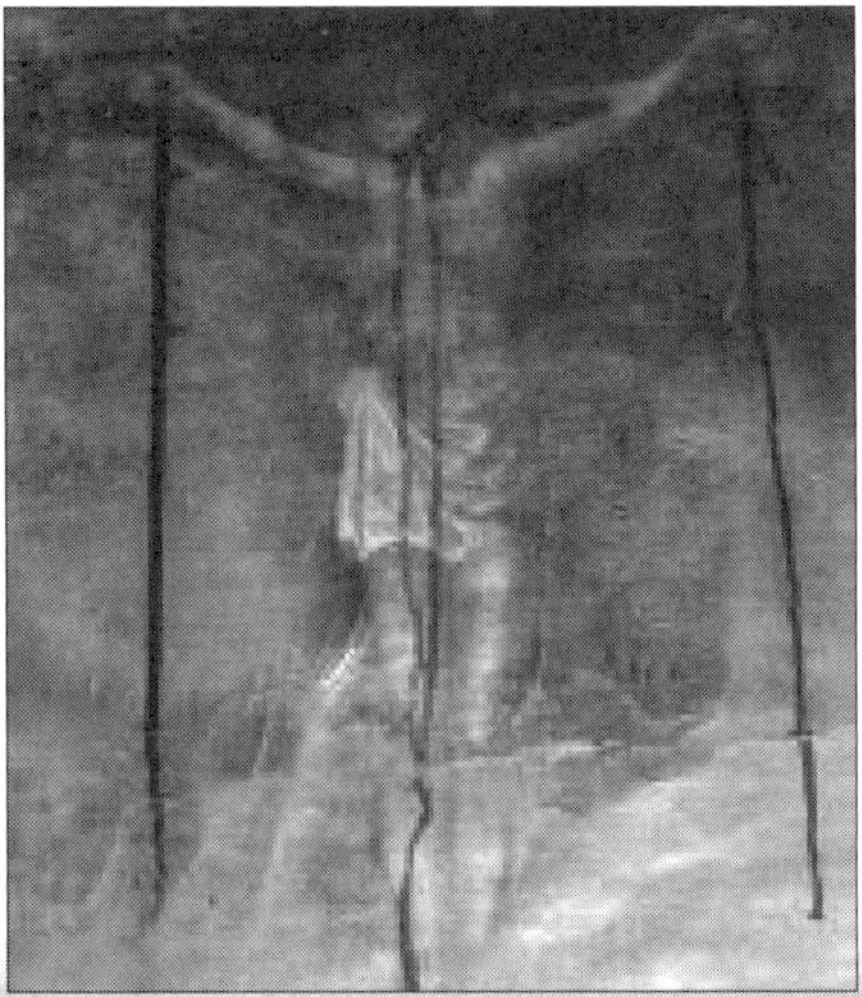

▲血を流す聖画《せいが》は現地《げんち》のニュース番組で報道《ほうどう》された。
◀十字架《じゅうじか》にかけられたキリストの聖画《せいが》も血を流す。

PART 2 祖母《そぼ》の祈《いの》りにより、聖画《せいが》が涙《なみだ》を流した！

聖画《せいが》が涙《なみだ》を流すのは、人類《じんるい》への警告《けいこく》だけではない。ごく個人的《こじんてき》な愛《あい》の祈《いの》りが、聖画《せいが》に涙《なみだ》を流させることもある。

2004年5月11日、アメリカ・テキサス州のグロリア・フィーノは、生後3か月の孫が命を落とす可能性《かのうせい》もある病気にかかってしまった。彼女は孫《まご》の回復《かいふく》を願《ねが》い、連日《れんじつ》自宅《じたく》にかざったキリストの聖画《せいが》に祈《いの》りをささげていた。

「主よ、わたしの孫《まご》を救《すく》いたいと思う気持ちがとどいているのなら、何か証拠《しょうこ》をいただけませんでしょうか……」

グロリアは必死《ひっし》に祈《いの》った。するとどうだ、とつぜん、キリストの聖画《せいが》が涙《なみだ》を流しはじめたのである。

「神が答えてくださった！」

このうわさは近隣《きんりん》のキリスト教徒《きょうと》たちの話題になり、数日後には30人もの人々が、この聖画《せいが》を見ようと集まってきた。そして、再《ふたた》び奇跡《きせき》が起きた。またもキリストの絵の目から、涙《なみだ》が流れたのである。このときは油のような液体《えきたい》がしたたり落ちた。

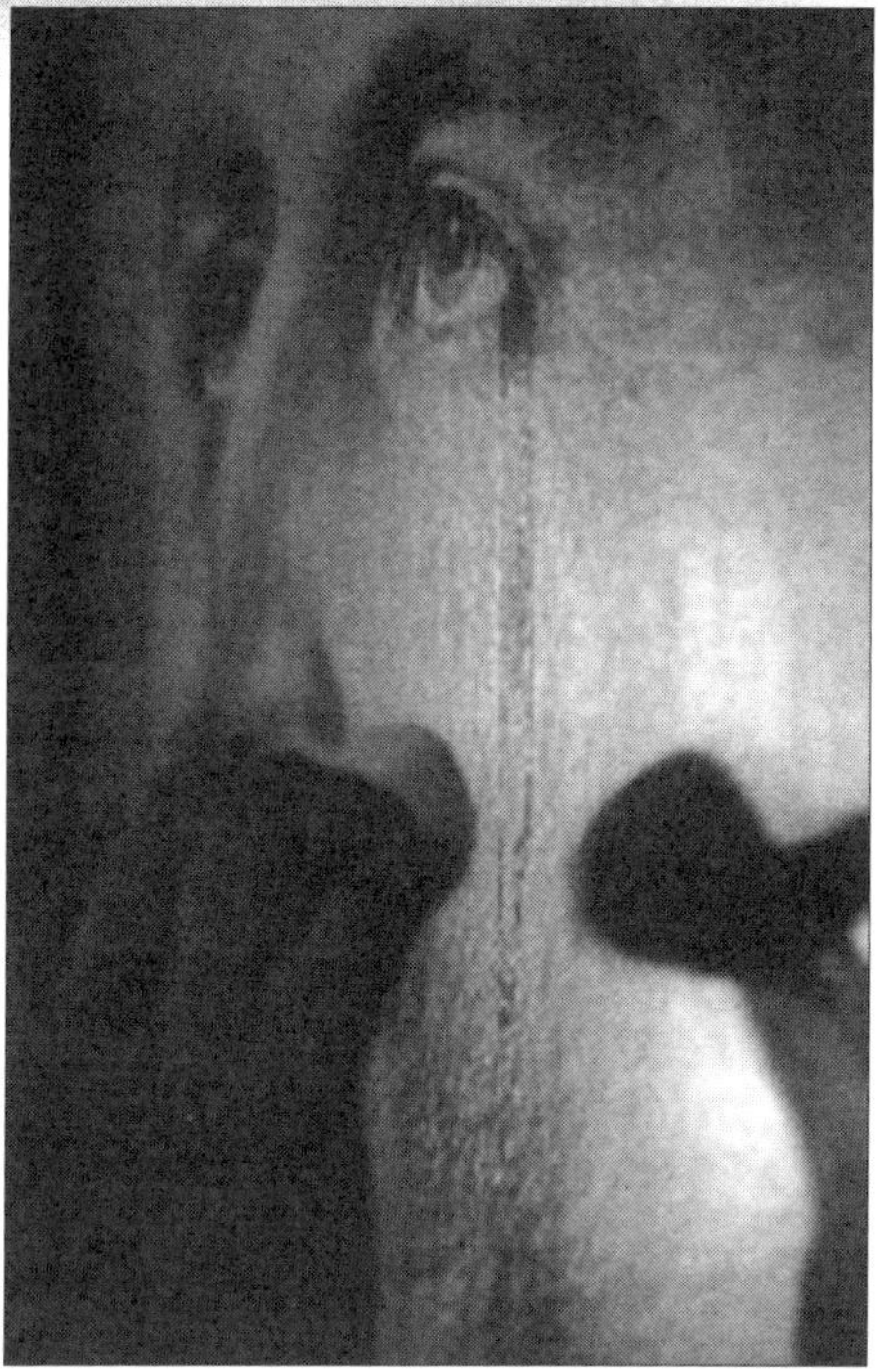

▶涙《なみだ》を流すキリストの聖画《せいが》。目じりから液体《えきたい》が流れているのがわかる。

▲聖画《せいが》はなぜ、涙《なみだ》を流すのか?

事件《じけん》は地元のカトリック教会の耳にもとどいた。報告《ほうこく》をうけたエドモンド・カーモディー司教《しきょう》は、この聖画《せいが》を調査《ちょうさ》した。その結果《けっか》、地元マスコミのインタビューにこう答えた。

「非常《ひじょう》に奇妙《きみょう》な現象《げんしょう》だ。絵に描《えが》かれたキリストの目からは、たしかに何かが流れでた跡《あと》が残《のこ》っている。ただし、本当に涙《なみだ》が流れている事実を確認《かくにん》できなかった。われわれとしては、すでに涙《なみだ》は止まっていると考えざるをえません」

つまり、カトリック教会は、この奇跡《きせき》を「終わった奇妙《きみょう》な現象《げんしょう》」としてかたづけたのである。だが、その後もこの聖画《せいが》は涙《なみだ》を流しており、地元のニュースでも報道《ほうどう》された。その影響《えいきょう》でアメリカ各地《かくち》から毎日のように、この絵を見ようと何百人という人がグロリアの家を訪《おとず》れている。彼女《かのじょ》もまた、この聖画《せいが》を見に来る人々をうけいれた。

また、グロリアは絵のイエスが流した涙《なみだ》を綿《わた》にふくませ、見にきた人々にわけあたえている。その液体《えきたい》は、時間がたつとロウのように固《かた》まるのだという。

その後、グロリアの周りで第2の奇跡《きせき》を起こしたという報告《ほうこく》はないが、孫《まご》が回復《かいふく》するまでこの奇《き》跡《せき》は続《つづ》くのではないか、とグロリアは信《しん》じているという。

PART３ 秋田県《あきたけん》の涙《なみだ》を流すマリア像《ぞう》

涙《なみだ》を流す聖像《せいぞう》は日本にも存在《そんざい》している。なかでも有名なのが、１９７５年１月から１９８１年９月１５日にかけて起きた、秋田県《あきたけん》のカトリック教会の涙《なみだ》を流す聖母《せいぼ》マリア像《ぞう》だ。場所は秋田市《あきたし》の郊外《こうがい》、湯沢台《ゆざわだい》にある女子修道院《しゅうどういん》、聖体奉仕会《せいたいほうしかい》である。

▶秋田県《あきたけん》の聖体奉仕会《せいたいほうしかい》の修道院《しゅうどういん》にある、涙《なみだ》を流す木製《もくせい》のマリア像《ぞう》。

マリア像《ぞう》が涙《なみだ》を流しだす、その予《よ》兆《ちょう》はすでにあった。１９７３年、教会に仕える修道女《しゅうどうじょ》の手にとつぜん、十字架型《じゅうじかがた》の傷跡《きずあと》＝聖痕《せいこん》が浮《う》かびあがったのだ。そして、礼拝堂《れいはいどう》の木造《もくぞう》のマリア像《ぞう》の手にも同様の傷《きず》ができていたのである！

この聖痕《せいこん》は出血と激痛《げきつう》をともない、さらにその修道女《しゅうどうじょ》は原因不明《げんいんふめい》の難聴《なんちょう》に襲《おそ》われた。そして彼女《かのじょ》は完全《かんぜん》に聴《ちょう》力《りょく》をうしなってしまう。

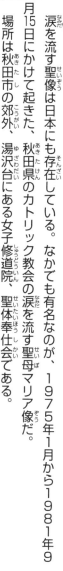

そんなとき、なんと彼女《かのじょ》の元に守護天使《しゅごてんし》が出現《しゅつげん》し、「すべての人のつぐないのために祈《いの》りを」とはげましたという。

さらに、ある祈《いの》りの文を、その修道女《しゅうどうじょ》に告《つ》げた。それは、「ああイエズスよ、われらの罪《つみ》をゆるしたまえ、われらを地獄《じごく》の火よりまもりたまえ」というもので、これはポルトガルで残《のこ》された「ファティマの祈《いの》り」とされる言葉と一言一句《いちごんいっく》変《か》わらないものだった。

この祈《いの》りの言葉は当時日本では知られていなかったという。

一連《いちれん》の奇跡《きせき》は多くの人間に目撃《もくげき》され、マリア像《ぞう》の涙《なみだ》は専門家《せんもんか》による鑑定《かんてい》の結果《けっか》、人間の体液《たいえき》であることが証明《しょうめい》されたという。

PART4 世界各地《かくち》で聖像《せいぞう》の奇跡《きせき》は起こっている

このように、聖画《せいが》・聖像《せいぞう》の奇跡《きせき》の例《れい》は、世界各地《かくち》でひんぱんに起きているようだ。その事件《じけん》をすべて見ていくのはきりがないので、最後《さいご》は、最近話題《さいきんわだい》になった事例《じれい》を紹介《しょうかい》しよう。

それは、イスラエルの小さな町ターシハの、涙《なみだ》を流すマリア像《ぞう》の話《はなし》だ。

そのマリア像《ぞう》は、2013年にターシハ在住《ざいじゅう》のクホーリ家によって購入《こうにゅう》されたものだが、2014年2月、同家のアミラ・クホーリが像《ぞう》の目から涙《なみだ》がこぼれおちているのを発見した。

涙《なみだ》と思われたものは油状《あぶらじょう》の物質《ぶっしつ》だったため、マリア像《ぞう》は、常《つね》にベタベタした状態《じょうたい》になっている。

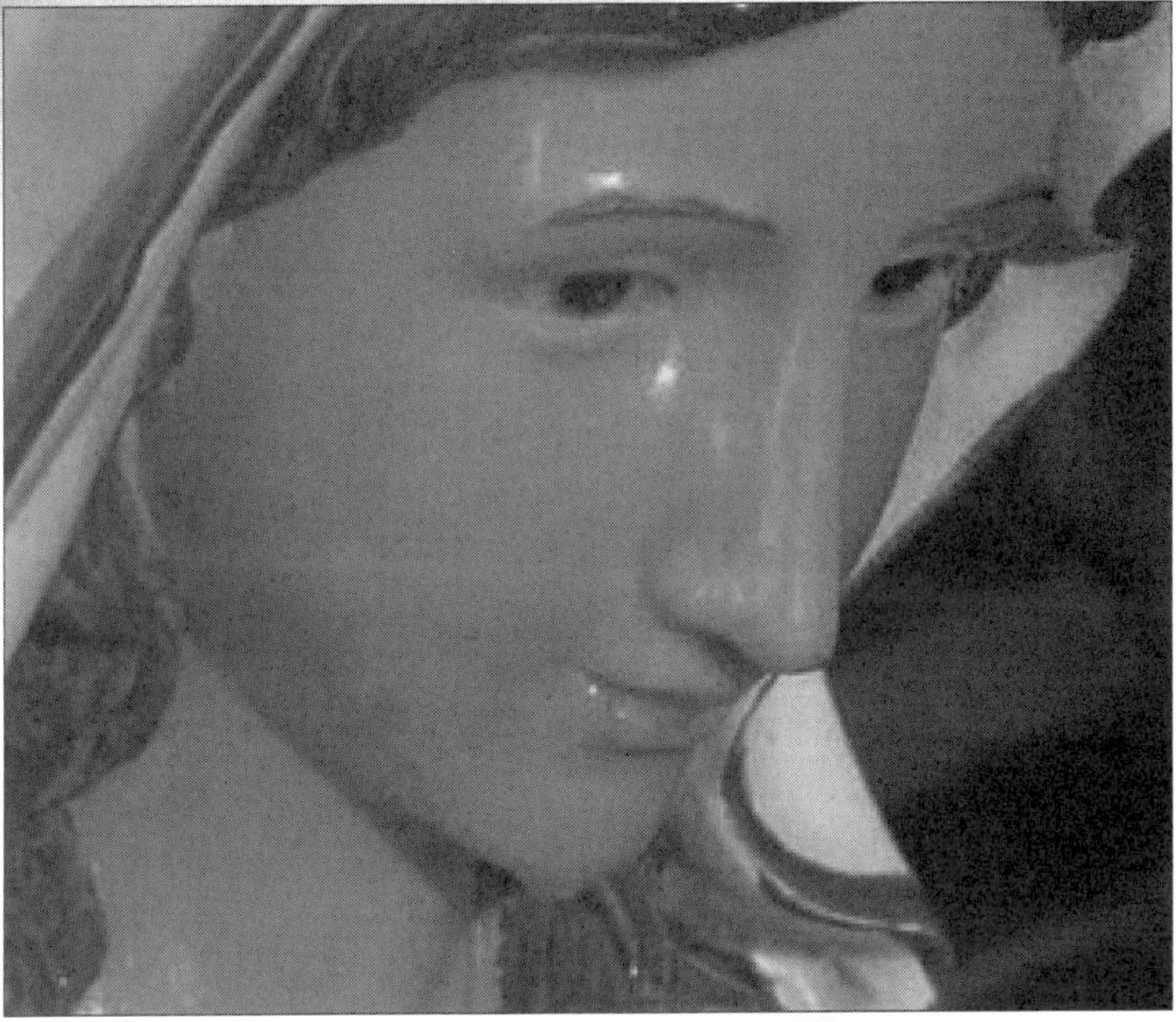

▲イスラエルのターシハにあるマリア像《ぞう》が、とめどなく油の涙《なみだ》を流すところ。

「妻《つま》が気がつき、毎日油をふきとりましたが、それでもどんどん湧《わ》きでてくるので、驚《おどろ》き、おそれました。しかし、奇跡《きせき》が起こったと信《しん》じた妻《つま》は、近所の人を集め、見てもらったのです」

と、夫《おっと》のオサマは語る。

このうわさは広がり、遠くからも大《おお》勢《ぜい》の人たちがその奇跡《きせき》を見ようと、連《れん》日《じつ》のように集まってくるようになった。

今日までにおよそ2000人以上《いじょう》の人が、マリア像《ぞう》を見るためクホーリ家を訪《おとず》れている。その人々のほとんどが、これを「純粋《じゅんすい》な奇跡《きせき》だ」と信《しん》じているという。

それにしてもなぜ、涙《なみだ》を流しているのか？　マリア像《ぞう》は、人類《じんるい》に対して何かを警告《けいこく》しているのだろうか。

人をいやし、救済《きゅうさい》の手をさしのべる！

ミステリー事件簿 008

地上に現《あらわ》れた天使事件《じけん》

▲白血病の少女の背後《はいご》に現《あらわ》れた聖母《せいぼ》マリア。

天使などの聖《せい》なる存在《そんざい》が、人々の前に姿《すがた》を現《あらわ》す事件《じけん》が世界中で起きている！　それらは見た者の心をいやしたり、不治《ふじ》の病を完治《かんち》させたりしているという。

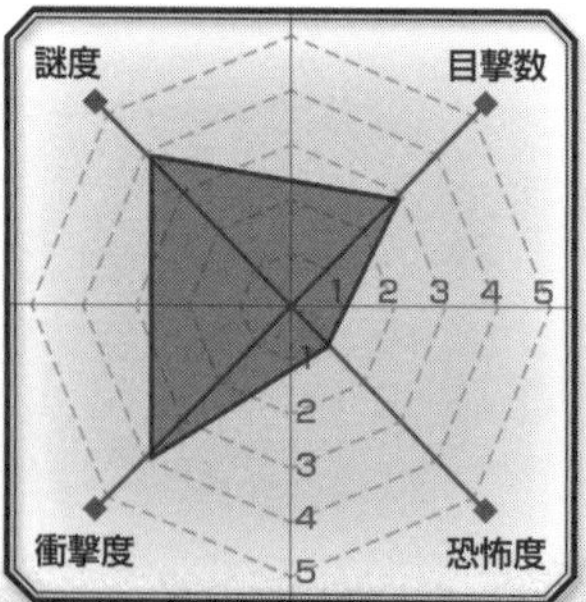

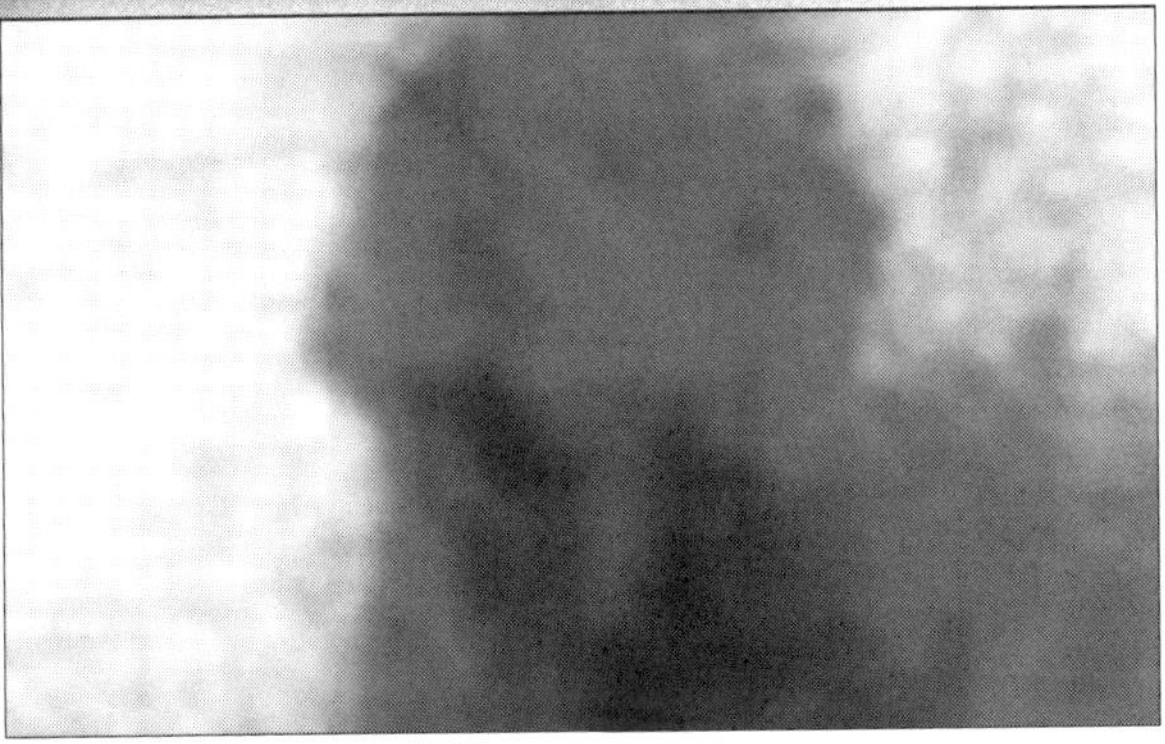

▲右写真のマリアの顔の拡大《かくだい》。フードをかぶった人の顔に見える。

PART 1 聖母《せいぼ》マリアが白血病の少女を救《すく》った

アメリカ・オハイオ州にすむポッター一家の娘《むすめ》エリンは、2007年2月から白血病に苦しめられていた。以来《いらい》、エリンは骨髄移植手術《こつずいいしょくしゅじゅつ》を受け、治療《ちりょう》をくりかえし、つらい闘病《とうびょう》生活を送っていた。

早く元気になりたい……エリンも家族も、そう願《ねが》っていたが、2013年5月、落ちついていた病状《びょうじょう》が再《ふた》び悪化、2度目の骨髄移植《こつずいいしょく》をうけることが決まった。

奇妙《きみょう》なことが起きたのは、手術《しゅじゅつ》の数日前のことだ。エリンは庭で花火を楽しんでいた。家族はその様子を写真に撮《と》っていたのだが、プリントした写真には、エリンの背後《はいご》に光をまとったような、何かが写りこんでいたのである。

この写真を見たエリンの母ジェーンは、すぐに思った。

「マリア様だわ！　マリア様がエリンを助けたいというわたしたちの祈《いの》りを聞きとどけてくださったのだわ！」

ジェーンの直感が、現実《げんじつ》のものとなった。なんと、エリンの体内に存在《そんざい》していた、白血病をもたらすガン細胞《さいぼう》がすべて消えてしまったというのだ。

このニュースは「聖母《せいぼ》マリアが奇跡《きせき》を起こした」として、テレビ、新聞で報道《ほうどう》され、話題となった。エリンの父ケビンは取材《しゅざい》に対し、次のように語っている。

「娘《むすめ》はひとりぼっちではないこと、わたしたちは見すてられた存在《そんざい》ではないことを知りました。それを信《しん》じたくない人はご自由に。何が起きたにせよ、何かとても力強くて特別《とくべつ》なことがわたしたちの身に起きたのです。マリア様が見まもっていてくれるんです。不安がよぎったときには、携帯電《けいたいでん》話《わ》にコピーしたこの写真を開き、見つめるんです」

PART 2 姿《すがた》のみならず足跡《あしあと》を残《のこ》した聖母《せいぼ》

2002年3月19日、オーストラリア・ロッキンガムにすむパティー・パウエルは、自宅《じたく》内がバラの香《かお》りに満《み》たされていることに気がついた。バラなんか家にはないのに……、そう思って、ふと部屋に置《お》いていたマリア像《ぞう》を見て目をうたがった。なんと像《ぞう》の両目から涙《なみだ》が流れていたのだ。

パティーは、これを「神からのメッセージ」と確信《かくしん》し、すぐにロッキンガム聖堂《せいどう》のウォルシュ神父にマリア像《ぞう》を見せた。神父は深く感動し、翌日《よくじつ》から週末《しゅうまつ》のミサのたびに、マリア像《ぞう》を公開した。マリア像《ぞう》はその間、何度となく涙《なみだ》を流し、訪《おとず》れる信者《しんじゃ》に感動をあたえつづけたのである。

もちろん涙《なみだ》を流すマリア像《ぞう》は大きな話題となり、オーストラリアの教会によって、くわしい調査《ちょうさ》が行われた。その結果《けっか》、マリア像《ぞう》には水が流れだすような仕かけはどこにもなく、涙《なみだ》はオリーブオイルに似《に》ていることなどがわかった。また、バラの香《かお》りの成分《せいぶん》もわずかにふくまれていた。しかし、2003年2月、教会は「奇跡《きせき》とはいいがたい」と結論《けつろん》づけた。

だが、話はこれで終わらなかったのである。マリア像《ぞう》が涙《なみだ》を流すだけでも驚《おどろ》きだが、さらに信《しん》じられないことが、2003年7月16日に起こったのだ。

なんと、マリア像《ぞう》を安置《あんち》した台座《だいざ》に、像《ぞう》からこぼれおちた涙《なみだ》があふれるほどたまってしまったのだ。それだけではない。11月27日には、聖母《せいぼ》マリアらしき霧《きり》が、ロッキンガム聖堂《せいどう》に出現《しゅつげん》するようになったのである！

▶マリア像《ぞう》の涙《なみだ》であふれた台座《だいざ》。

▶ロッキンガム聖堂《せいどう》に現《あらわ》れたマリア。

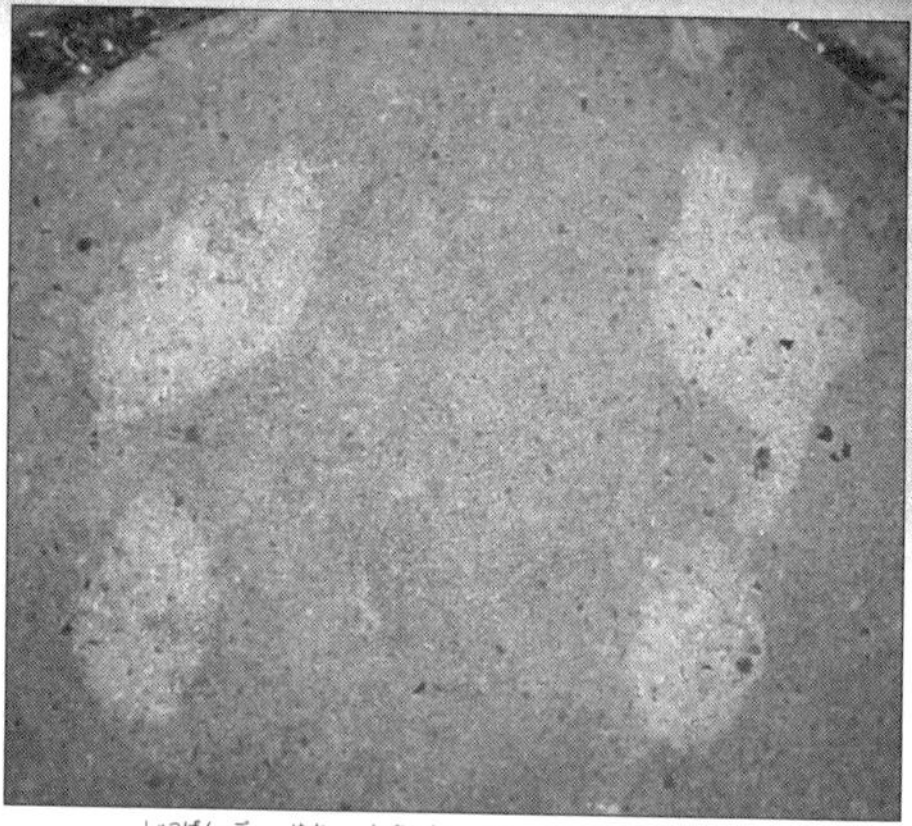

▲マリア出現後《しゅつげんご》、床《ゆか》の敷石《しきいし》に残《のこ》された足跡《あしあと》。

その後も12月11日に霧《きり》が再《ふた》び姿《すがた》を現《あらわ》し、強いバラの香《かお》りを残《のこ》していった。さらに聖堂《せいどう》内をよく見ると、マリアが現《あらわ》れた証拠《しょうこ》を残すかのように、聖堂《せいどう》の床《ゆか》に置《お》いてある敷石《しきいし》の上に、両足そろった足跡《あしあと》が残《のこ》っていたのである！

そして2004年1月7日、またも姿《すがた》を見せたマリアは、聖堂《せいどう》にいた者にこう告《つ》げた。

「今日で涙《なみだ》を流すのは終わりです。わたしが涙《なみだ》を流したのは、次の段階《だんかい》に進むために必要《ひつよう》なことでした」

その予告《よこく》どおり、マリア像《ぞう》は涙《なみだ》を流さなくなった。

それからおよそ3か月後の3月31日、新たな奇跡《きせき》が起きた。ロッキンガム聖堂《せいどう》の祭壇《さいだん》に置《お》かれたかさに、心地よい香《かお》りのする油がたまっており、十字架《じゅうじか》が描《えが》かれた聖画《せいが》から香《かお》りのいい油がにじみでていたのである。

この現象《げんしょう》が、マリアが告《つ》げた次の段階《だんかい》へのきざしなのだろうか。

PART 2 西アフリカに聖母《せいぼ》マリアが降臨《こうりん》！

2011年4月20日、西アフリカに聖母《せいぼ》マリアが現《あらわ》れるという事件《じけん》が起きた！

場所はコートジボアール共和国《きょうわこく》のヨプゴン地区。午後1時30分すぎ、雲間から顔をのぞかせていた太陽が、とつぜん、輝《かがや》きを強めた。その瞬間《しゅんかん》、ひと筋《すじ》の光が地上の木々に射《さ》しこんできた。

「何だ何だ?」

光の筋《すじ》に気がついた人々は、あわてて空を見あげた。そして、信《しん》じられない奇跡《きせき》を目《ま》のあたりにしたのだ。

「おい……あれを見ろよ」

射《さ》しこむ光の中央に、ちょうど木々の間にうすくにじみでるようにして、人型《ひとがた》の影《かげ》が浮《う》かびあがっていたのである。それは青いドレスに身をつつんだ女性《じょせい》のようにも見える。

現場《げんば》にいあわせたキリスト教徒《きょうと》たちは歓声《かんせい》をあげた。

「マリア様だ、マリア様が降臨《こうりん》されたのだ!」

その神々《こうごう》しい聖母《せいぼ》マリアの姿《すがた》に、人々はひざまずき、手を合わせて祈《いの》ったという。

この奇跡《きせき》の様子は、何人かの人々によって、携帯電話《けいたいでんわ》

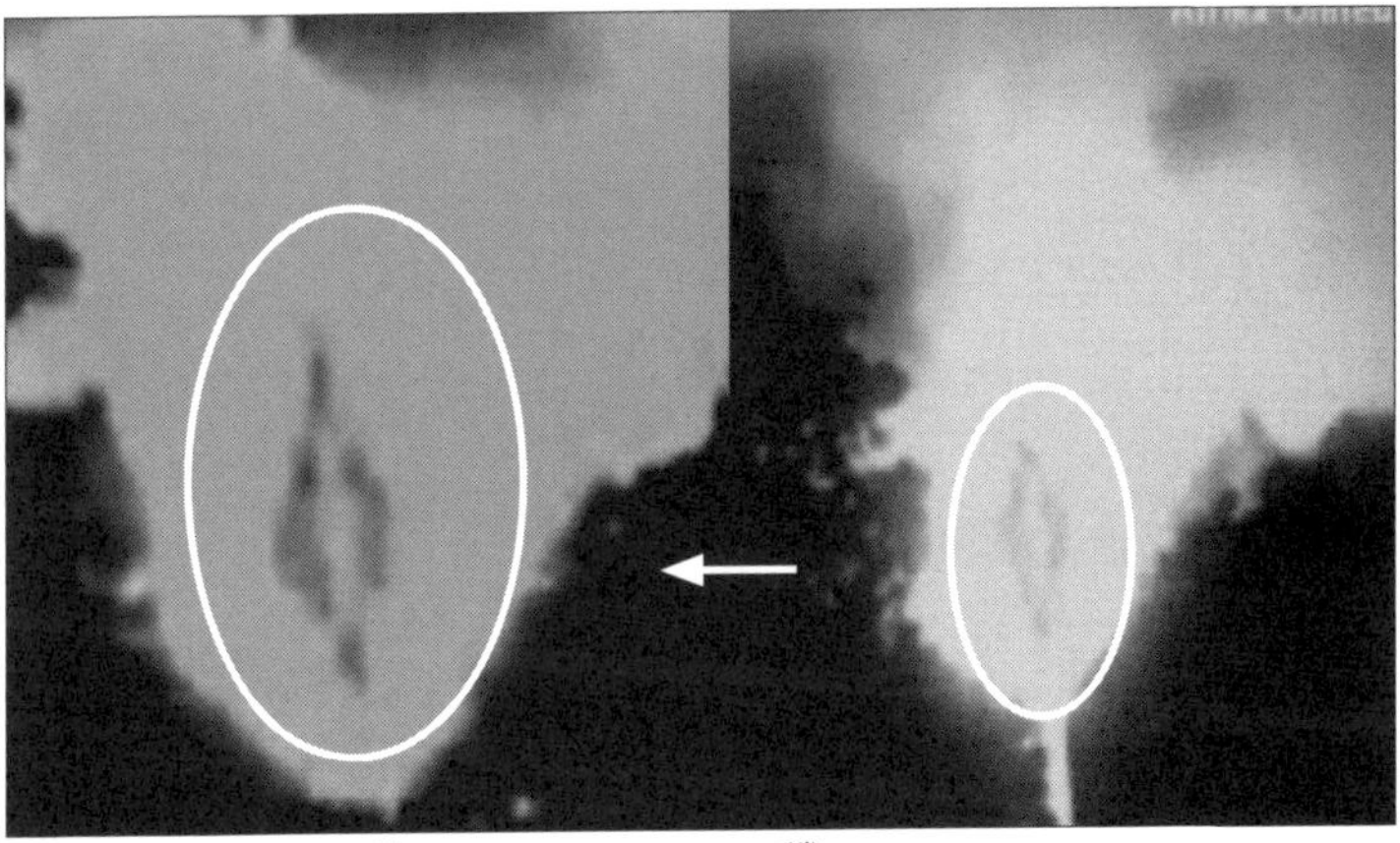

▲まばゆい光とともに現《あらわ》れた、マリアを思わせる姿《すがた》。

の動画モードで撮影《さつえい》され、世界中に配信《はいしん》された。
ただ、人影《ひとかげ》らしいものは確認《かくにん》できるが、細部まではっきりしていない。ほんとうにマリアだったのかは不明《ふめい》だが、いずれにせよ何らかの奇跡《きせき》が起きたことはまちがいなさそうである。

PART 4 天使が少女の命を救《すく》った

聖母《せいぼ》マリアだけでなく、天使もまた人々の前に出現《しゅつげん》して奇跡《きせき》をもたらすことがたびたびある。数ある奇跡《きせき》の報告《ほうこく》のうち、最近《さいきん》の例《れい》を紹介《しょうかい》しよう。

アメリカ・ノースカロライナ州にすむ14歳の少女チェルシーは、5か月という早産で生まれたため、生まれつき病弱で、感染症《かんせんしょう》にかかりやすい体質《たいしつ》だった。とくにチェルシーにとって、肺炎《はいえん》にかかることは命にかかわるほど危険《きけん》なことだった。

だが、2013年6月、注意して生活をしていたにもかかわらず、チェルシーは肺炎《はいえん》にかかってしまった。意識《いしき》不《ふ》明《めい》となり、病院のベッドで生命維持装置《せいめいいじそうち》につながれ、まさ

▲チェルシーの母コリーンは病院の監視《かんし》カメラに天使を見た。

に死を待つばかりの状態《じょうたい》におちいってしまったのである。

医師《いし》から「もう手のほどこしようがない」と宣告《せんこく》されたチェルシーの母コリーンは、娘《むすめ》の生命維《せいめいい》持装置《じそうち》をはずすという病院からの提案《ていあん》に同意した。

▲病院の監視《かんし》カメラに写っていた、天使と思われる光の存在《そんざい》。

その日、悲しみに打ちひしがれたまま帰宅《きたく》しようとしたコリーンが、病院出口にさしかかったときだ。病院の監視《かんし》カメラのモニターが目にとまった。画面の一部が、明るく光っていたのだ。その光はなんと羽の生えた天使のように見えた。コリーンは何かを感じ、急いで病室にもどった。

しばらくたつと、奇跡《きせき》が起こった。チェルシーの意《い》識《しき》がもどったのだ。とつぜんの回復《かいふく》に医師《いし》たちも「奇《き》跡《せき》だ！」と驚《おどろ》きの声をあげた。

それから2か月後、チェルシーは無事退院《ぶじたいいん》して家にもどることができた。

「天使が娘《むすめ》の命を救《すく》ってくれたのだと今でも確信《かくしん》しています」

と、コリーンはよろこびを語っている。

超《ちょう》ミステリー　COLUMN《コラム》

ここにピラミッドが？

世界各地《かくち》では、まさに事件《じけん》ともいえる、奇怪《きかい》な物の発見が時おり起こっている。ここでは近年のそうした発見から、ピラミッドのような形状《けいじょう》をしたものが、驚《おどろ》くべき場所で見つかったという報告《ほうこく》を2例《れい》、取りあげよう。

◎南極大陸《なんきょくたいりく》で3基《き》のピラミッドが発見された！

南極大陸《なんきょくたいりく》は、21世紀《せいき》に入った今でもなお、謎《なぞ》が多く残《のこ》された地だ。なぜなら、大陸《たいりく》全体が厚《あつ》い氷におおわれた極限《きょくげん》の地で、ほかの場所のように簡単《かんたん》には、調査《ちょうさ》や研究が進められないからである。

そんな南極大陸《なんきょくたいりく》で、世界の人々を驚愕《きょうがく》させる大発見があった！　なんと、3基《き》のエジプト型《がた》のピラミッドが見つかったというのだ。

2012年9月4日、アメリカの研究者らが中心となった南極探査《なんきょくたんさ》の国際《こくさい》チームによって、見つかったという。3基《き》のピラミッドのうち、2基《き》は海岸よりも約《やく》16キロ内陸部《ないりくぶ》にあり、もう1基《き》は海岸線近くにあったといわれている。

▲南極大陸《なんきょくたいりく》海岸沿《そ》いのピラミッド。

奇怪《きかい》な発見！ なぜ

下の3点の写真が、今回発見されたピラミッドだ。これらの形状《けいじょう》のみごとさから考えても、自然《しぜん》にできたとはとうてい思えないことがわかるだろう。

この遺物《いぶつ》の発見につながったのは、地球温《おん》暖化《だんか》によって、これまで氷に閉ざされていた部分が溶《と》け、うもれていたピラミッドが露出《ろしゅつ》したことによると見られている。

しかし、発見した研究チームは、その後の報告《ほうこく》を公表していないため、フェイク（ニセ物）ではないか、とする声もある。

だが、この南極《なんきょく》の古代遺跡《いせき》が本物であるとする根拠《こんきょ》もあるのだ。じつは、1万2000年前に海底《かいてい》に沈《しず》んだとされる、伝説《でんせつ》のアトランティス文明が栄《さか》えていた地のひとつは、南《なん》極大陸《きょくたいりく》だったという説があるのだ。すなわち、アトランティス大陸伝説《たいりくでんせつ》が事実だったという可能性《かのうせい》も濃厚《のうこう》となるのである！

▲南極大陸内陸部《なんきょくたいりくないりくぶ》のピラミッド。

▲探査《たんさ》チームと南極《なんきょく》ピラミッド。

超《ちょう》ミステリー　COLUMN《コラム》

◎バミューダ・トライアングルのクリスタル・ピラミッド

さらに同年、南極大陸《なんきょくたいりく》のピラミッド発見と歩調《ほちょう》をあわせるかのようにアトランティス伝説《でんせつ》を真実だと思わせるピラミッドの発見があった。場所はアメリカ・フロリダ州のマイアミとバミューダ諸島《しょとう》、プエルトリコを結《むす》んだ三角地帯《ちたい》。そう、船や飛行機《ひこうき》が、とつぜん、何の痕跡《こんせき》も残《のこ》さずに消える「魔《ま》の三角海域《かいいき》」、バミューダ・トライアングルの海底《かいてい》である。

アメリカとフランスの探検《たんけん》グループが、バミューダ・トライアングルの海域内《かいいきない》、水深６００メートル地点の海底《かいてい》に、巨大《きょだい》な物体があることを音波で発見。その結果《けっか》、海底《かいてい》ピラミッドの存在《そんざい》を確認《かくにん》したというのだ。それは、底辺《ていへん》３００メートル、高さ２００メートルで、クリスタルのように透《す》きとおった材質《ざいしつ》だという。

バミューダ海域《かいいき》もまた、アトランティス大《たい》陸《りく》が沈《しず》んだ場所とされており、２０１２年にあいつぎ、アトランティス大陸《たいりく》に関係《かんけい》していそうなものが発見されたことには、何か意味があるように思えてならない。

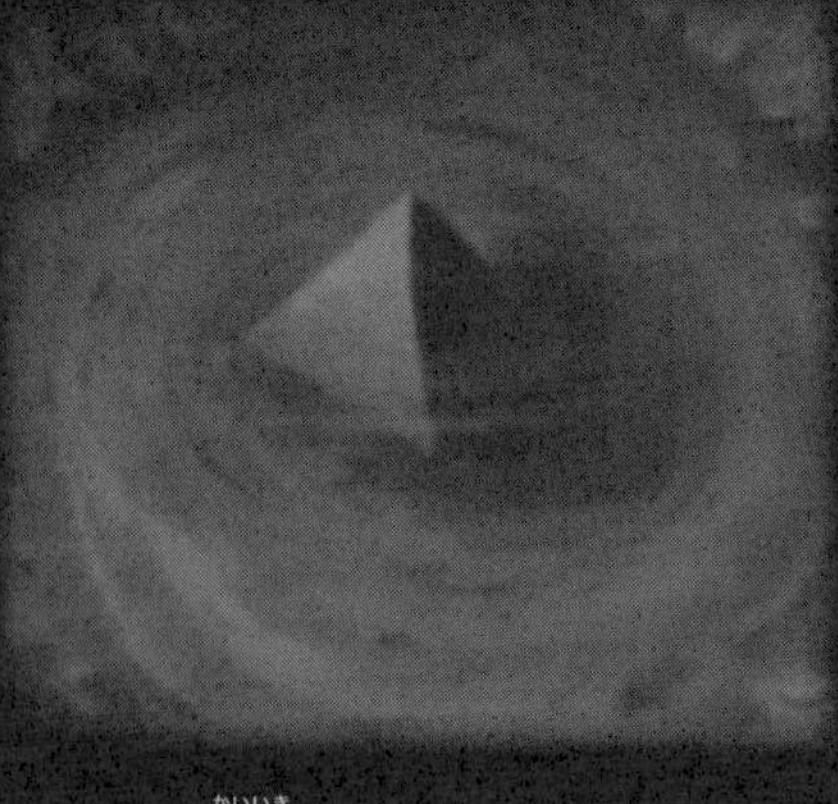

▲バミューダ海域《かいいき》のクリスタル・ピラミッド。

第2章

超《ちょう》常《じょう》現《げん》象《しょう》ファイル

超怪奇現象FILE 001

教会の壁《かべ》に神父と子どもの霊《れい》が出現《しゅつげん》した

教会の壁《かべ》の聖者《せいじゃ》

発生地：チリ

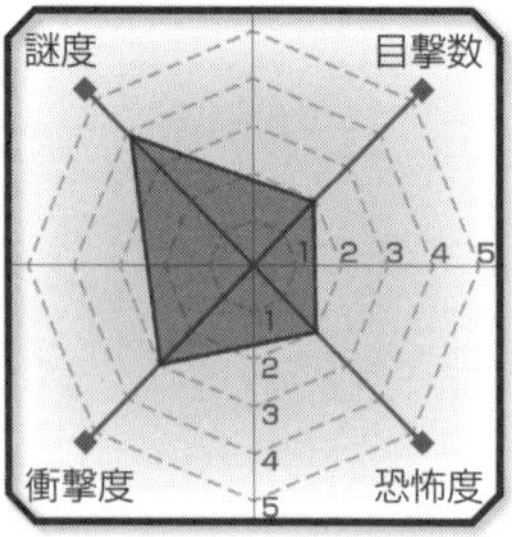

謎《なぞ》の大人と子どもの影《かげ》

2005年9月、チリの首都サンティアゴの教会クリスト・レイ・デ・トーメは、人々の大きな話題となった。というのも、じつに不思議《ふしぎ》な現象《げんしょう》が起きたからである。

その現象《げんしょう》とは、教会内にある部屋の壁《かべ》に、謎《なぞ》の大人と子どもの人影《ひとかげ》が浮《う》きでたというものだ。この話はすぐにマスメディアに知られることとなり、写真とともに公開された。

そこには確《たし》かに、大人と子どもの影《かげ》がはっきりと現《あらわ》れていることがわかる。しかも、大人が子どもの肩《かた》に手を置《お》き、見守っているかのようにも見える。はたして、何者の影《かげ》なのか？

心優《やさ》しき神父だった！

クリスト・レイ・デ・トーメ教会の神父、エルナン・エンリケによれば、現《あらわ》れた大人の影《かげ》は、かつてこの教会の神父だったウルタドだという。

　エンリケ神父は、2005年7月ごろから壁《かべ》にうっすらと現《あらわ》れはじめた影《かげ》を見て、その頭の形や肩《かた》はばなどから、すぐにウルタド神父だとわかったという。

　生前のウルタド神父は教会で貧《まず》しい子どもたちのめんどうをみており、子どもたちの肩《かた》に手を置《お》いては「大丈夫《だいじょうぶ》、神がきみたちを救《すく》ってくれる」と、安心させていた。

　なぜ、ウルタド神父が壁《かべ》に現《あらわ》れたのかは不明《ふめい》だが、彼《かれ》の生前の功績《こうせき》はローマ法王《ほうおう》の耳にもとどくことになった。そして、9月の終わりごろには法王《ほうおう》によって、ウルタド神父は「聖者《せいじゃ》」の列に加《くわ》えられたという。

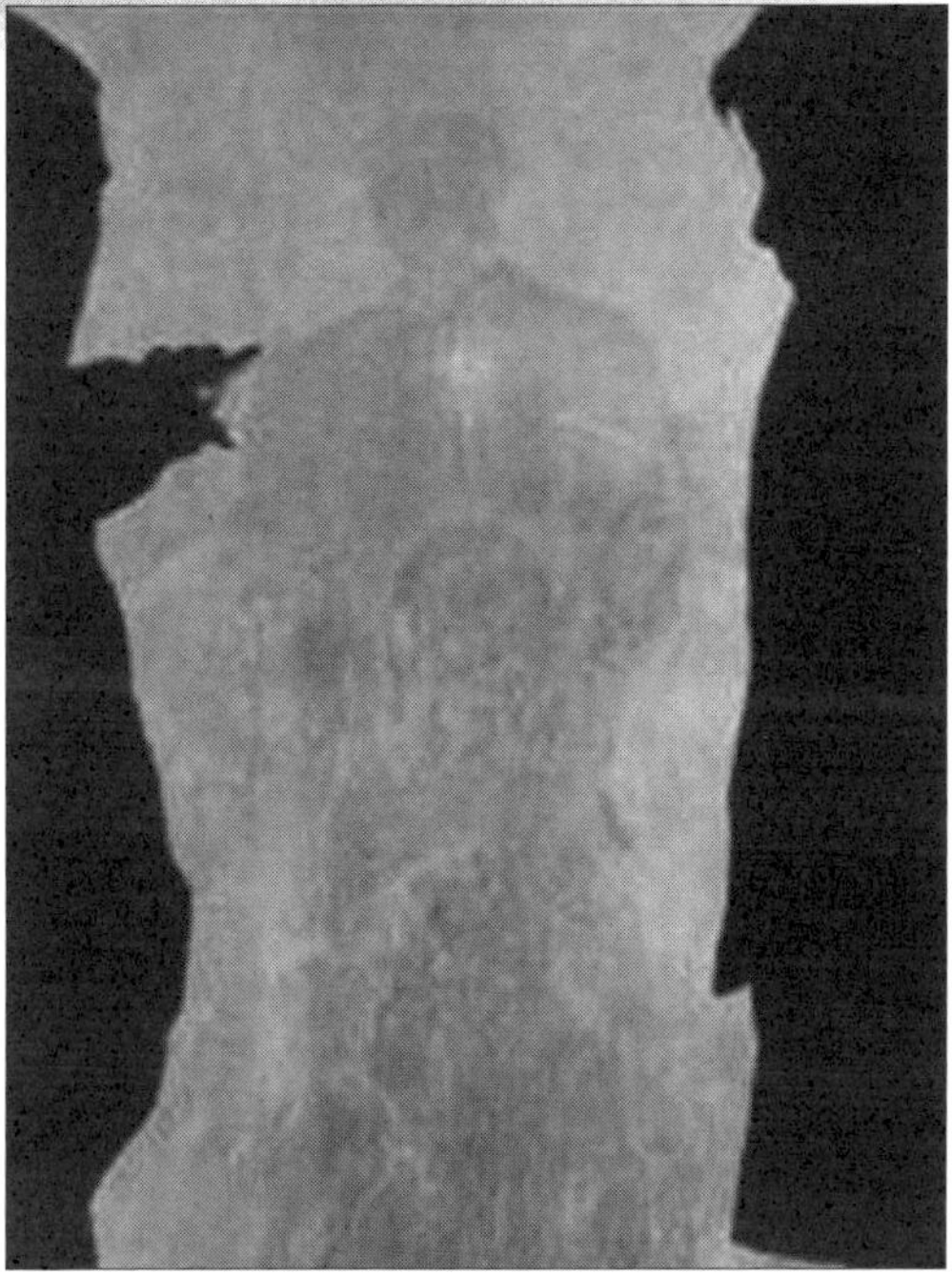

▶教会の壁《かべ》に現《あらわ》れたウルタド神父と子どもの霊《れい》の影《かげ》。

カエルに何が起こったのか!?

超怪奇現象 FILE 002

カエル大量《たいりょう》破裂死《はれつし》の謎《なぞ》

▲とつぜん、破裂《はれつ》して死んだオオヒキガエル。

発生地：ドイツ

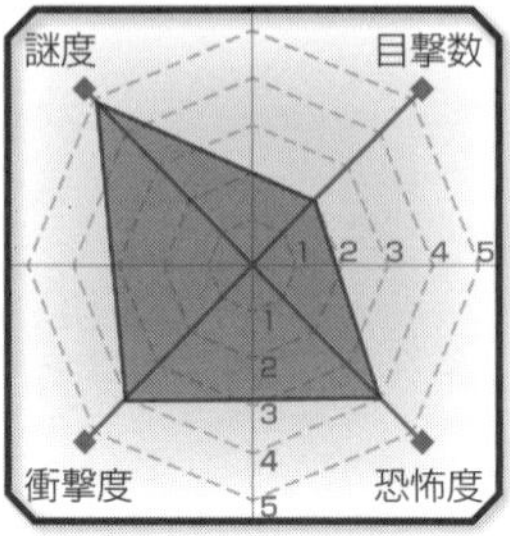

破裂《はれつ》するカエルたち

「湖から出たカエルが、数分間にわたって苦しみながら、まるで風船のようにふくらんで爆発《ばくはつ》したんだ！　内臓《ないぞう》があたりに飛《と》びちった！」

そんな目撃証言《もくげきしょうげん》を、ドイツ・ハンブルク市の動植物保護団体《ほごだんたい》のリーダー、ワーナー・シモーリンクが語った。

2005年4月3日から7日にかけて、同市の高級住宅街《じゅうたくがい》の小さな池で、1000匹以上《びきいじょう》のオオヒキガエルが破裂《はれつ》して死ぬという、まるでホラー映画《えいが》を思わせる不気味《ぶきみ》な事件《じけん》が起きたのだ。

いったい、カエルの身に何が起こったのだろう。

破裂《はれつ》するカエルたち

この原因《げんいん》については、さまざまな仮説《かせつ》がとなえられている。

たとえば、池の近くにある競馬場《けいばじょう》から、ウマのウイルスが何らかの形で池の水に流れでて、カエルに伝染《でんせん》したという説《せつ》。

また、カエルが池で大量《たいりょう》に繁殖《はんしょく》しつづけた結果《けっか》、カエルの防衛機能《ぼうえいきのう》がはたらき、本能的《ほんのうてき》に集団自殺《だんじさつ》したのではないかという説《せつ》もある。

ただし、死んだカエルを解剖《かいぼう》した地元の獣医《じゅうい》オットー・ホルストによれば、ウイルスやバクテリア、大量死《たいりょうし》につながるような化学薬品や農薬などは確認《かくにん》されなかったという。

さらに保健所《ほけんじょ》による池の水質検査《すいしつけんさ》でも、異常《いじょう》は認《みと》められなかった。

奇妙《きみょう》なのは、破裂死《はれつし》したカエルの内臓《ないぞう》からは、いずれも肝臓《かんぞう》がなくなっていた、ということだ。調査《ちょうさ》すればするほど謎《なぞ》は深まるばかりであり、その後も大量破裂死《たいりょうはれつし》の原因《げんいん》は不明《ふめい》のままだ。

▲カエル破裂死事件《はれつしじけん》が起きた池。

超怪奇現象FILE 003

イギリスのバミューダ・トライアングル？

レースバト消失事件《しょうしつじけん》

▲レース用のハトたち。

発生地：イギリス

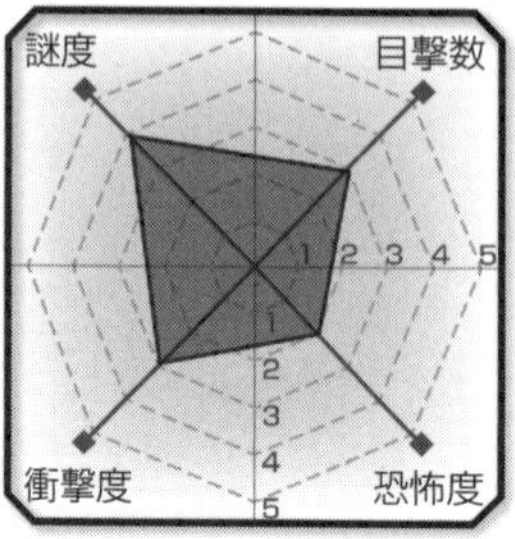

“魔《ま》の三角地域《さんかくちいき》”

バミューダ・トライアングルといえば、大西洋にある3つの島を結《むす》んでできる海域《かいいき》のことだ。そこを通過《つうか》する船や飛行機《ひこうき》が、何の痕跡《こんせき》も残《のこ》さず消えるため「魔《ま》の三角海域《さんかくかいいき》」と呼《よ》ばれる。

この海域《かいいき》と似《に》た場所がイギリスにも存在《そんざい》した。場所はサークス、ウェザーバイ、コンセットを結《むす》んでできる三《さん》角地域《かくちいき》だ。そして消えたのは、レース用のハトだった！

事件《じけん》が起きたのは2012年。サークスでハトのレースが行われ、スコットランドのハトのレースクラブによって、232羽のハトが大空に放たれた。

ところが、ゴール地点のセルカークシャーに帰りついたのは、たった13羽だったのである。じつに200羽以上《いじょう》が消えたことになる。

その後も消失事件《しょうしつじけん》は続《つづ》き、4月にレースのシーズンが始まってから、〝魔《ま》の三角地域《さんかくちいき》〟を飛んで行方不明《ゆくえふめい》になったハトは、1000羽をこえたという。

行方《ゆくえ》も原因《げんいん》も不明《ふめい》！

なお、ほかの地域《ちいき》で行われたレースでは、このような大量行方不明事件《たいりょうゆくえふめいじけん》は起きていない。

ならば、このようなことが起こる原因《げんいん》は何なのだろう。「太陽の活動が異常《いじょう》に活発になったため、磁場《じば》が狂《くる》ったせいだ」、「近くにあるスパイ基地《きち》からの信号《しんごう》や電気を監視《かんし》する基地《きち》に何らかの原因《げんいん》がある」などとうわさされたが、はっきりした理由はわかっていない。

ちなみに消えたハトの損失額《そんしつがく》は20万ポンド（約《やく》3600万円）にのぼるという。このため、ハト競技者《きょうぎしゃ》オースティン・リンドアズは「もうあの三角地域《さんかくちいき》では競技《きょうぎ》をしたくないよ」と語っている。ハトはどこへ消えたのか？

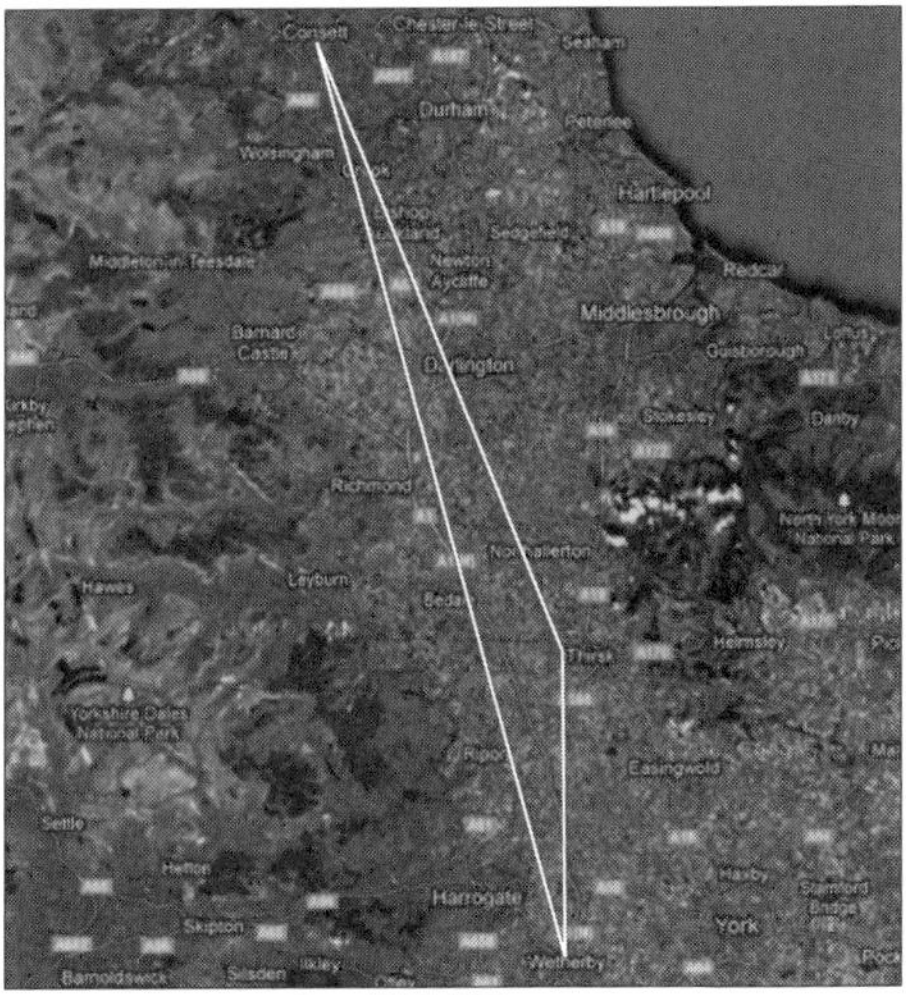

▲ハトが消える“魔《ま》の三角地域《さんかくちいき》”。

アンナだけを襲《おそ》う謎《なぞ》の存在《そんざい》

超怪奇現象 FILE 004

見えないハチの襲撃《しゅうげき》！

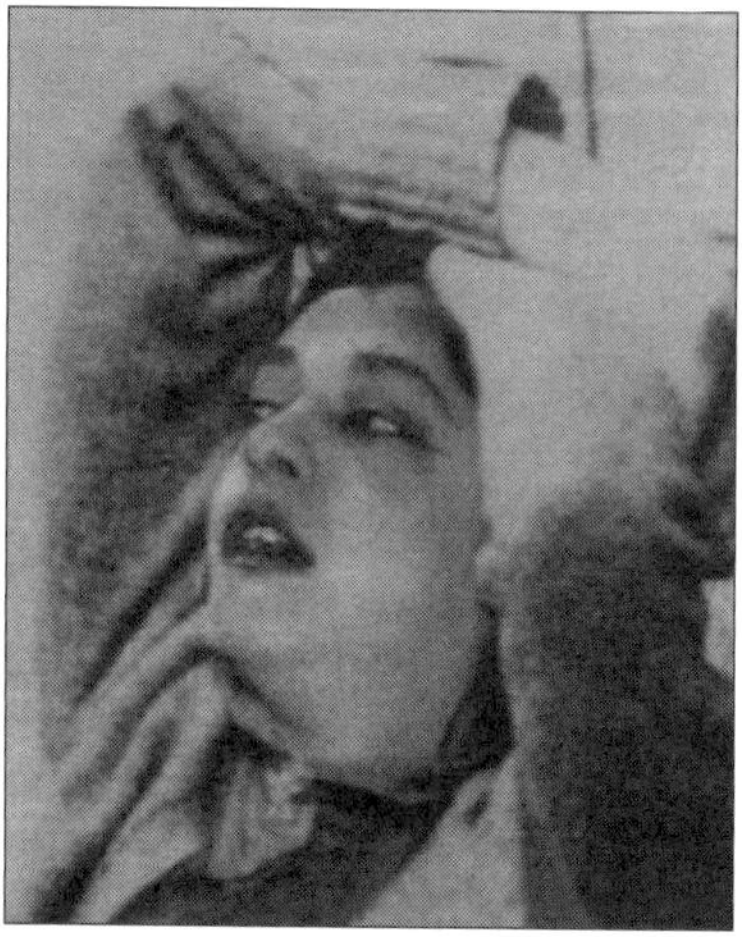

▶見えないハチの被害者《ひがいしゃ》アンナ・ユスティス。

発生地：アメリカ

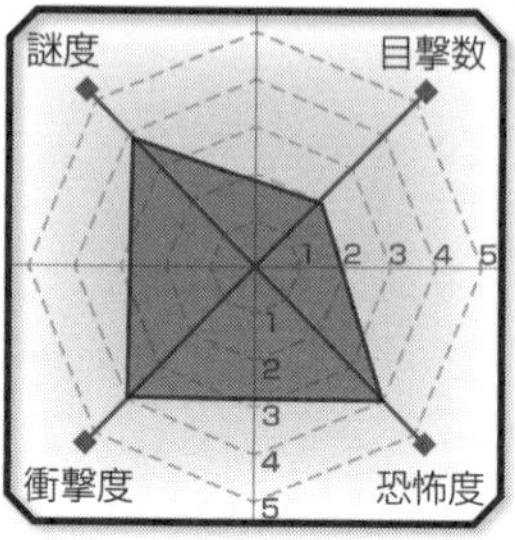

妻《つま》は何に襲《おそ》われたのか？

「あああっ！」

1999年9月、アメリカ・テキサス州にすむユスティス家の妻《つま》アンナが、自宅《じたく》の庭でとつぜん叫び声をあげた。

「どうした、アンナ！」

夫《おっと》のジャックがかけつけると、アンナはその場にたおれ、もだえ苦しんでいるではないか。しかも、よく見ればアンナの手足には、虫に刺《さ》されたような痛々しい傷が、無数にあった。

「大丈夫《だいじょうぶ》だ、すぐ病院につれていってやるからな」

ジャックは、意識《いしき》がもうろうと

している妻《つま》を病院に運びこんだ。

治療《ちりょう》にあたった医者によって、アンナはハチに刺《さ》されてショック症状《しょうじょう》を起こしていたことがわかった。また、刺《さ》し傷《きず》から、ハチはアフリカ産《さん》の大型《おおがた》ミツバチであることもわかった。

だが、ジャックはその診断《しんだん》がふに落ちなかった。なぜなら、家の近くで一度もハチを見たことはなく、ましてや、アフリカ産《さん》の大型《おおがた》ミツバチなど考えられないからだ。

羽音だけが聞こえる！

退院《たいいん》したアンナによれば、刺《さ》された数日前から「ブーン」というハチの羽音らしいものが聞えていたという。しかし、ジャックと同じく、その姿《すがた》は見ていないとのことだった。

身近に生息していない、ハチに刺《さ》された可能《かのう》性《せい》があるということから、昆虫《こんちゅう》学者による調査《ちょうさ》が行われたが、家の中にも周囲《しゅうい》にも、ハチの姿《すがた》も巣《す》も見つからなかった。

だが、その後もアンナは2度にわたり見えないハチに刺《さ》され入院している。

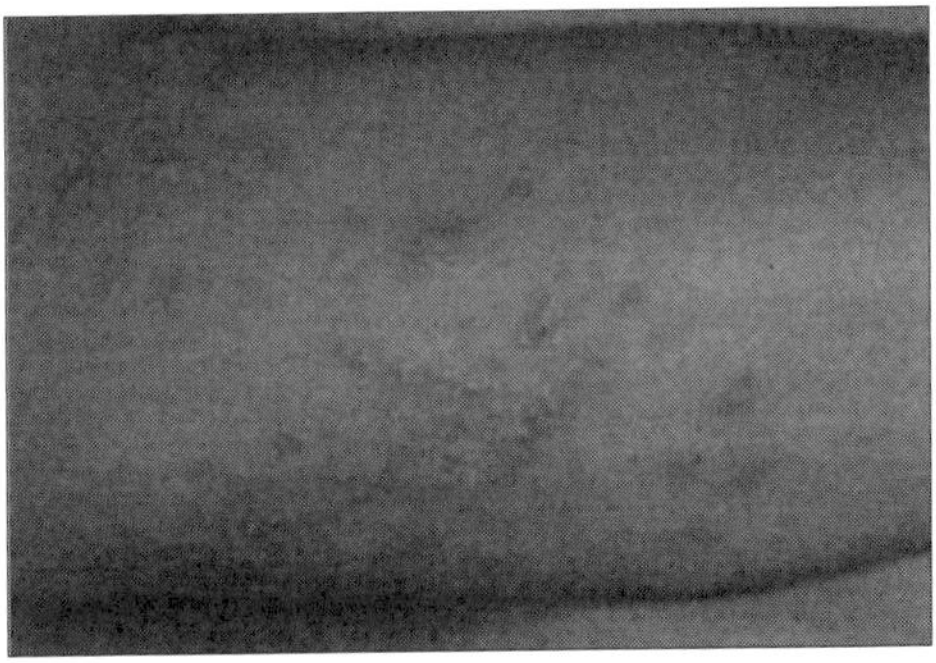

◀アンナの腕《うで》に現《あらわ》れた刺《さ》し傷《きず》。

このため、アンナはまたいつ襲《おそ》われるかもわからない恐怖《きょうふ》にふるえる毎日だという。しかし、なぜ姿《すがた》が見えないのか？　なぜアンナだけが襲《おそ》われるのか？　すべてが謎《なぞ》のままである。

超怪奇現象 FILE 005

古城《こじょう》をさまよう
幽霊《ゆうれい》が写真に写った！

ダドリー城《じょう》の貴婦人《きふじん》

▲ダドリー城《じょう》。矢印《やじるし》の位置《いち》に幽霊《ゆうれい》が写っていた。

発生地：イギリス

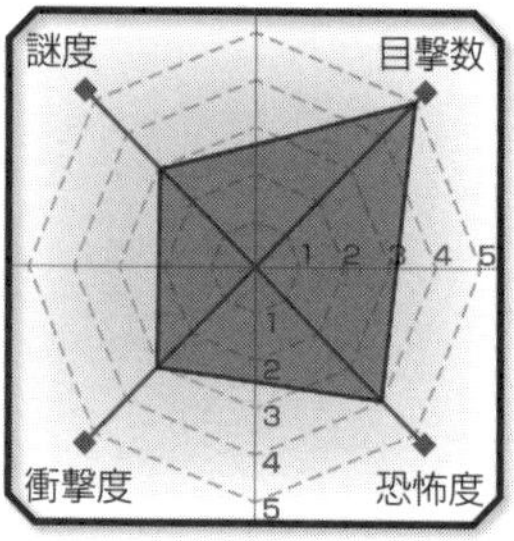

旅行写真に幽霊《ゆうれい》の姿《すがた》が！

「ちょっと……これ、見て！」
イギリス人女性《じょせい》エイミーは、青ざめた顔で恋《こい》人《びと》に写真を見せた。それは、2014年8月30日、ふたりで同国バーミンガムを観光《かんこう》したときに訪《おとず》れた、古城《こじょう》ダドリー城内《じょうない》で撮《と》ったスナップ写真だった。

「何だ、この前のダドリー城《じょう》の写真じゃないか」

「城《しろ》の入り口のあたりを見てよ！」

エイミーが指さす場所には、明らかに幽霊《ゆうれい》らしきものが写っていたのだ！

城《しろ》の入り口を撮《と》った1枚《まい》に、灰色《はいいろ》の服を着た女性《じょせい》が写っていた。エイミーによれば、ファインダーをのぞいたときには、まったく気づかなかったという。

悲劇《ひげき》の灰色《はいいろ》の貴婦人《きふじん》

イギリスの古城《こじょう》には、幽霊《ゆうれい》がとりついているとうわさされるものも珍《めずら》しくないという。なかでも、1071年に建《た》てられたダドリー城《じょう》は、もっとも呪《のろ》われた城《しろ》だともいわれている。

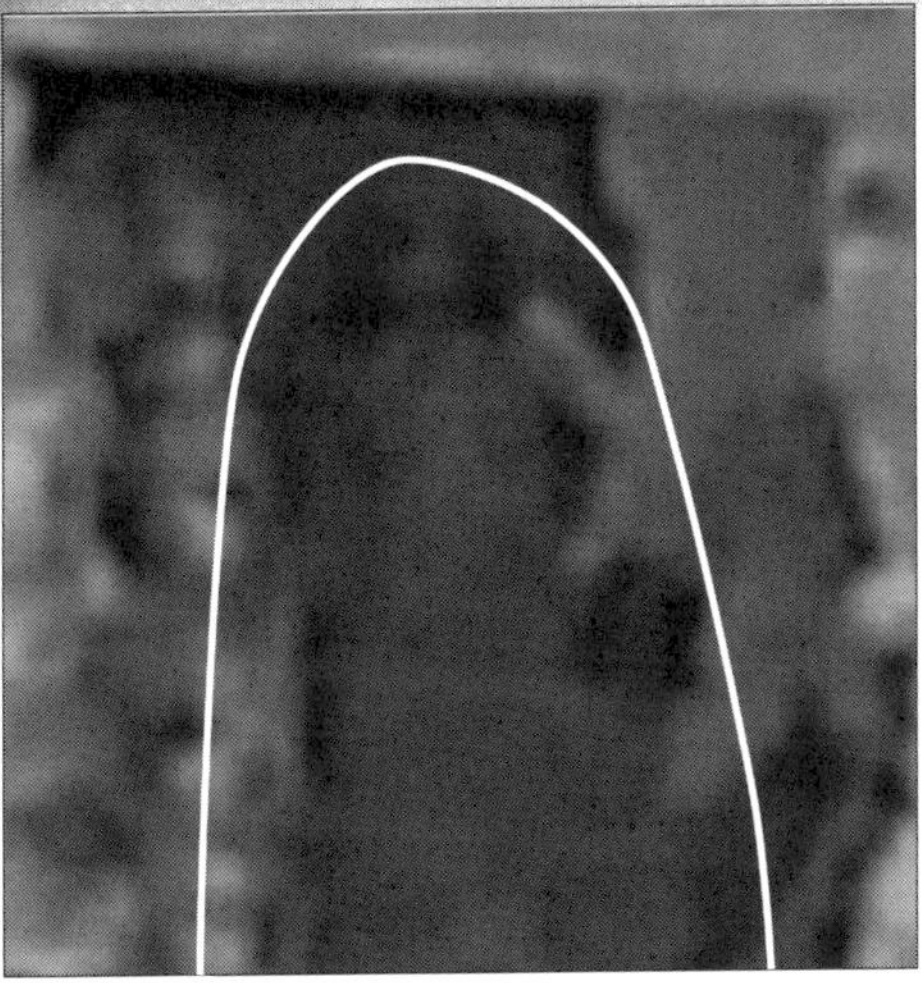

▲右の写真の矢印《やじるし》が指す部分の拡大《かくだい》。灰色《はいいろ》の貴婦人《きふじん》と呼《よ》ばれる幽霊《ゆうれい》の姿《すがた》がわかる。

エイミーの写真の被写体《ひしゃたい》は、おそらく灰色《はいいろ》の貴婦人《きふじん》と呼《よ》ばれる幽霊《ゆうれい》だろう。この灰色《はいいろ》の貴婦《きふ》人《じん》は、何世紀《なんせいき》にもわたって、ダドリー城《じょう》にとりついている有名な幽霊《ゆうれい》なのである。

そして、この灰色《はいいろ》の貴婦人《きふじん》は、その正体についても昔から語られてきた。それは、ドロシー・ボーモントという女性《じょせい》の霊《れい》だとされている。

ドロシーは女の子を出産《しゅっさん》したあと、間もなくして、赤ん坊《ぼう》とともにこの城《しろ》で亡《な》くなった。息を引きとるまぎわ、彼女《かのじょ》は亡《な》くなった娘《むすめ》のとなりに葬《ほうむ》られること、夫《おっと》に葬式《そうしき》に出席《しゅっせき》してもらうことを望《のぞ》んだが、両方ともかなわなかった。

それが未練《みれん》となって、彼女《かのじょ》の霊《れい》は今なお、城《しろ》とその近辺《きんぺん》の土地をうろつき回っているというのだ。

超怪奇現象FILE 006

亡き《な》娘《むすめ》との交信《こうしん》を写真にとらえた！

霊界通信《れいかいつうしん》に成功《せいこう》した男

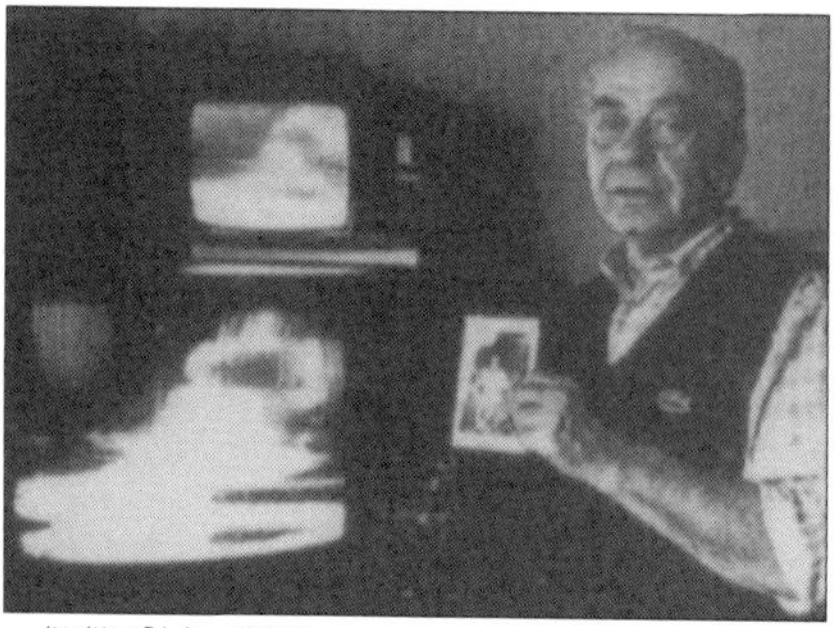

▲霊界通信《れいかいつうしん》を成功《せいこう》させたシュライバー。

発生地：ドイツ

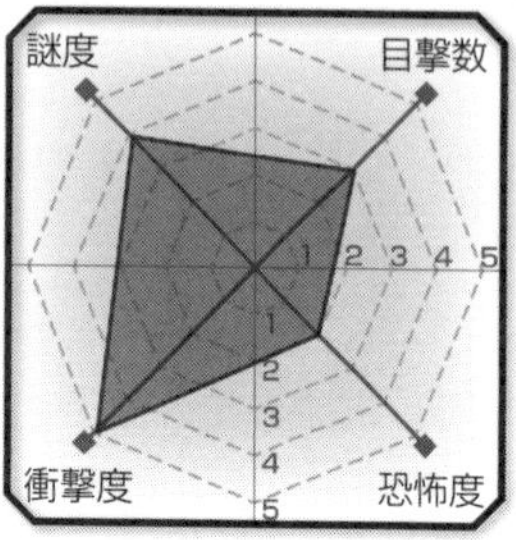

死者と交信《こうしん》した科学者

死んだ人と、交信《こうしん》ができる……そんな、にわかには信《しん》じられない実験《じっけん》に成功《せいこう》したという人物がいる。西ドイツ（現在《げんざい》のドイツ）の科学者クラウス・シュライバーだ。

彼《かれ》は妻《つま》や子、親類《しんるい》、友人の多くと死別《しべつ》したことから、死者との交信手段《こうしんしゅだん》を研究し始めた。そんなある日、偶然《ぐうぜん》にも死者の声を録音《ろくおん》するのに成功《せいこう》。この研究をきっかけに、霊界《れいかい》から技術指導《ぎじゅつしどう》をうける形で研究を進めていった。

そして1985年、光電子フィードバック方式という方法《ほうほう》を用いて、死者の姿《すがた》をテレビの画面に映《うつ》しだしただけでなく、交信《こうしん》にも成功《せいこう》したというのである。

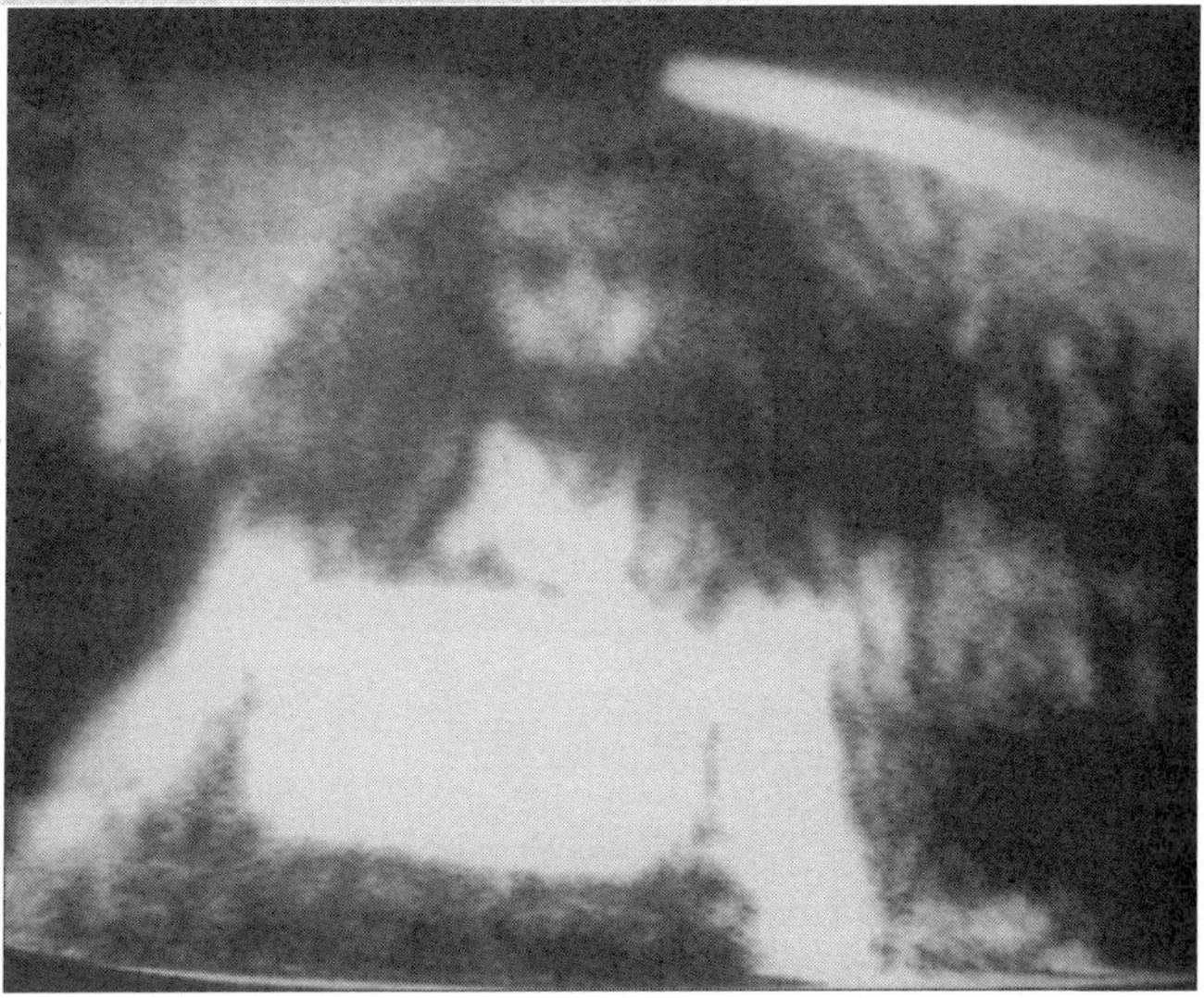

▶シュライバーの霊界通信《れいかいつうしん》によって、テレビ画面に姿《すがた》を現《あらわ》した、亡《な》き娘《むすめ》カリン。

死後の世界の謎《なぞ》が解《と》ける？

シュライバーの発明――、霊界《れいかい》テレビのしくみはすごく単純《たんじゅん》だ。昔のテレビは、番組受信《じゅしん》に使われていないチャンネルでは「シャー」というホワイトノイズという音がしていた。この画面をビデオ撮影《さつえい》し、スロー再生《さいせい》すると死者の姿《すがた》が映《うつ》しだされ、しかも話しかけてくるという。

シュライバーはこの発明で、亡《な》き娘《むすめ》との交信《こうしん》に成功《せいこう》し、その証拠《しょうこ》に娘《むすめ》の姿《すがた》を撮影《さつえい》、公開した。

現在《げんざい》、シュライバーの技術《ぎじゅつ》は世界各国《かっこく》の人々によって、ラジオやパソコンなどでも交信できるように、と研究が続《つづ》けられている。

この技術《ぎじゅつ》が進歩し、もし死者との交信《こうしん》が自由に行えるようになれば、人類最大《じんるいさいだい》の謎《なぞ》のひとつ、死後の世界が明らかになるだろう。

超怪奇現象
FILE
007

修道女《しゅうどうじょ》の霊《れい》がさまよう！

ボーリー牧師館《ぼくしかん》の怪異《かいい》

▲火災《かさい》にあう前のボーリー牧師館《ぼくしかん》。

発生地：イギリス

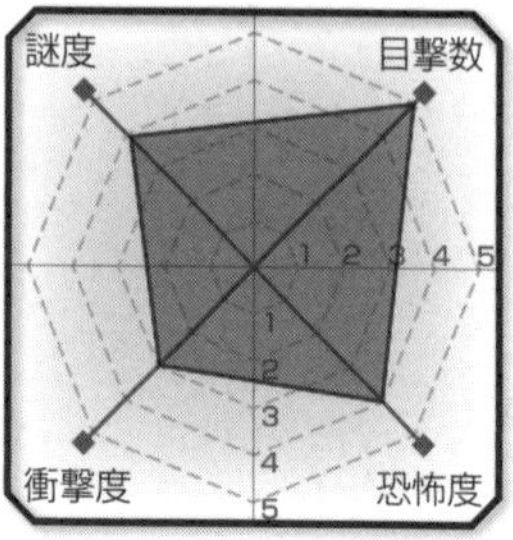

修道女《しゅうどうじょ》の恋《こい》の悲劇伝説《ひげきでんせつ》

イギリス・エセックス州の村ボーリーには、こんな話が伝《つた》わっている。

13世紀《せいき》のことだ。村の近くの女子修道院《しゅうどういん》の修《しゅう》道女《どうじょ》が、若《わか》い修道士《しゅうどうし》と恋《こい》に落ち、かけ落ちをした。だが、馬車に乗りこんだときにとらえられ、修道士《しゅうどうし》は絞首刑《こうしゅけい》に、修《しゅう》道女《どうじょ》は生きうめにされた。

以来《いらい》、深夜になると2頭の馬にひかれた中世風の馬車が、ボーリー村を走るようになった。馬車をあやつる御者《ぎょしゃ》には首がない。この御者《ぎょしゃ》の正体こそ、絞首刑《こうしゅけい》にされた修道士《しゅうどうし》なのである。馬車の行き先はボーリー牧《ぼく》師館《しかん》。数々の超常現象《ちょうじょうげんしょう》が起きることで有名な「幽霊屋敷《ゆうれいやしき》」だ。そして、この屋敷《やしき》で起こる超常現象《ちょうじょうげんしょう》の中でとくに知られているのが、〝さまよう修道女《しゅうどうじょ》〟。その正体は生きうめにされた修道女《しゅうどうじょ》といわれている。

▲ボーリー牧師館《ぼくしかん》の庭をさまよう修道女《しゅうどうじょ》の霊《れい》。

見つかった骨《ほね》の正体は？

1929年6月12日、イギリス心霊《しんれい》科学協会《きょうかい》のハリー・プライスは、ボーリー牧師館《ぼくしかん》の調査《ちょうさ》を開始した。プライスと助手は、そこで庭をさまよう修道女《しゅうどうじょ》の霊《れい》の姿《すがた》を確認《かくにん》、撮影《さつえい》に成功《せいこう》した。さらに数々の霊現象《れいげんしょう》を体験《たいけん》したという。

だが、1939年2月27日深夜、調査《ちょうさ》は中断《ちゅうだん》された。牧師館《ぼくしかん》で火災《かさい》が発生したのだ。おそろしいのは、火災《かさい》の消火作業中、燃《も》えさかる炎《ほのお》の中で正体不明《しょうたいふめい》の人影《ひとかげ》がおどりくるうのを、多くの人たちが目撃《もくげき》したことだ。

のちに調査《ちょうさ》を再開《さいかい》したプライスは、地下室の井戸《いど》の近くの地中で、女性《じょせい》の頭蓋骨《ずがいこつ》とアゴの骨《ほね》を発見した。この骨《ほね》は、伝説《でんせつ》の修道女《しゅうどうじょ》のものなのだろうか。いまだ答えは出ていない。

神戸《こうべ》で起きた謎《なぞ》の怪現象《かいげんしょう》

超怪奇現象 FILE 008

天地を結《むす》ぶ光の柱

▶2012年8月23日に神戸《こうべ》で発生した光の柱。

発生地：日本

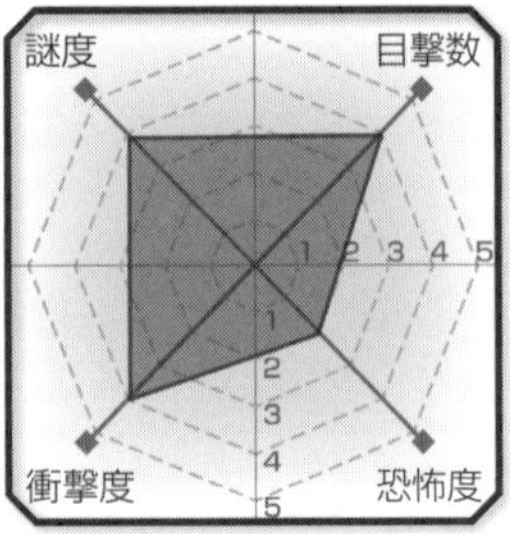

神戸の光の超常現象《ちょうじょうげんしょう》

2012年8月23日、海外の動画サイトで、謎《なぞ》の光の映像《えいぞう》が公開され、大きな話題となった。その光は、まるで天地を結《むす》ぶかのように天空へと伸《の》びていた。

この超常現象《ちょうじょうげんしょう》が起きた場所は、なんと日本！　そして、写真を解析《かいせき》した結果《けっか》、謎《なぞ》の光の柱が発生した場所は兵庫県神戸市《ひょうごけんこうべし》であることがわかった。

光の柱の目撃者《もくげきしゃ》によると、激《はげ》しい雷《かみなり》が発生したあとに出現《しゅつげん》したという。光の柱は数分間、その場で光を放っていたが、その後、消滅《しょうめつ》した。

光の柱の発生原因《げんいん》は不明《ふめい》

これまでに、海外では2009年にメキシコのエル・カスティーヨ神殿《しんでん》から光の柱が観測《かんそく》されるなど、いくつかの報告《ほうこく》があったが、日本では前代未聞《ぜんだいみもん》のことだ。

海外では、神戸の光の柱の発生理由を「日本の磁場《じば》の異常変動《いじょうへんどう》が起《お》きたのでは」という説《せつ》を紹介《しょうかい》したマスメディアもあった。

また、これは大地震《おおじしん》が発生する前ぶれではないか、といった声も上がった。

ただし、幸いなことに神戸《こうべ》近辺《きんぺん》で異常現象《いじょうげんしょう》が起きたり、巨大地震《きょだいじしん》に見舞《みま》われたということもない。しかし、世の中、何が起こるかわからない。警戒《けいかい》しておくにこしたことはないだろう。

▶神戸《こうべ》の光の柱の太さは、地上の建物《たてもの》と比《くら》べると巨大《きょだい》なものだとわかる。

救世主出現《きゅうせいしゅしゅつげん》の予兆《よちょう》なのか!?

超怪奇現象FILE 009

壁《かべ》から流れる涙《なみだ》

▲エルサレムの嘆《なげ》きの壁《かべ》。

発生地：イスラエル

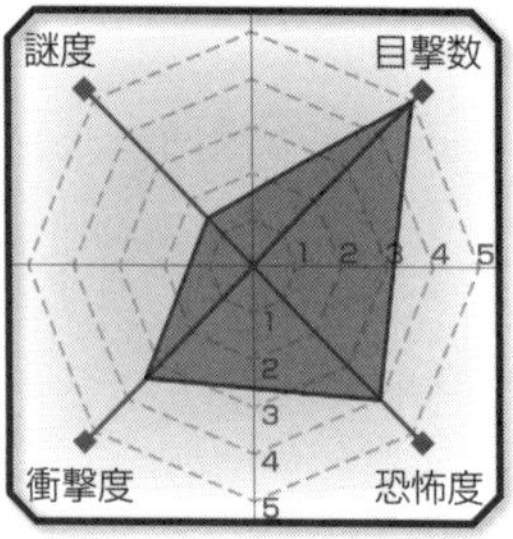

ユダヤ祈《いの》りの地

紀元前《きげんぜん》20年、ユダヤの大王ヘロデは、現在《げんざい》のイスラエル東部エルサレムの地にある、エルサレム神殿《しんでん》を大拡張《だいかくちょう》した。しかし、この神殿《しんでん》はやがて古代ローマの軍隊《ぐんたい》によって破壊《はかい》された……。

ユダヤ人たちは、破壊《はかい》されずに残《のこ》された神殿《しんでん》の外壁《がいへき》の前で、嘆《なげ》き悲しんだ。そこから、この外壁遺跡《がいへきいせき》は、嘆《なげ》きの壁《かべ》という名で呼《よ》ばれるようになった。以後《いご》、多くのユダヤ人がこの地を訪《おとず》れ、壁《かべ》に向かって祈《いの》りをささげている。

そして時は流れ2002年、この嘆《なげ》きの壁《かべ》に不可解《ふかかい》な怪現象《かいげんしょう》が起きた。壁《かべ》の石の上を、水が流れているのが目撃《もくげき》されたのである。

説明《せつめい》のつかない壁《かべ》の水

嘆《なげ》きの壁《かべ》からは、4日間も水が流れでた。その様子は、まるで壁《かべ》が本当に嘆《なげ》き悲しみ、涙《なみだ》を流しているかのようだったという。

その水はいったいどこから流れでてきているのか？　なんと不思《ふし》議《ぎ》なことに、ひとつの石からだったのだ。しかも、その痕跡《こんせき》はなぜか10センチ×40センチ四方の長方形をしていた。

これにはユダヤ教の信者《しんじゃ》たちも、
「救世主《きゅうせいしゅ》が現《あらわ》れる予兆《よちょう》ではないか？」
と大さわぎになった。

この水が流れる石については、井戸《いど》から水がもれたのでは？　などの推測《すいそく》がなされた。

そこで、くわしい調査が行われたが、なぜひとつの石からしか水が流れなかったのか？　水の痕跡《こんせき》がなぜ長方形になるのか？　など、井戸《いど》からもれた水では説明《せつめい》がつかなかった。ほんとうに救世主出現《きゅうせいしゅしゅつげん》の前ぶれなのだろうか？

▲嘆《なげ》きの壁《かべ》には今も多くのユダヤ人が祈《いの》りをささげている。

重力の常識《じょうしき》が
通用しない怪《かい》エリア

超怪奇現象
FILE
010

オレゴンヴォーテックス

▲家に入ると人間やほうきは傾《かたむ》いたままになる。

発生地：アメリカ

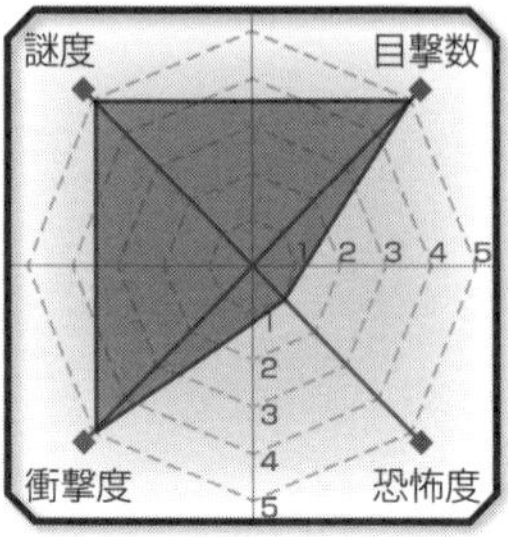

アメリカの禁断《きんだん》の地

人間はふつう、まっすぐに立ち、ボールは坂を上から下に転がっていく。これは重力によるものだ。だが、アメリカ・オレゴン州にはそんな常識《じょうしき》が通用しない場所がある。それが、ゴールドヒルにある、オレゴンヴォーテックスだ。

じつはこの場所、アメリカがヨーロッパ人によって開拓《かいたく》される以《い》前《ぜん》の時代では、迷《まよ》いこんだ者は生きて出られない禁断《きんだん》の地として、さけられていた場所だという。

説明《せつめい》のつかない壁《かべ》の水

このオレゴンヴォーテックスには、現在《げんざい》、地面に沈《しず》んでいくように建《た》つ家があり、その周囲《しゅうい》には正体不明《しょうたいふめい》の力の渦《うず》が回っているという。

▲立つ位置《いち》を変《か》えれば身長まで変《か》わってしまう！

家の中に入ると、人はまっすぐに立てなくなる。また、立てたほうきや棒《ぼう》はななめに傾《かたむ》いたまま、その姿勢《しせい》を保《たも》つ。ボールは下から上に転がり、立つ位置《いち》を変《か》えれば身長まで変《か》わる！

さらに、だ。方位磁針《ほういじしん》を持ちこめば、針《はり》はぐるぐると回転してしまう。このことから、怪現象《かいげんしょう》は地磁気《ちじき》の乱《みだ》れが原因《げんいん》だという説《せつ》もある。

アメリカ先住民《せんじゅうみん》は、何らかの呪《のろ》いがかかっているとも言うのだが、真相は不明《ふめい》だ。

この地にはいったい何が秘《ひ》められているのだろうか？　本当に磁界《じかい》のゆがみなのだろうか……。

ニュースのカメラがとらえていた！

超怪奇現象 FILE 011

馬に乗った死神

▲ニュース映像《えいぞう》に映《うつ》った、馬に乗った死神（丸囲《かこ》み部分）。

発生地：エジプト

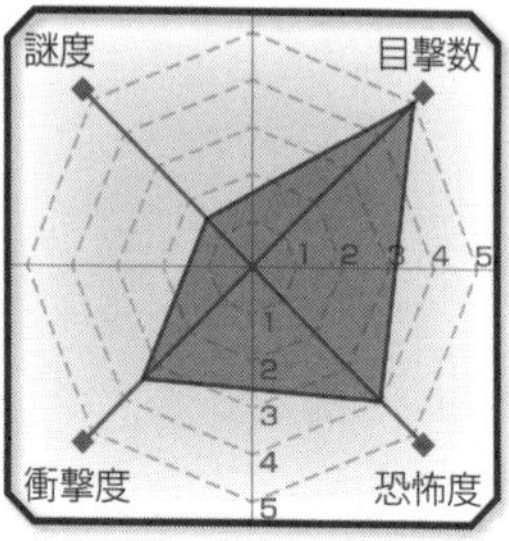

ニュース映像《えいぞう》に死神の姿《すがた》が

時として、天使や悪魔《あくま》と思われる超常的《ちょうじょうてき》な存《そん》在《ざい》が、人の前に姿《すがた》を現《あらわ》すという怪現象《かいげんしょう》が報告《ほうこく》されているのは、1章（56ページ、94ページ）で見てきたとおりだ。だが、ほかにもわれわれが信じられない存在《そんざい》が出現《しゅつげん》しているようだ。それが、2011年2月にエジプトに現《あらわ》れた、馬に乗った死神である！

このころ、首都カイロをはじめ、各《かく》都市では、ムバラク大統領《だいとうりょう》の退陣《たいじん》を求《もと》めるデモが行われていた。

その様子をアメリカのニュース専門《せんもん》チャンネルMSNB

Cが撮影《さつえい》して放送していたところ、奇妙《きみょう》なものが映《うつ》りこんでいた。そのため、デモ以上《いじょう》の大さわぎが起きた。そう、それが緑色の怪人《かいじん》――、死神だったというわけである。

▲死神は矢印の方向へ走りさっていった。

死神は何をうったえるのか？

実際《じっさい》のニュース映像《えいぞう》を観《み》ると、確《たし》かに死神のようなものが、馬に乗っているような動きで、画面右に移動《いどう》していくのがわかる。そして画面端《はし》で消滅《しょうめつ》するように消えてしまうのだ。

この死神はデモを先《せん》導《どう》するように出現《しゅつげん》し、消えそしてとつぜん、消えてしまったのである。

やはり大統領《だいとうりょう》に何かをうったえるために現《あらわ》れたのだろうか？

何もないところから突然《とつぜん》車が現《あらわ》れた
ロシア幽霊《ゆうれい》自動車

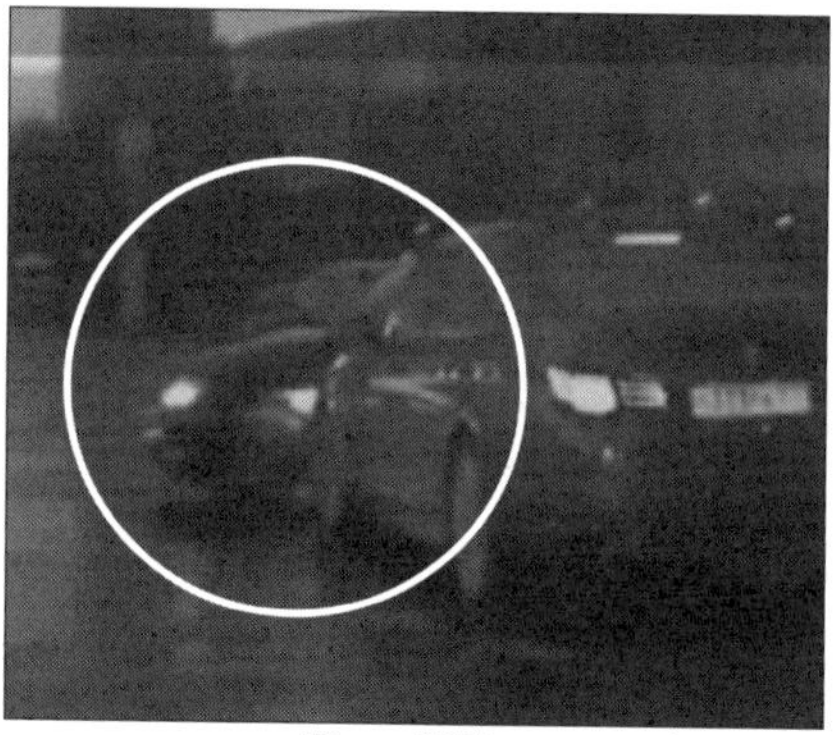

▲ドイツ車の前に現《あらわ》れた幽霊《ゆうれい》自動車（丸囲《かこ》み）。

発生地：ロシア

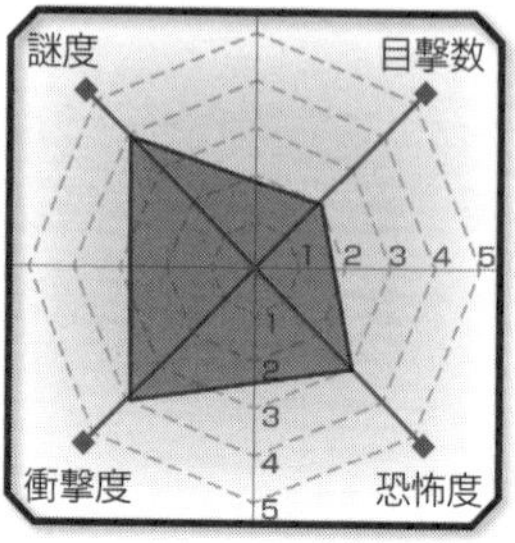

偶然《ぐうぜん》とらえた幽霊《ゆうれい》自動車映像《えいぞう》

2014年3月31日、ロシアの交差点《こうさてん》で、じつに不可解《ふかかい》な幽霊事件《ゆうれいじけん》が起きた。その霊《れい》は人間の姿《すがた》ではなく……車！ すなわち、「幽霊《ゆうれい》自動車」だったのである。

この幽霊《ゆうれい》自動車が、交差点《こうさてん》で信号《しんごう》待ちをしていたドイツ車の前にとつぜん姿《すがた》を現《あらわ》した、瞬間《しゅんかん》の衝撃的《しょうげきてき》な動画が公開された。これは、交差点《こうさてん》で左折《させつ》待ちしている自動車のダッシュボードに設置《せっち》されたドライブレコーダーが偶然《ぐうぜん》、とらえたものである。この映像《えいぞう》はまたたくまに世界中で大きな話題となった。

ほんの数秒の短い映像《えいぞう》だが、そこからわかる状況《じょうきょう》を紹介《しょうかい》しよう。

いきなり現《あらわ》れ、消えた！

映像《えいぞう》にあるのは、一見すると、混《こ》みあった交《こう》差点《さてん》である。

先行するドイツ車が進行方向に車《くるま》がいないことを確認《かくにん》して発車したところ、いきなり、右側《みぎがわ》から車が現《あらわ》れて、〝通過《つうか》〟したのだ！

その映像《えいぞう》には、この車が走ってくるところは写っていない。まるで、幽霊《ゆうれい》のように、いきなり車の前に現《あらわ》れているのである。

あらためて動画をストップモーションで見ると、幽霊《ゆうれい》自動車は、別の空間から出てきたみたいに、停《と》まっている車の前に現《あらわ》れた。それは時間にして、わずか2秒のことだった。幽霊《ゆうれい》自動車は急ブレーキもかけず、何事もなかったように、そのまま左手方向に走りぬけていった。

▶幽霊《ゆうれい》自動車が信号《しんごう》待ちをする車の前に現《あらわ》れ、通りすぎ、消えた！

超怪奇現象FILE 013

アルゼンチンの海岸にたたずむ

巨大《きょだい》ヒューマノイド出現《しゅつげん》事件《じけん》

▲海岸に現《あらわ》れた巨大《きょだい》ヒューマノイド。

発生地：アルゼンチン

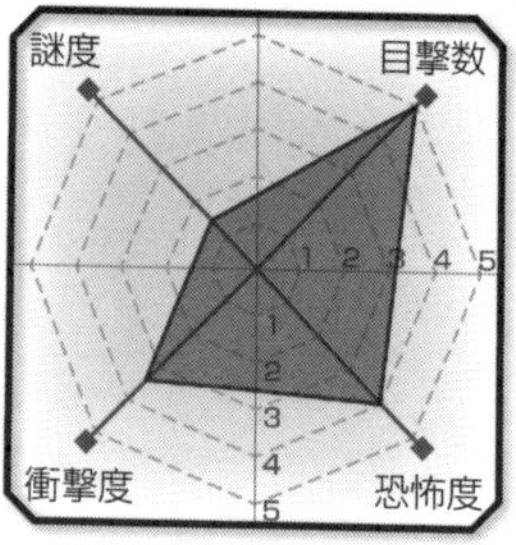

巨大《きょだい》ヒューマノイドを撮影《さつえい》！

2013年11月19日、アルゼンチン・ブエノスアイレスのネコッチェアの海岸で撮影《さつえい》された写真に、巨大《きょだい》な人間型《にんげんがた》の生物（ヒューマノイド）の姿《すがた》が写しだされていた！

これは、超常現象《ちょうじょうげんしょう》研究家のスコット・コラレスが、自身のブログで公開したものだ。

写真をよく見ると、海岸をバックにして、非常《ひじょう》に背《せ》の高い人間のようなシルエットが確《たし》かに写っている。写真の右側《みぎがわ》に立つ人影《ひとかげ》と大きさを比《くら》べると、その背丈《せたけ》はゆうに5メートルを超《こ》えていることがわかるだろう。

逆光《ぎゃっこう》の写真だったために、シルエット

しか判断《はんだん》できないのが残念《ざんねん》だ。だが、光を背景《はいけい》にして写っていることで、神々《こうごう》しさすら感じないだろうか。まるで、神が降臨《こうりん》してきたかのようである。

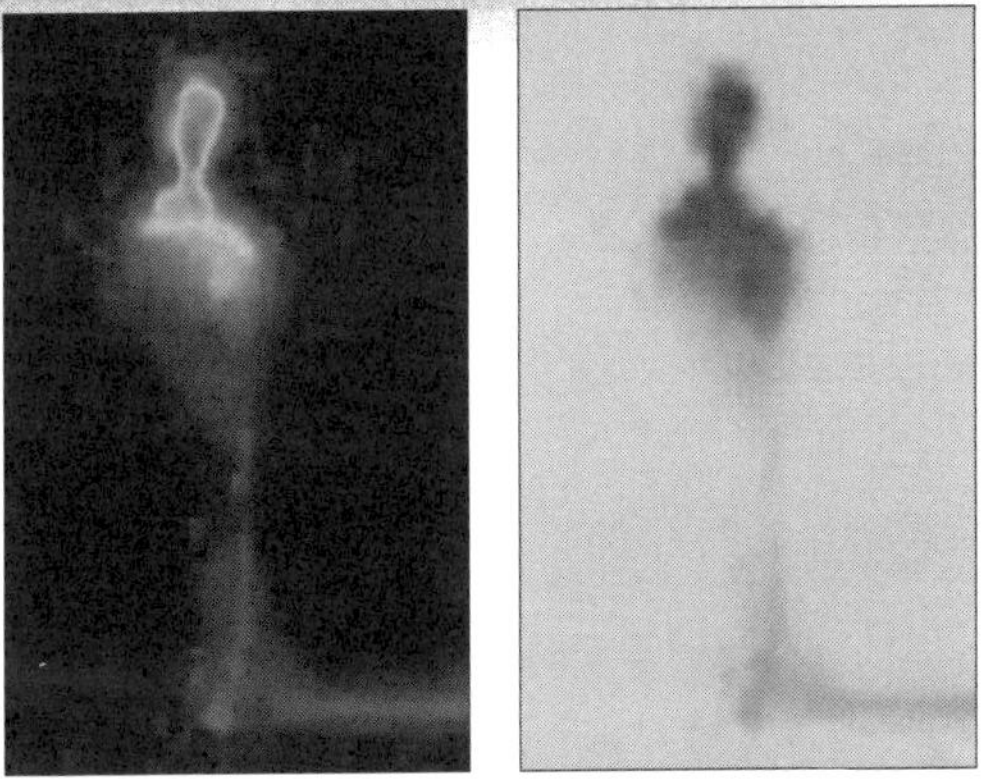

▶写真を補正《ほせい》すると巨人《きょじん》の姿《すがた》がわかる。

ヒューマノイドの子どもか？

じつはこの海岸では、2010年11月10日にもヒューマノイドらしき生物の姿《すがた》が写真に撮《と》られている。2013年のヒューマノイドと比《くら》べると小型《こがた》だが、子どもなのか、別《べつ》の種族《しゅぞく》なのだろうか。

現在《げんざい》、巨大《きょだい》ヒューマノイドの写真はアルゼンチンUFO《ユーフォー》財団《ざいだん》で分析《ぶんせき》が行われているとのことだ。さらなる続報《ぞくほう》に期待したい！

▲同じ海岸では、過去《かこ》にも謎《なぞ》のヒューマノイドが出現《しゅつげん》！

サークル現象《げんしょう》は進化している！

超怪奇現象FILE 014

ミステリー・トライアングル

▲三角形が組みあわされたサークルが出現《しゅつげん》！

発生地：イギリス

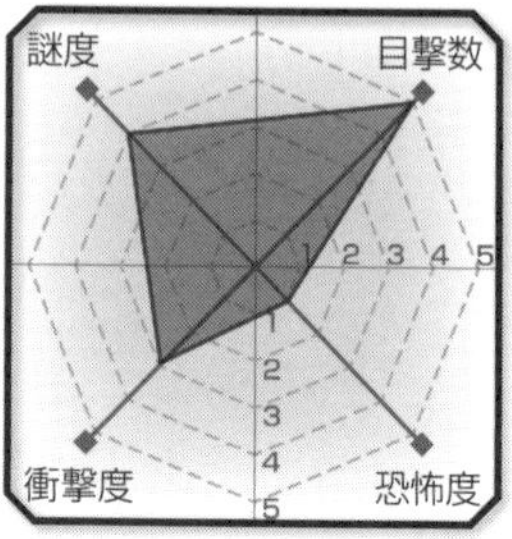

ミステリー・サークルとは？

ミステリー・サークルといえば、たおされた穀物《こくもつ》が図形を描《えが》く怪現象《かいげんしょう》で、イギリスを中心に発生している。

昔から報告《ほうこく》があるが、それが大きな話題になるようになったのは、1980年代からのこと。その原因《げんいん》について、人のいたずらという説《せつ》（実際《じっさい》、自分たちが作ったと名乗りでてサークルを再現《さいげん》した人もいる）もあった。だが、それだけでは説明《せつめい》のつかないサークルも多く見られたことから、宇《う》宙人《ちゅうじん》のしわざ、UFO《ユーフォー》が離着陸《りちゃくりく》した跡《あと》などともいわれている。

謎《なぞ》めいた多重三角サークル！

そんなミステリー・サークルだが、近年はだんだんと複雑《ふくざつ》な形状《けいじょう》をしめすものも増《ふ》えてきている。２０１４年４月16日、イングランドのウィルトシャー州で発見されたものもそうだ。

▶上空から見たミステリー・トライアングル（丸囲《かこ》み）。

それは、複数《ふくすう》の三角形が重なりあった形状《けいじょう》で、さながら「サークル（円）」というより「トライアングル（三角形）」と呼《よ》べるだろう。

発見から3日後に現地《げんち》を訪《おとず》れた調査団《ちょうさだん》によると、現場《げんば》の菜種《なたね》畑では、人がいたずらで作ったような不自然《ふしぜん》な足跡《あしあと》や不可解《ふかかい》な痕跡《こんせき》は見あたらなかったという。

今回現《あらわ》れたこのミステリー・トライアングルは、いったい、どのようにして作られたのだろうか。調査報《ちょうさほう》告《こく》の続報《ぞくほう》は現在《げんざい》のところ、ない。

▶トライアングルの地上の様子。

遭難者《そうなんしゃ》の霊《れい》が通報《つうほう》したのか？

超怪奇現象
FILE
015

八甲田山《はっこうだざん》からの119番通報《つうほう》

▲八甲田山《はっこうだざん》では登山史上最大《とざんしじょうさいだい》の遭難事故《そうなんじこ》が起きている。

写真提供:Getty Images

発生地：日本

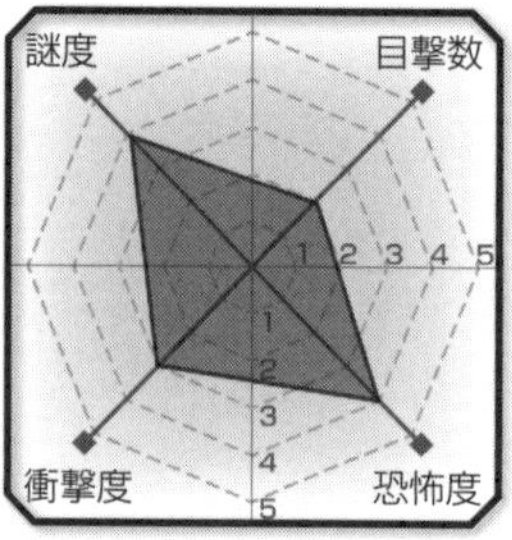

無人《むじん》の別荘《べっそう》からの119番

2014年5月17日の真夜中のことだ。青森県青森市の消防通信指令室《しょうぼうつうしんしれいしつ》に、1本の119番通報《つうほう》があった。だが、奇妙《きみょう》なことに、その電話は無言《むごん》で、ザーザーという音しか聞こえない。

「火災《かさい》の煙《けむり》にまかれ、通報者《つうほうしゃ》が電話機《き》の前で意識《いしき》をうしなったのか!?」

そこで、通報《つうほう》の発信地《はっしんち》を調べた。すると、同市南東約《やく》20キロの、八甲《はっこう》田山《だざん》の別荘《べっそう》と特定《とくてい》された。すぐさま、救急隊員《きゅうきゅうたいいん》10人が、山道を40分かけて現場《げんば》にかけつけた。

するとどうだ、別荘《べっそう》は無人《むじん》、しっかり戸じまりされ、何者かが侵入《しんにゅう》した跡《あと》もない。念《ねん》のため、窓《まど》ガラスを割《わ》って中へ入って調べたが、おかしな点は見られなかった。また、通報《つうほう》の発信元《はっしんもと》の、古い電話の受話器《じゅわき》は、電話機《でんわき》に置《お》かれたままだった。

通報《つうほう》したのは霊《れい》か風か？

この事件《じけん》は雑誌《ざっし》やテレビでも報道《ほうどう》されたので、知っている人もいるのではないだろうか。

報道《ほうどう》の中には、1902年1月、日本の登山遭難事故史上最大《とざんそうなんじこしじょうさいだい》の、199人という死者を出した八甲田山雪中行軍事件《はっこうださんせっちゅうこうぐんじけん》の現場《げんば》と近かったこともあり、遭難者《そうなんしゃ》の霊《れい》が助けを求めた、とのべる者もいた。

しかし、その後のNTT東日本の現場検証《げんばけんしょう》によれば、通報《つうほう》をしたのは風だとみられている。

当時、この地域《ちいき》では非常《ひじょう》に強い風が吹《ふ》いて、別荘《べっそう》の電話線が切れかかっていたという。

それが強い風でゆれ、電気が通ったり切れたりをくりかえし、たまたま119番通報《つうほう》につながったというのだ。

だが、そんな偶然《ぐうぜん》がありえるだろうか。

超怪奇現象
FILE
016

大地震《だいじしん》の前兆現象《ぜんちょうげんしょう》なのか!?
イワシ大量死事件《たいりょうしじけん》！

▲イワシの死骸《しがい》でうめつくされた大原漁港《ぎょこう》。

発生地：日本

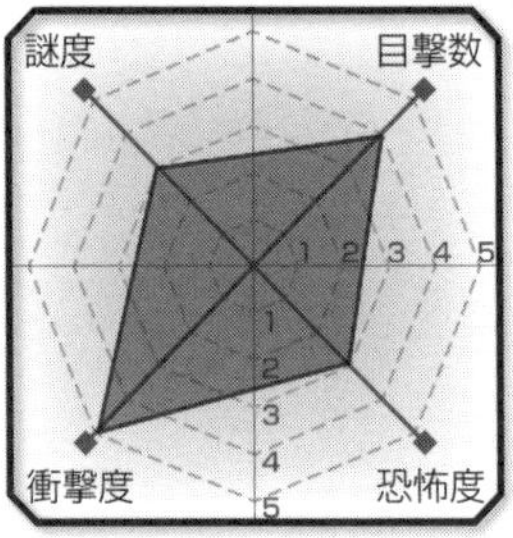

漁港《ぎょこう》に大量《たいりょう》のイワシの死骸《しがい》が！

「こいつはすごいことになってるな……」

漁師《りょうし》たちを唖然《あぜん》とさせることが起きたのは、2012年6月5日のことだ。場所は千葉県いすみ市の大原漁港《ぎょこう》。なんと、その日漁港《ぎょこう》は、200トンにもおよぶカタクチイワシの死骸《しがい》でうめつくされていたのだ。

専門家《せんもんか》はこの事態《じたい》に、

「イワシたちは、クジラなどの天敵《てんてき》に追われて、漁《ぎょ》港《こう》に迷《まよ》いこんでしまったのでは？　せまい場所に密集《みっしゅう》してしまったので、酸《さん》欠《けつ》を起こして死んだので

◀大量死《たいりょうし》したイワシは異変《いへん》を告《つ》げた？

はないだろうか」

と分析《ぶんせき》しているが……、気になることが、翌日《よくじつ》に起きた。

６日早朝、千葉県東方沖《おき》でマグニチュード６・３の地震《じしん》が発生したのである。

カタクチイワシの大量死《たいりょうし》と、地震《じしん》の発生……。その関連《かんれん》を考えずにはいられない。

海の生き物大量死《たいりょうし》と地震《じしん》

というのも、海の生き物の大量死《たいりょうし》があったあとに地震《じしん》が発生するということは、今回に限《かぎ》らず、世界各地《かくち》から報告《ほうこく》されているのだ。

たとえば２０１１年３月11日の東日本大震災《だいしんさい》が発生する前の週には、茨城県鹿嶋市《いばらきけんかしまし》の下津《しもつ》海岸でイルカが50頭以上《いじょう》、打ちあげられていた。

また、遠くアメリカ・ロサンゼルスのヨットハーバーでも数百万匹《びき》のイワシが死んでいた。

２０１１年２月22日のニュージーランド地震《じしん》のときも、70頭のクジラが海岸で死んでいた。クジラが天敵《てんてき》に追われて逃《に》げた結果《けっか》とは考えにくい。

海の生き物の大量死《たいりょうし》と地震《じしん》……、やはり何か関連《かんれん》があるのだろうか？

超怪奇現象
FILE
017

自然《しぜん》が起こした奇跡《きせき》の現象《げんしょう》

巨大《きょだい》アイス・サークル出現《しゅつげん》事件《じけん》

▲シャイエン川の美しきアイス・サークル。

発生地：アメリカ

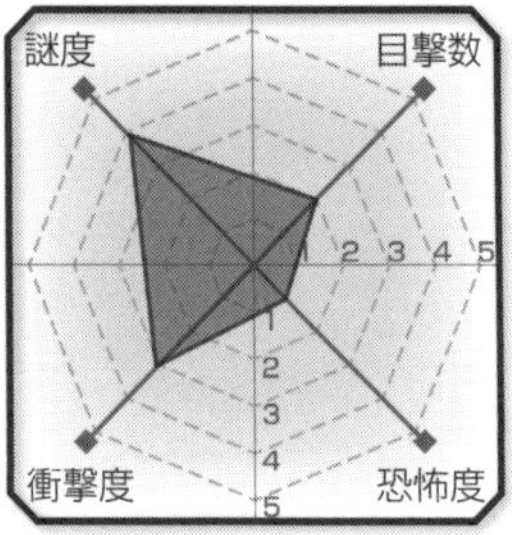

美しき自然《しぜん》の芸術《げいじゅつ》

アイス・サークルは、別名《べつめい》アイス・ディスク、アイス・パンとも呼《よ》ばれる、円盤状《えんばんじょう》のうすい氷の固《かた》まりが回転しながら形成《けいせい》されていく自然現《しぜんげん》象《しょう》だ。その大きさは、直径《ちょっけい》数センチから数メートルとさまざま。

だが、2013年11月24日にアメリカ・ノースダコタ州で撮影《さつえい》されたアイス・サークルは、過去最大級《かこさいだいきゅう》のひとつといえるだろう。その大きさは、直径約《ちょっけいやく》17メートルもあったのだ。

撮影《さつえい》したのは、元エンジニアのジョージ・ロジェリング。その形状《けいじょう》のあまりの美しさに、彼《かれ》が撮影《さつえい》した動画は大きな話題となった。

このアイス・サークルは、同州のシャイエン川の奥手《おくて》からの水の速い流れが、川面に張《は》った氷を1か所に集めてしまうことで形成《けいせい》された。

集められた氷の固《かた》まりは、川の流れの影響《えいきょう》でゆっくりと回転しながら、周囲《しゅうい》の氷をさらに集め、きれいな円形を描《えが》いた、というわけである。

直径《ちょっけい》4・4キロメートルの円盤《えんばん》

この巨大《きょだい》で美しいアイス・サークルの動画を見た、パプアニューギニア在住《ざいじゅう》の水紋《すいもん》学者アレン・シュラグはこう語った。

「氷塊《ひょうかい》の層《そう》が厚《あつ》くなればなるほど、氷塊《ひょうかい》の円盤《えんばん》もまた大きくなるようですね。それにしても、今回ほどのアイス・サークルは、わたしがこれまで見たなかでも一番きれいに形成《けいせい》された実例《じつれい》かもしれません」


だが、世の中、例外中の例外というものもある。それが、2009年4月、ロシア・バイカル湖で発見されたアイス・サークルだ。

ノースダコタの最大級《さいだいきゅう》アイス・サークルと比《くら》べて美しさという点では劣《おと》るが、その大きさは直径《ちょっけい》4・4キロメートルもあった。

これほどのものはそうは見ることができないだろう。

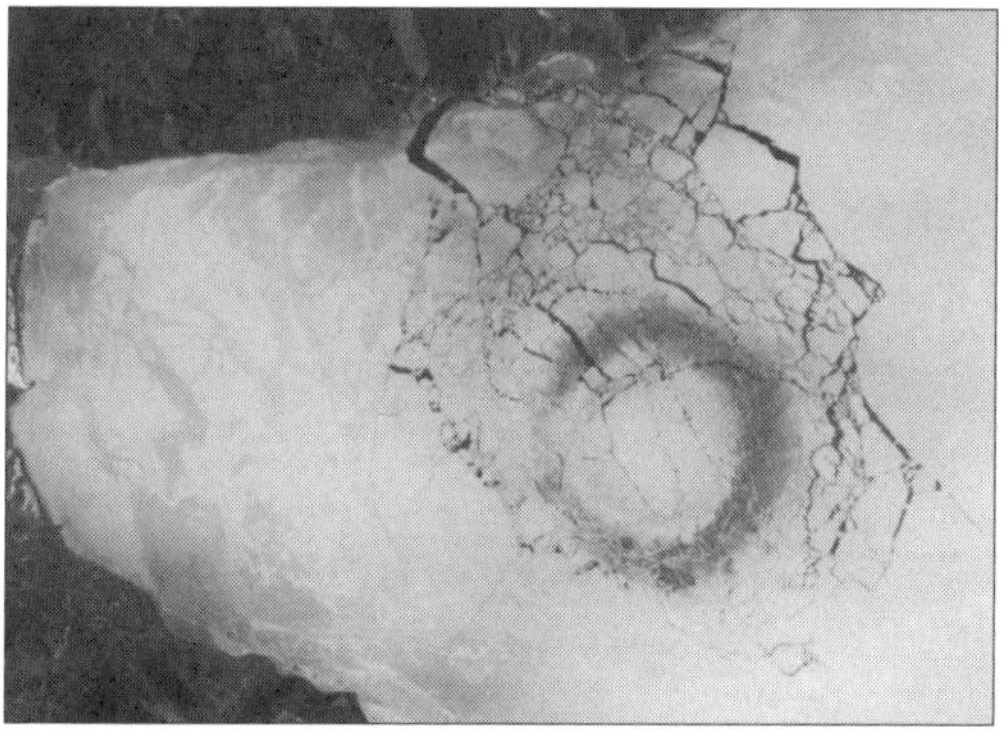

▶バイカル湖で発見された超巨大《ちょうきょだい》アイス・サークル。（写真＝NASA）

場ちがいな物が木の中から出てきた！

超怪奇現象FILE 018

古木のコンクリート・ブロック

▲古木から取りだされるコンクリート・ブロック。

発生地：アメリカ

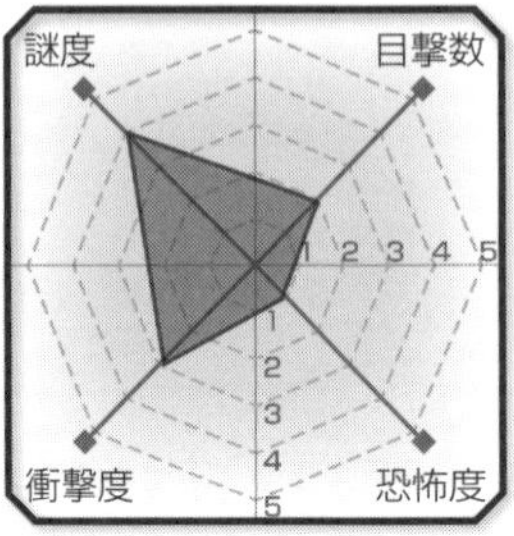

カエデから石が出てきた

それはあまりにもミステリアスな〝発見〟だった。竜巻《たつまき》でたおれた古木の中から、コンクリート・ブロックが見つかったのである。

話は2010年にさかのぼる。

アメリカ・コネチカット州をその年、巨大《きょだい》な竜巻《たつまき》が襲《おそ》った。その爪《つめ》あとは、同州に深刻《しんこく》な被害《ひがい》をもたらしていた。

とある教会の敷地内《しきちない》に、シンボルのようにそびえていた樹齢《じゅれい》130年のカエデもまた、その被害《ひがい》にあい、まっぷたつにさけてしまった。

「残念《ざんねん》だが、このカエデはもうダメだ」

切りたおすしかなくなったカエデを、作業員がチェーンソーで根元から切断《せつだん》しようとしたそのとき！

「何だこれは……」

信《しん》じられないことに、空洞《くうどう》になっていた幹《みき》の中には、高さ60センチほどの石がつまっていたのである。

▶取りだされたコンクリート・ブロックは、真ん中から折《お》れていた。

ブロックはどうやって入った？

ミステリーはこの石の正体だ。調べてみると、これは自然石《しぜんせき》ではなく、金属《きんぞく》の棒《ぼう》で補強《ほきょう》されたコンクリート・ブロックだったのだ。

作業員は、その形状《けいじょう》を見て、近くの共同墓地《きょうどうぼち》の墓石《ぼせき》に似《に》ていると指摘《してき》。ところが、カエデが立っていた場所には墓地《ぼち》があったという記録《きろく》はない。やはりかなり場ちがいなものなのだ。

しかも、このブロックがどうやってカエデの中に入りこんだのかもわからない。この石が置《お》かれていた場所に、１３０年前、カエデの苗木《なえぎ》が育ち、かかえこんでしまったと考えるのもむりがある。

まさに、自然《しぜん》がなしたミステリーといえるだろう。

超怪奇現象 FILE 019

前ぶれもなしに現《あらわ》れた大穴《おおあな》の正体は何か!?

とつぜん現《あらわ》れた巨大《きょだい》な穴《あな》

▲7月に現《あらわ》れた正体不明《しょうたいふめい》の巨大《きょだい》な穴《あな》。

発生地：ロシア

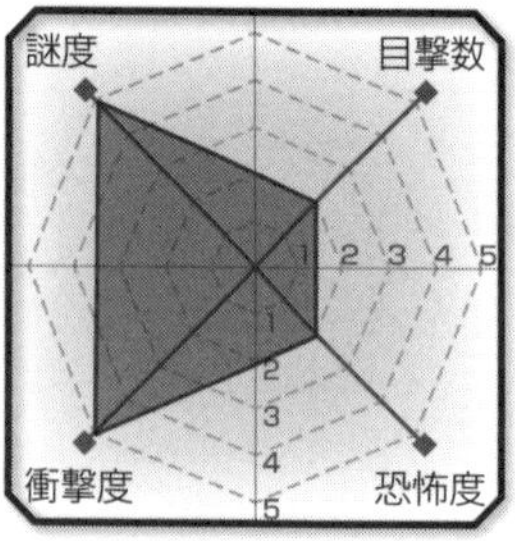

シベリアにできた謎《なぞ》の大穴《おおあな》

2014年7月、ロシア・シベリアに、とつじょとして巨大《きょだい》な穴《あな》が出現《しゅつげん》した！　穴《あな》の直径《ちょっけい》は100メートル、深さは50～70メートルと推測《すいそく》される。

その大きさ、その発生原因《はっせいげんいん》が謎《なぞ》とあって、世界的《せかいてき》にも大きな話題となった。

穴《あな》のふちは強烈《きょうれつ》な火によって焼《や》け焦《こ》げたと見られている。また、穴《あな》の周囲《しゅうい》が土《ど》砂《しゃ》で盛《も》りあがっていることから、土が噴《ふん》出《しゅつ》したようだが、穴《あな》の深さと比《くら》べると、その量《りょう》はあまりにも少なすぎる。土はどこに消えたのか？

隕石《いんせき》が落下したという説《せつ》もあるが、地元によればその可能性《かのうせい》はないという。

ロシア政府《せいふ》は、「地下から何かが噴出《ふんしゅつ》して形《けい》成《せい》されたもの」と主張《しゅちょう》しているが、この「何か」とは何なのか？　また現場《げんば》から「未知《みち》の大気が検出《けんしゅつ》された」という情報《じょうほう》もある。

この地でいったい、何が起きたのか？

第2、第3の穴《あな》も発見された

穴《あな》の正体がはっきりしないうちに、さらに第2、第3の穴《あな》が発見された。最初《さいしょ》に発見された穴《あな》と比《くら》べると、それぞれ大きさは直径《ちょっけい》15メートル、直径《ちょっけい》4メートルと小型《こがた》だ。

ただ、この4メートルの穴《あな》は、深さが60〜100メートルあるとされ、専門家《せんもんか》たちは、「人工的《じんこうてき》なものではない」と言いながら、「自然《しぜん》に形成《けいせい》されたようにも見えない」とどちらともいえない発言をしている。

穴《あな》のでき方も、最初《さいしょ》のものとは異《こと》なっているようだ。この先、第4の穴《あな》が出現《しゅつげん》する可能性《かのうせい》もあるのだろうか？　まったく謎《なぞ》ばかりが残《のこ》る怪《かい》現象《げんしょう》である。

▲その後見つかった第2（上）、第3（下）の穴《あな》。

超怪奇現象 FILE 020

水もない山中に池が現《あらわ》れる

竜神《りゅうじん》が来る幻《まぼろし》の池

▲1982年に現《あらわ》れた幻《まぼろし》の池。

発生地：日本

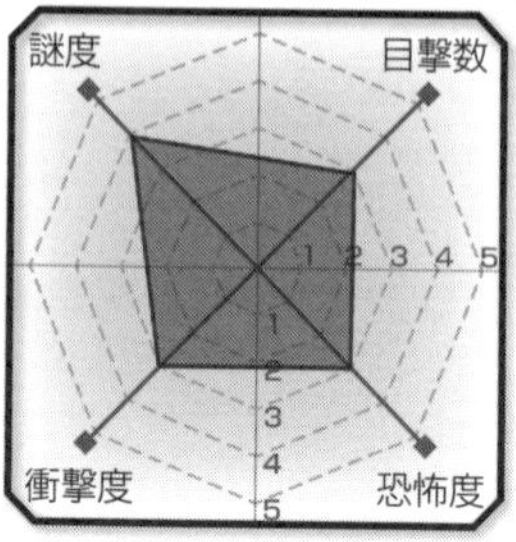

幻《まぼろし》の池が現《あらわ》れた！

静岡県浜松市《しずおかけんはままつし》の亀《かめ》ノ《の》甲山《こうやま》には、幻《まぼろし》の池と呼《よ》ばれる池がある――ある、といっても、常《つね》にそこにあるわけではない。一滴《いってき》も水のないくぼ地に、7年に一度現《あらわ》れると、わずか数日で消えてしまうのだ。だから「幻《まぼろし》」というわけだ。

１９９８年10月、この地に9年ぶりに、幻《まぼろし》の池が現《あらわ》れた。

10月2日午後2時、町役場の人たちが池の調査《ちょうさ》に訪《おとず》れたところ、スギやヒノキに囲《かこ》まれたくぼ地に、およそ50メートル×30メートル、深さ約《やく》90センチの池が出現《しゅつげん》しているのを発見した。

それにしても、なぜ池は現《あらわ》れたり、消えたりするのだろうか？

7年に一度、竜神《りゅうじん》が来る！

その理由として、いくつかの説《せつ》がある。

▲1989年に現《あらわ》れた幻《まぼろし》の池。写真ではわかりづらいが、木々の間にうっすらと水がたまっている。

たとえば、くぼ地の中心部には、へそと呼《よ》ばれる、水が湧《わ》き出す噴出口《ふんしゅつこう》があるとされている。そこから7年に一度、水が湧《わ》くというのだ。ただし、本当にあるのか定かではない。

また、湧《わ》きだしているのではなく、雨がたまっただけ、という意見もある。くぼ地の下にある岩盤《がんばん》に、雨水がたまったのが幻《まぼろし》の池、というわけである。

しかし、この池に関《かん》して、本格的《ほんかくてき》な調査《ちょうさ》が行われたことはない。それは地元の言い伝《つた》えのせいかもしれない。その伝説《でんせつ》というのは、静岡県《しずおかけん》の小笠原《おがさわら》には竜神《りゅうじん》がすんでいるというものだ。この竜神《りゅうじん》が7年ごとに、長野県の諏訪湖《すわこ》に遊びに行くのだが、途中《とちゅう》で一休みするために、幻《まぼろし》の池ができるというものだ。

なお、最近《さいきん》では２０１０年7月20日、前回の出現《しゅつげん》から12年後に現《あらわ》れている。

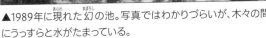

黄色く脈動《みゃくどう》する光は生物なのか？

超怪奇現象
FILE
021

列車を追う謎《なぞ》の発光体

▲2014年6月に現《あらわ》れた、電車から撮影《さつえい》した謎《なぞ》の発光体。迫《せま》ってきていることがわかる。

発生地：ロシア

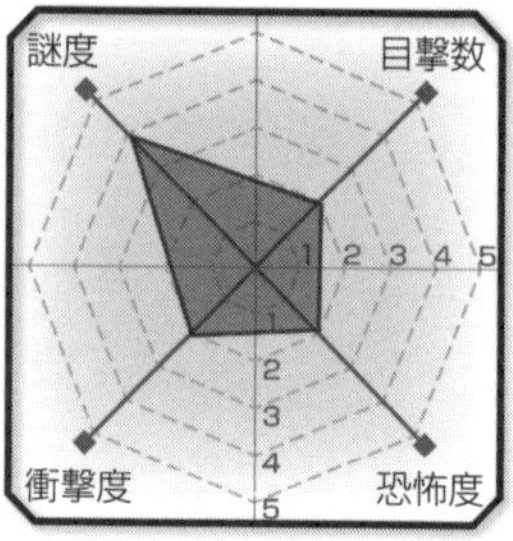

とつじょ発光体が現《あらわ》れた！

ロシアで、列車を追いかける謎《なぞ》の発光体が出現《しゅつげん》し、その一部始終が、動画サイトで公開されている。

２０１４年６月26日、ニジニ・ノブゴロド州の線路上に出現《しゅつげん》し、撮影《さつえい》された発光体は、とつぜん現《あらわ》れた。

遠方の線路上を黄色く脈動《みゃくどう》しながら、まっしぐらに列車を追いかけ、飛《と》んできたのである。

電車に間近まで接近《せっきん》したり、離《はな》れたりするその動きは、発光体がまるで意思を持っているかのようだ。

これはいったい、何なのだろう？

▲列車を追う発光体の出現《しゅつげん》は、2011年にムルマンスクで、2012年にはチェリャビンスクでも確認《かくにん》されている。

UFO《ユーフォー》かプラズマ生命体か？

ロシアでは、同様の現象《げんしょう》が、2011年にムルマンスクで、そして2012年にはチェリャビンスクで起きている。

公開されている動画だが、撮影者《さつえいしゃ》もふくめ、詳《しょう》細《さい》はまったく不明《ふめい》だ。

また、発光体の正体だが、UFO《ユーフォー》の一種、あるいは未知《みち》のプラズマ生命体ではないか、という意見も出ているが、こちらも情報《じょうほう》が少なすぎて目下のところ謎《なぞ》のままだ。

大規模交通事故現場《だいきぼこうつうじこげんば》で目撃《もくげき》された！

超怪奇現象 FILE 022

散歩《さんぽ》する幽霊《ゆうれい》

▲散歩中《さんぽちゅう》の幽霊《ゆうれい》（丸囲《かこ》み）の姿《すがた》。

発生地：アメリカ

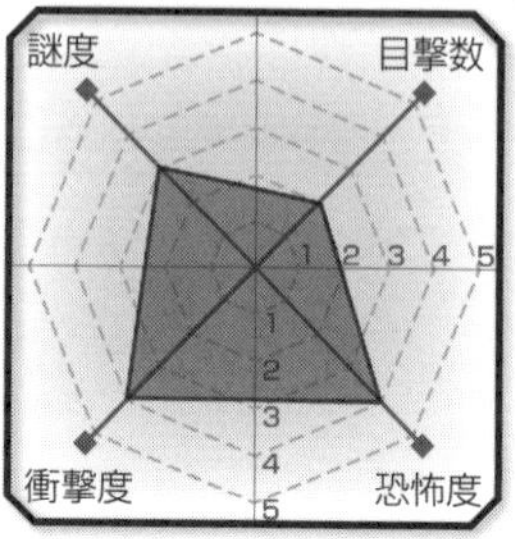

事故現場《じこげんば》でうわさされる怪奇《かいき》

アメリカ・ワイオミング州ジャクソン。この街《まち》のメインストリートではかつて、大規模《だいきぼ》な交通事故《じこ》が発生していた。

この交通事故《じこ》は、同時に火災《かさい》も起こした。その結果《けっか》、燃《も》えあがった車内から脱出《だっしゅつ》できなくなる人々が続出《ぞくしゅつ》。多数の人命がうしなわれるという悲劇《ひげき》が起きた。

その事故《じこ》後からだ。現場周辺《げんばしゅうへん》の道路では、さまざまな怪現象《かいげんしょう》が起こりはじめたのである。そのため、近隣住民《きんりんじゅうみん》たちは夜の外出に不安《ふあん》をつのらせている。

怪現象《かいげんしょう》のなかでも、もっとも多くの目撃者がいるのが、夜な夜な、歩道を幽霊《ゆうれい》が散歩《さんぽ》するというものだ。

監視《かんし》カメラがとらえた霊《れい》

2014年4月30日、その道路の街頭《がいとう》に設置《せっち》された監視《かんし》カメラが、ついにうわさの霊《れい》の姿《すがた》をとらえた！

同夜、道路をカメラ画面の左手方向から歩いてきた男性《だんせい》のような人影《ひとかげ》は、最初《さいしょ》はふつうに歩道を歩いている。ところが、カメラの前を横切る間に、頭からしだいに体が透明《とうめい》となり、それが足首まで進み、最後《さいご》には消えてしまったのである。

その間、わずか数十秒。どう考えても、この人影《ひとかげ》は、幽霊《ゆうれい》としか考えられない。もしかしたら、この幽霊《ゆうれい》は、〝あの世〟から現《あらわ》れ、〝この世〟に存在《そんざい》できる時間が限《かぎ》られていたのかもしれない。

▲幽霊《ゆうれい》は、歩きながら頭から消えていった。

聖地《せいち》で複数《ふくすう》のカメラにとらえられた！

超怪奇現象
FILE
023

青いドレスの幽霊《ゆうれい》

▲写真中央に女の幽霊《ゆうれい》がいる！（丸囲《かこ》み）

発生地：ヴァチカン

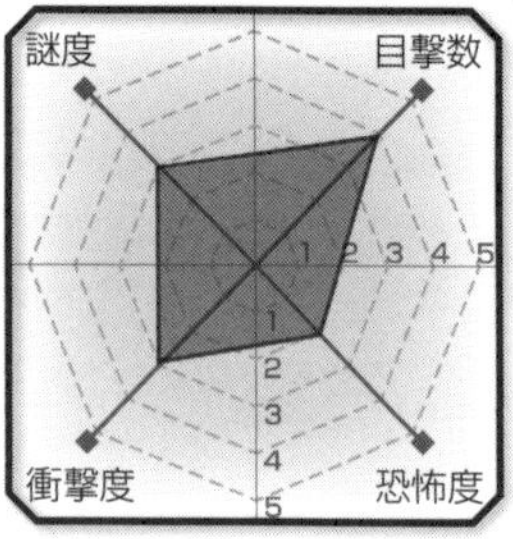

聖《せい》ペトロ像《ぞう》の近くを浮遊《ふゆう》

ヴァチカン市国は、世界でもっとも小さい独《どく》立国《りっこく》であると同時に、キリスト教の総本山《そうほんざん》でもある。

そんな聖地《せいち》を代表する建造物《けんぞうぶつ》、サンピエトロ大聖堂《だいせいどう》の中にある、聖《せい》ペテロ像《ぞう》の前で、不可思議《ふかしぎ》な物体が撮影《さつえい》されるという事件《じけん》が起きた。

２００７年８月のこと。聖《せい》ペトロ像《ぞう》の前にたくさんの信者《しんじゃ》が集まっている様子が撮影《さつえい》された。そのスナップに、問題の物体が写っていた。

聖《せい》ペトロ像《ぞう》の斜《なな》め上の空間に浮《う》くように、青いドレスを身にまとった女性《じょせい》のような姿《すがた》が見えるのだ。

だれも気がつかない！

しかし、多くの人が聖《せい》ペトロ像《ぞう》の前にいたうえ、写真に鮮明《せんめい》に写っているにもかかわらず、だれひとりとして気がつく者はいなかった。撮影者《さつえいしゃ》自身も、スナップを見て初《はじ》めて気づいたのである。

さらに不思議《ふしぎ》なのは、同じ日、別《べつ》の観光客《かんこうきゃく》が撮《と》ったビデオにも、この青いドレスの女性霊《じょせいれい》がはっきりと映《うつ》っていたのである。もちろん、このビデオの撮影者《さつえいしゃ》も、撮影時《さつえいじ》には気がついていなかった。

この2台のカメラがとらえた、肉眼《にくがん》では見えない青いドレスの女性霊《じょせいれい》は、ヴァチカンのニュースでも放映《ほうえい》され、大きな話題となった。

それにしてもこの霊《れい》の正体とは何なのか。悲しげにも見えるその姿《すがた》から、この世に未練《みれん》を残《のこ》した女性《じょせい》だったのだろうか。

▲青いドレスの女の幽霊《ゆうれい》は、いったい何者なのだろう。

超怪奇現象
FILE
024

地底《ちてい》世界は実在《じつざい》していた？

ヤンセン親子の奇妙《きみょう》な体験《たいけん》

▶ヤンセン父子は楽園を目ざし、北極《ほっきょく》へ旅立った。

発生地：ノルウェー

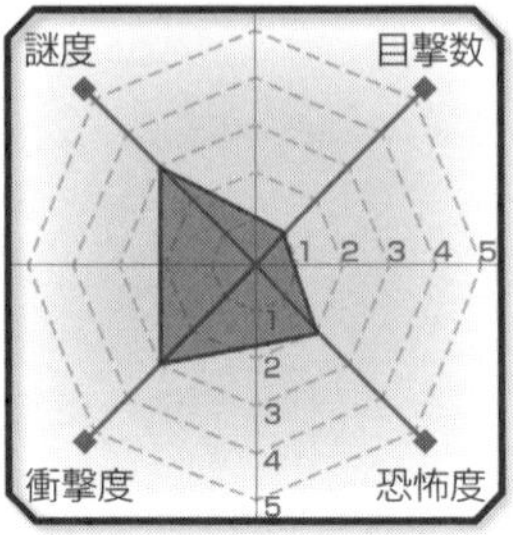

地底《ちてい》世界に迷《まよ》いこんだ親子

1829年4月3日、ノルウェーの漁師《りょうし》、オラフ・ヤンセンは、父とともに楽園を目指すべく北極《ほっきょく》へ冒険《ぼうけん》に出た。ノルウェーでは「北の極《きょく》地《ち》に理想郷《りそうきょう》がある」という伝説《でんせつ》があるからだ。

ところが、北極圏《ほっきょくけん》へ入ったとき、親子は不思議《ふしぎ》な水のトンネルに突入《とつにゅう》し、巨人《きょじん》のすむ地底《ちてい》世界に迷《まよ》いこんでしまう。巨人《きょじん》の身長は4メートル近かったが、親切だった。

親子は巨人《きょじん》たちにめんどうを見てもらって、彼《かれ》らの町を訪《おとず》れた。建物《たてもの》はきらきら輝《かがや》き、不思議《ふしぎ》な力で浮《う》かぶ乗り物が空を飛《と》び、豊《ゆた》かな農産物《のうさんぶつ》で満《み》ちていた。

　こうしてふたりは約《やく》2年間、地球内部の世界を見て回ったが、元の世界に帰る決心をする。

北極《ほっきょく》から入り南極《なんきょく》へ

彼《かれ》らは地底人《ちていじん》たちの案内《あんない》にしたがって、地底《ちてい》世界を出たが、出た先は南極海《なんきょくかい》だった。なんとヤンセン親子は地球の内部を、北から南へ縦断《じゅうだん》したのである。

　だが、南極海《なんきょくかい》に出たのもつかの間、ふたりは遭難《そうなん》してしまう。やがて、父は力つき亡《な》くなったが、オラフは近くを通りかかったスコットランドの捕鯨船《ほげいせん》に奇跡的《きせきてき》に救出《きゅうしゅつ》され、一命を取りとめた。

　オラフは、救助《きゅうじょ》してくれたアーリントン号の乗組員に、自らの体験《たいけん》を語ったが、だれもその話を信《しん》じようとはしなかった。

　しかし、北極海近辺《ほっきょくかいきんぺん》ではヤンセン親子と同様の体験《たいけん》をした船乗りが少なくないのだという。

　にわかには信《しん》じがたく、昔話のひとつと感じずにはいられないが、これは体験談《たいけんだん》として残《のこ》されている話である。

▶地底《ちてい》世界で巨人《きょじん》に遭遇《そうぐう》したヤンセン親子。

現場《げんば》が封鎖《ふうさ》されるほどの機密《きみつ》物体？

超怪奇現象 FILE 025

打ちあげられた怪《かい》球体

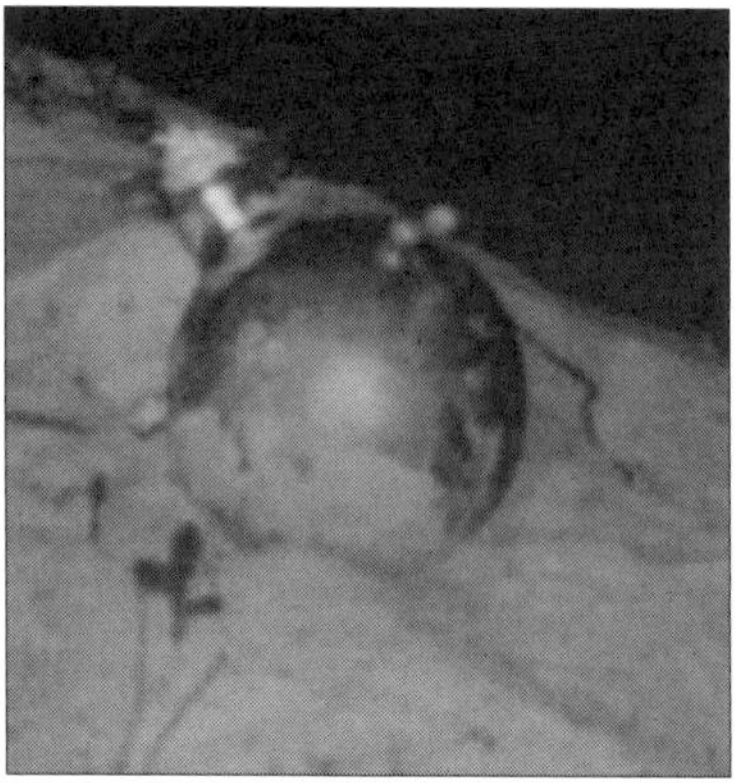

▶にぶい光を放つ謎《なぞ》の怪《かい》球体。

発生地：モルディブ

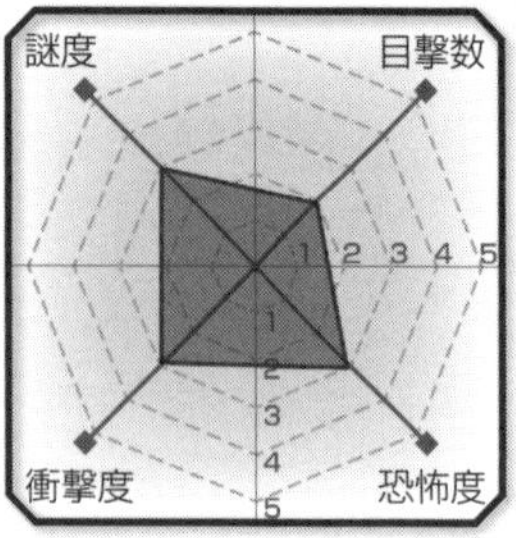

海岸に打ちあげられた怪球《かいきゅう》

2014年3月24日の夕方、インド洋に浮《う》かぶモルディブ共和国《きょうわこく》のハーアリフの海岸に、謎《なぞ》の球形物体が打ちあげられているのを、地元の島民《とうみん》が発見した。

それは、いびつな突起物《とっきぶつ》を持ち、金属製《きんぞくせい》にも見える物体だった。一見しただけでは、これが何かまったくわからなかった。

そこで、発見者は警察《けいさつ》に通報《つうほう》した。警官《けいかん》はすぐにかけつけると、現場周辺《げんばしゅうへん》はなぜか封鎖《ふうさ》されてしまった！

しかし、島民《とうみん》たちの不安《ふあん》を相手にしない警察《けいさつ》は事件後《じけんご》、「適切《てきせつ》に処理《しょり》をし、モルディブ国防軍《こくぼうぐん》に報告《ほうこく》をした」とだけ発表。物体の正体は明らかにされなかった。

低空飛行《ていくうひこう》する飛行機《ひこうき》と関係《かんけい》は？

それにしても、現場《げんば》が封鎖《ふうさ》されてしまうほどの怪物体《かいぶったい》はいったい何だったのか。これと関係《かんけい》があるかもしれない出来事が、物体が発見される少し前に、モルディブ上空で起きていた。

地元の新聞が報《ほう》じた内容《ないよう》によれば、2014年3月8日午前6時15分ごろ、極端《きょくたん》に低空飛行《ていくうひこう》していく旅客機《りょかくき》が目撃《もくげき》された。その飛行機《ひこうき》の垂《すい》直尾翼《ちょくびよく》には、マレーシアの伝統的《でんとうてき》な凧《たこ》の絵が描《えが》かれていたという。

この飛行機《ひこうき》から落ちた物なのだろうか。

なお、謎《なぞ》の怪《かい》球体について、モルディブ国防《こくぼう》軍《ぐん》のスポークスマン、フセイン・アリ少佐《しょうさ》からも発表があった。その内容《ないよう》は、

「この物体に慎重《しんちょう》に対応《たいおう》し、調査《ちょうさ》を引きつづき継続《けいぞく》していく」

という、何だかよくわからないものだった。

怪球《かいきゅう》と飛行機《ひこうき》、謎《なぞ》は深《ふか》まるばかりである。

▲怪球《かいきゅう》発見時の様子。いびつな突起《とっき》があることがわかるだろう。

異《い》次《じ》元《げん》空間から出《しゅつ》現《げん》したのか？

超怪奇現象 FILE 026

降《ふ》ってきた謎《なぞ》の金《きん》属《ぞく》板《ばん》

▲空から落ちてきた謎《なぞ》の金属板《きんぞくばん》。

発生地：アメリカ

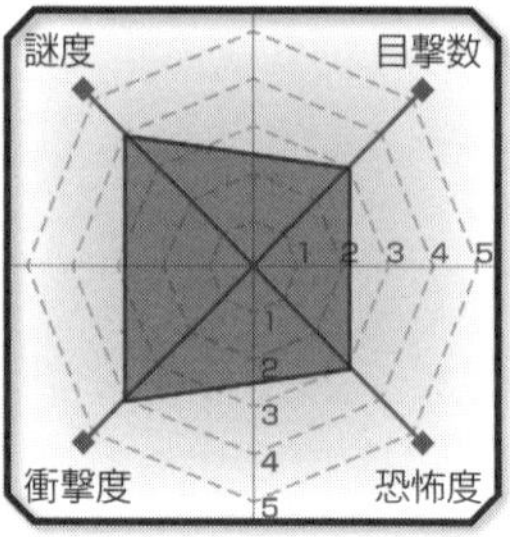

天から正方形の金属板《きんぞくばん》が！

「これ、空から降《ふ》ってきたよね…!?」

アメリカ・ニュージャージー州の介護施設《かいごしせつ》ではたらく職員《しょくいん》たちが、思わず天を見あげたのは、２０１４年10月11日。なんと、空から正方形の金属《きんぞく》の板が落ちてきたからである。

落下した金属板《きんぞくばん》は、ガードレールにぶつかるとはね返って、コンクリートタンクのそばに落ち、それから地面に転がっていって止まった。

金属板《きんぞくばん》の大きさは約《やく》13センチ四方だった。幸い、職員《しょくいん》たちから数メートル離《はな》れた場所に落ちたので、だれにもけがはなかったが、直撃《ちょくげき》するようなことがあれば、まちがいなく死亡事故《しぼうじこ》につながっていただろう。

正体の調査《ちょうさ》が行われたが…

後日、謎《なぞ》の金属板《きんぞくばん》についての調査《ちょうさ》が行われた。

▲スペースシャトルのタイルとも一致《いっち》しなかった。

しかし、金属板《きんぞくばん》が落下してきた日時には、上空には飛行機《ひこうき》をはじめ、いかなる飛行物体《ひこうぶったい》も飛《と》んでいなかったことがわかった。

介護施設《かいごしせつ》の責任者《せきにんしゃ》スティーブン・ブロノウィッチは、この金属板《きんぞくばん》に似《に》たようなものはないかインターネットで調べたところ、スペースシャトルのタイルによく似《に》ていることを突《つ》きとめた。

「おおよそ、似《に》ているといってよさそうだ」

そうブロノウィッチは語るのだが……スペースシャトルといえば、2011年に計画のすべてが終了《しゅうりょう》している。3年後にタイルの落下があることは不自然《ふしぜん》だ。しかも、落下した金属板《きんぞくばん》は、これまで打ちあげられたどのスペースシャトルのタイルとも一致《いっち》しなかったのである。

ならば、この金属板《きんぞくばん》はどこから落ちてきたものなのだろう。もしかすると、異次元空間《いじげんくうかん》から出現《しゅつげん》したのかもしれない。

日本各地《かくち》で起きた
電気ミステリー

超怪奇現象
FILE
027

電線火災《かさい》同時多発事件《じけん》！

▲熊本県《くまもとけん》の漏電《ろうでん》被害《ひがい》。煙《けむり》が上がっている。

発生地：日本

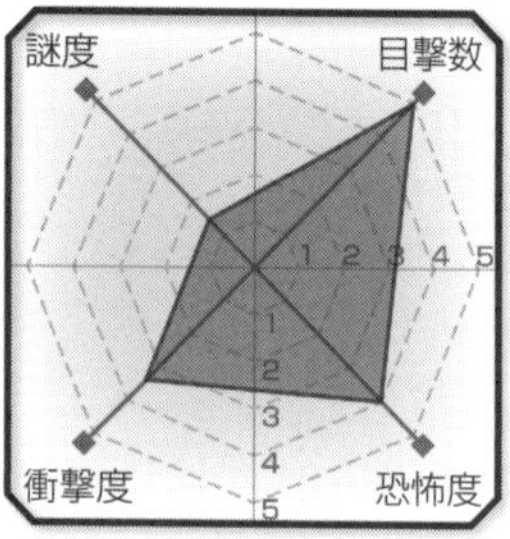

九州地方で起きた大漏電《だいろうでん》

「大変《たいへん》です、電線が火花を散《ち》らしています」

そんな通報《つうほう》が九州地方北部であいついだのは、2012年4月10日朝から11日夕方にかけてのことだ。このとき、場所によっては火花だけでなく、火をふいたり、電柱から煙《けむり》が出ている所もあった。

九州電力によれば、電線から火花が出るトラブルは、4月3日に日本に吹《ふ》きあれた爆弾低気圧《ばくだんていきあつ》による強風が原因《げんいん》だという。この風が海から塩分を運び、10日に降《ふ》った雨によって漏電《ろうでん》したというのである。

だが、それでも異常《いじょう》というしかない。なぜなら、電線火災《かさい》は九州7県で866件《けん》、停電《ていでん》が262件《けん》起きたからだ。これだけの広い地域《ちいき》で同時多発的《たはつてき》に漏電《ろうてん》など起こるものだろうか。

▲佐賀県《さがけん》の電線火災《かさい》では、電線が火花を散《ち》らした。

電線は簡単に漏電《ろうでん》するのか

しかも、この同時多発的《たはつてき》な電線火災《かさい》は九州《きゅうしゅう》だけにとどまらなかった！

10日夕方から11日午前には広島県《ひろしまけん》や岡山県《おかやまけん》でも起こっていた。広島県《ひろしまけん》では約30戸が停電。さらに、遠く宮城県《みやぎけん》でも同様の報告《ほうこく》があった。

つまり、この同時多発漏電《ろうてん》は日本全国で起きていたのである。その原因《げんいん》もまた、口をそろえたように、九州電力の回答と同じで、３日の強風により、塩分が電線につき、10日の雨で漏電《ろうてん》。

だが、そもそも電線とは、海風の塩分くらいで簡単《かんたん》に漏電《ろうてん》してしまうものなのだろうか。ならば、なぜ今まで同様のことが起こらなかったのだろう。

これはミステリー事件《じけん》というほかない。

都市伝説《としでんせつ》は事実だったのか!?

超怪奇現象
FILE
028

ガスマスクの怪人《かいじん》

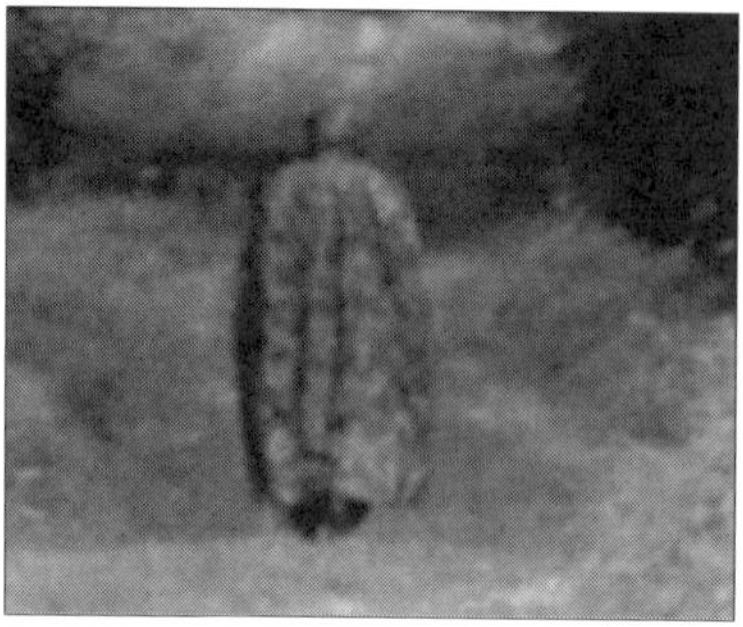

▶ガスマスクの怪人《かいじん》の後ろ姿《すがた》。

発生地：スイス

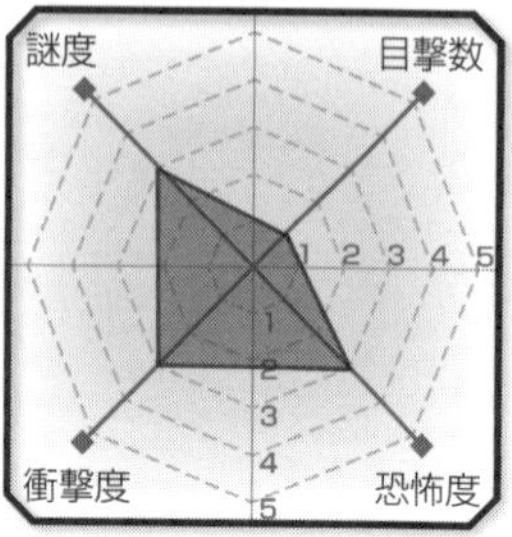

森林地帯《ちたい》にひそむ怪人《かいじん》の姿《すがた》

2013年8月、ある1枚《まい》の写真がスイスで話題になった。それは、ガスマスクのようなもので顔をおおい、軍服《ぐんぷく》をまとった異様《いよう》な姿《すがた》をした怪人《かいじん》のものだった。

じつはスイス西部の森林地帯《ちたい》マウレ・フォレストでは、そのような姿《すがた》をした怪人《かいじん》の目撃《もくげき》がこの10年続《つづ》いており、人々を不安《ふあん》におとしいれているという。

また、怪人《かいじん》を直接目撃《ちょくせつもくげき》した人によれば、ガスマスクの下は暗く、目も顔もないのだという。

はたして、今回撮影《さつえい》されたガスマスクの怪人《かいじん》は、本物なのだろうか？　あるいはだれかのいたずらなのだろうか？　もし事実なら都市伝説《でんせつ》ではなかった可能性《かのうせい》が高まる。

超怪奇現象 FILE 029

かけぬける姿《すがた》が中継《ちゅうけい》された！

スタジアムの幽霊《ゆうれい》サポーター

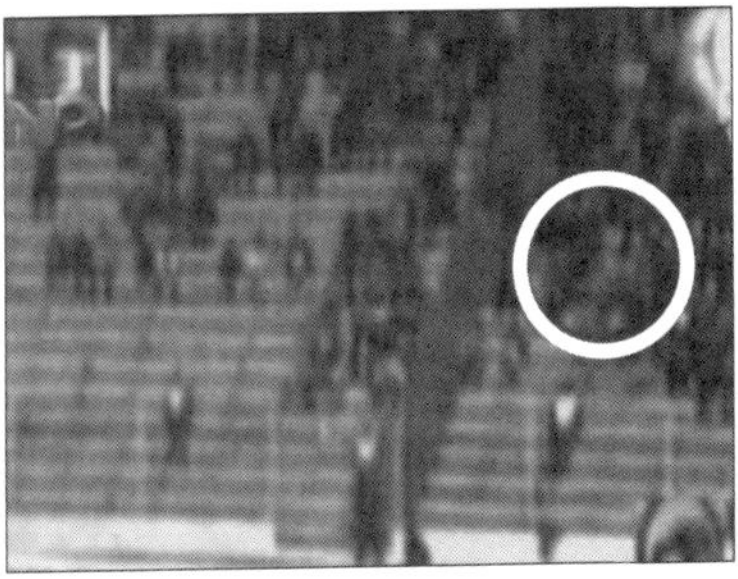

▶幽霊《ゆうれい》サポーターが観客席《かんきゃくせき》をかけ、フェンスを通りぬける。

発生地：ボリビア

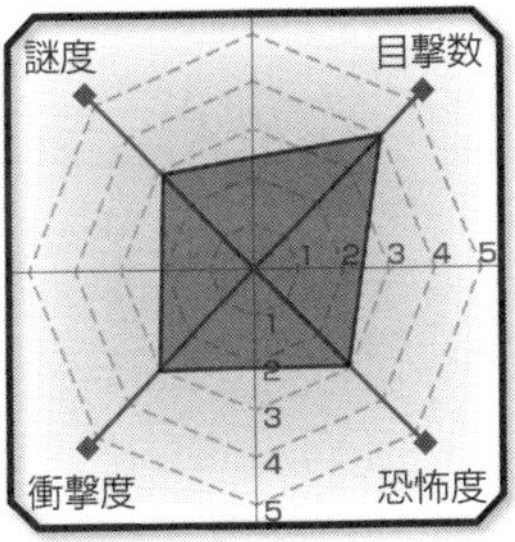

テレビに映《うつ》った幽霊《ゆうれい》

ボリビアのラパスにあるエルナンド・シレス競技場《きょうぎじょう》は、通路で幽霊《ゆうれい》が目撃《もくげき》されるなど、以前《いぜん》から怪奇的《かいきてき》なうわさがあった。

その競技場《きょうぎじょう》で、2014年4月17日、観客席《かんきゃくせき》をかけぬける幽霊《ゆうれい》の姿《すがた》が、テレビ中継《ちゅうけい》のカメラにとらえられた。黒い影《かげ》の幽霊《ゆうれい》は、画面の左から右を十数秒でかけぬけ、途中《とちゅう》のフェンスをすりぬけたのだ。

この映像《えいぞう》を見た人々は、「幽霊《ゆうれい》サポーターが出現《しゅつげん》した！」と驚《おどろ》きの声を上げている。

世界各地《かくち》に現《あらわ》れる謎《なぞ》の現象《げんしょう》

超怪奇現象 FILE 030

メキシコの光の渦《うず》

▲メキシコに現《あらわ》れた謎《なぞ》の光の渦《うず》。

発生地：メキシコ

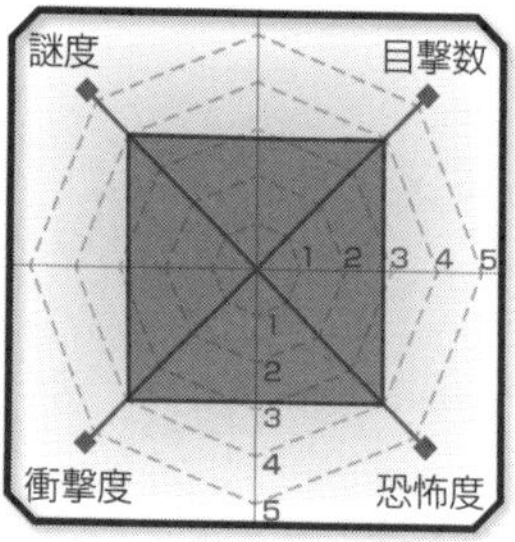

異様《いよう》な光の渦《うず》が出現《しゅつげん》

「あの光は何だ？　渦《うず》まいているぞ！」

２０１４年３月、メキシコ・オアハカ州上空にとつじょ、謎《なぞ》の光の渦《うず》まきが出現《しゅつげん》！　それを見た住民《じゅうみん》たちは恐怖《きょうふ》につつまれた。

それは青い渦《うず》だが、見るからに不気味《ぶきみ》なものだった。その様子は、ロシアのテレビ局で報《ほう》じられ、その後、動画サイトにアップされている。

これとよく似《に》た光の渦巻《うずま》き現象《げんしょう》は、２００９年12月９日にノルウェーでの目撃《もくげき》を皮切りに、オーストラリア、ニュージーランド、モンゴル、中国などにも出現《しゅつげん》している。何が原因《げんいん》で起こるのかはまったく不明《ふめい》の謎《なぞ》の現象《げんしょう》である。

異次元《いじげん》からしみ出た物質《ぶっしつ》か？

超怪奇現象 FILE 031

黄緑色の粘着物質《ねんちゃくぶっしつ》

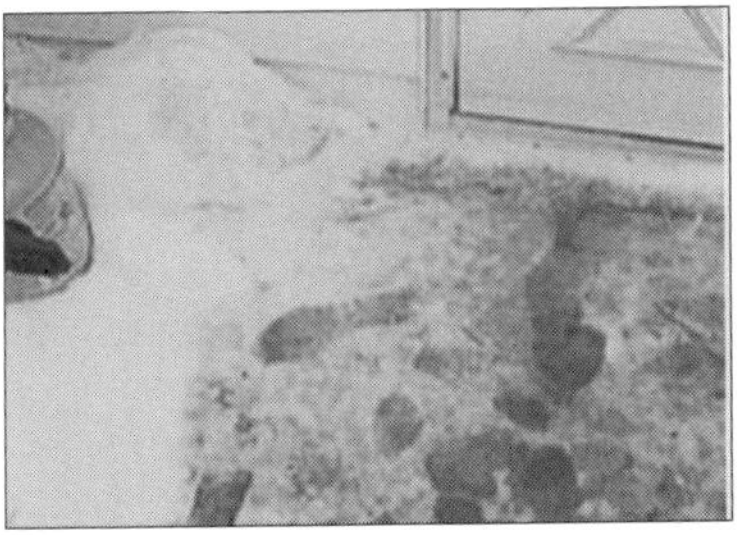

▶ニューヨークに降《ふ》りそそいだ粘着物質《ねんちゃくぶっしつ》。軒《のき》ではつらら状《じょう》に。

発生地：アメリカ

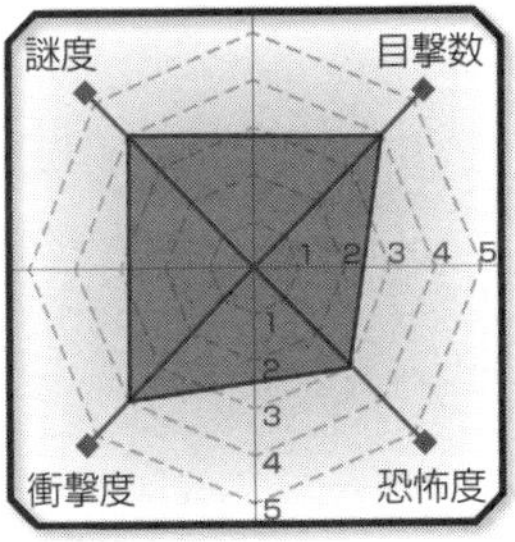

正体不明《しょうたいふめい》の物質《ぶっしつ》が降《ふ》りそそぐ

専門家《せんもんか》にも、まったく何なのか正体がわからない物体が、2011年1月18日、アメリカ・ニューヨーク州のある町に降《ふ》りそそいだ。

それは、不気味《ぶきみ》な黄緑色の液状物質《えきじょうぶっしつ》で、住宅《じゅうたく》街《がい》の壁《かべ》や歩道にくっついたり、つららのように軒先《のきさき》に垂《た》れさがっていた。

アメリカ連邦航空局《れんぽうこうくうきょく》は、「少なくとも飛行機《ひこうき》から落ちた排泄物《はいせつぶつ》ではない」としているが、それ以上《いじょう》は謎《なぞ》である。異次元《いじげん》からしみだした物質《ぶっしつ》なのだろうか？　続《ぞく》報《ほう》が待たれる。

超《ちょう》ミステリー　COLUMN《コラム》

幽霊《ゆうれい》が大量出現《たいりょうしゅつげん》する国!?

２０１１年３月、イギリスの有力紙『デイリー・テレグラフ』で、驚《おどろ》くべきデータが公表された。なんと、イギリス人の４人にひとりは、幽霊《ゆうれい》の存在《そんざい》を身近に感じたことがあり、実際《じっさい》に目撃《もくげき》した人数は人口全体の17％、１１００万人以上《いじょう》にのぼるというのである。これは、イギリスのハートフォードシャー大学の心理学者リチャード・ワイズマン教授《きょうじゅ》が行った調査《ちょうさ》による数値《すうち》だ。

ワイズマン教授《きょうじゅ》によれば、イギリスで幽霊《ゆうれい》を目撃《もくげき》した人の数は、近年、極端《きょくたん》に増《ふ》えているという。１９５０年代に人口全体の７パーセントだったという目撃者《もくげきしゃ》数は、１９９０年代には14パーセント。つまり２倍に増加《ぞうか》しているというのである。

これは、幽霊《ゆうれい》がそれだけ多く出現《しゅつげん》しているのか、それとも幽霊《ゆうれい》が見える人の数が増《ふ》えているのだろうか。

ただ、イギリスの怪奇現象《かいきげんしょう》の報告《ほうこく》は、近年、多発していることは事実である。だとすれば、いったい、イギリスで何が起きているのだろうか？　さらにくわしい報告《ほうこく》を待ちたい。

▲イギリスの心霊《しんれい》スポットとしても知られるロンドン塔《とう》。

第3章 人体・物体の怪《かい》現《げん》象《しょう》

人体・物体の怪現象
001

妖精《ようせい》が残《のこ》した小さなプレゼント

ベアラ半島の妖精《ようせい》の靴《くつ》

遭遇場所：アイルランド

謎度	★★★★
目撃数	★★★★★
衝撃度	★★
恐怖度	★

労働者《ろうどうしゃ》が発見した小さな靴《くつ》

妖精《ようせい》は実在《じつざい》するのだろうか？　世界各地《かくち》で報《ほう》告《こく》される妖精《ようせい》の写真や目撃証言《もくげきしょうげん》は数多いが、なかには「妖精《ようせい》が置《お》いていった物」が見つかった事件《じけん》もある。とくに有名なのが、アイルランドベアラ半島で発見された〝妖精《ようせい》の靴《くつ》〟だ。

1885年、ベアラ半島の山深い奥地《おくち》の山道で、ある労働者《ろうどうしゃ》が作業しているときのこと。

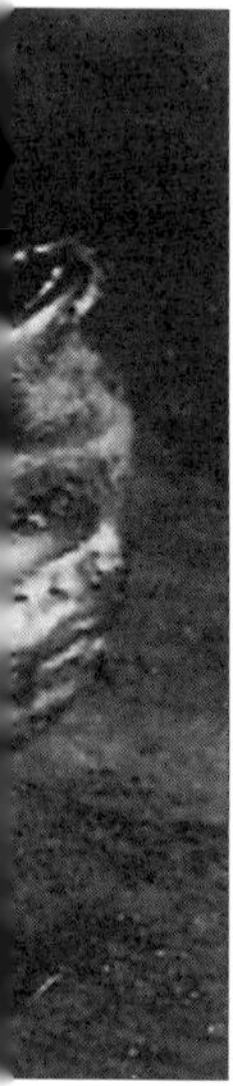

「お？　何だろう、これは？」

労働者《ろうどうしゃ》が落ちていた物をひろうと、それは長さ7・5センチ、幅《はば》2・5センチほどの小さな靴《くつ》だった。「子どもが人形遊びをして忘《わす》れていったのかな？」

最初《さいしょ》はそう思った。しかし、「待てよ、こんな険《けわ》しい山奥《やまおく》に子どもが来るか？」労働者《ろうどうしゃ》がその靴《くつ》をよく見てみると、靴《くつ》はかなりはきこまれ、かかとがすり減《へ》っていた！

幸福になる妖精《ようせい》の道具

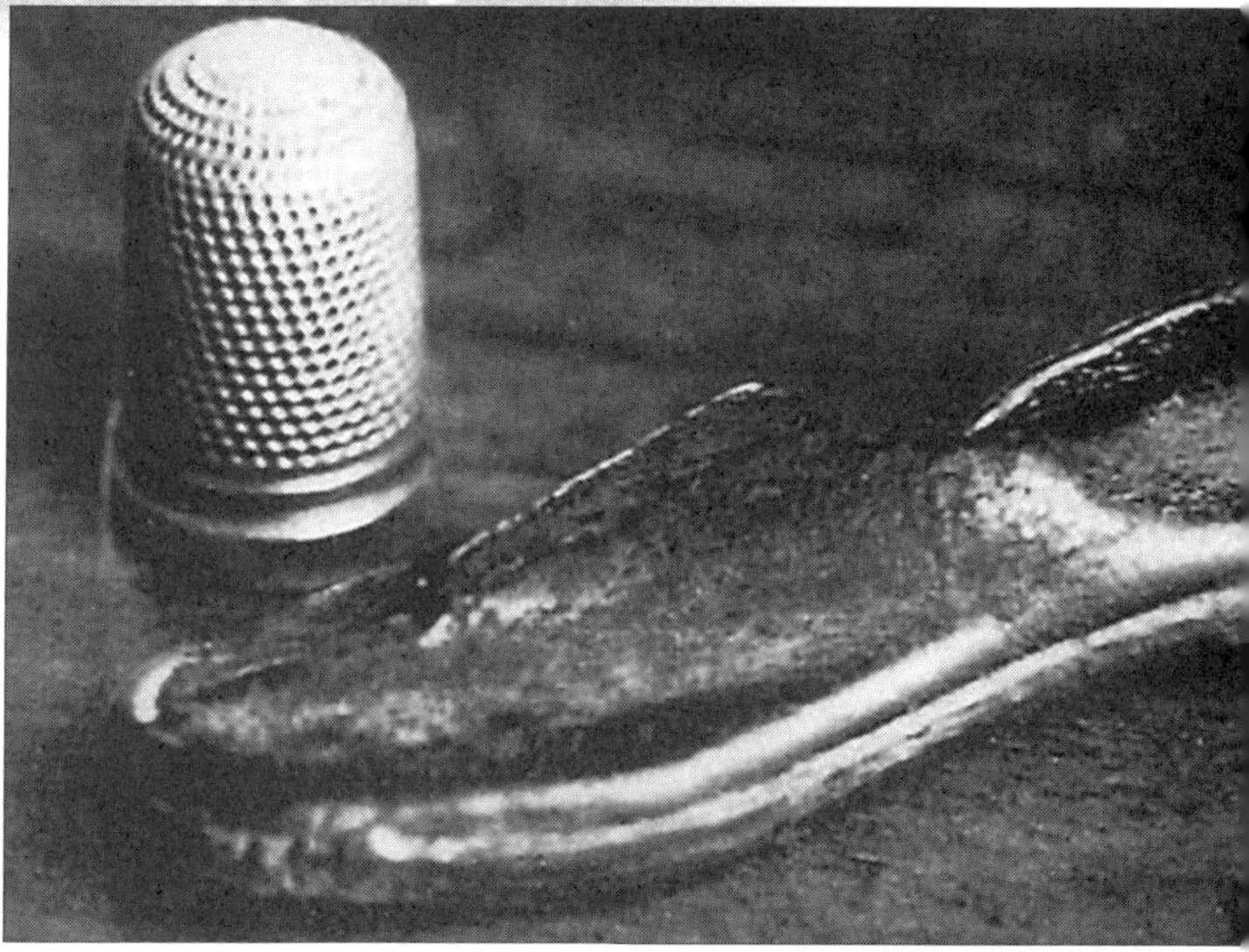

▶ベアラ半島で労働者《ろうどうしゃ》が発見した、妖精《ようせい》の靴《くつ》。

やがてこの靴《くつ》はアメリカのハーバード大学で、顕微鏡検査《けんびきょうけんさ》されることになった。

その結果《けっか》、靴《くつ》は手ぬいで、小さなぬい目や靴《くつ》ひもを通す穴《あな》があることがわかった。材質《ざいしつ》はネズミの皮だった。じつはこのような「妖精《ようせい》の落とし物」は、イギリスやアイルランドで、たびたび見つかっているという。2センチに満《み》たない小さな鏡《かがみ》やパイプ、カップやお皿、石に穴《あな》を開けるための道具、三日月形の刃《は》をしたノコギリなども見つかっている。

ちなみに、妖精《ようせい》が作った道具を発見すると、幸運になるという、うわさもあるそうだ。

もちろん、これらの道具は人間によって作られたものだ、という説《せつ》もあるが、人間が小さく作ったにしては精巧《せいこう》にできすぎている。やはり妖精《ようせい》の物だと考えた方が、夢《ゆめ》が広がって楽しくならないだろうか？

呪《のろ》いの言葉が刻《きざ》まれた彫刻《ちょうこく》
災《わざわ》いをもたらす石

遭遇場所：イングランド

謎度	★★★★
目撃数	★★★★★
衝撃度	★★★
恐怖度	★★★

世界最長《さいちょう》の呪《のろ》いの言葉

2011年11月18日、イングランドで「呪《のろ》いの石」と呼《よ》ばれる芸術《げいじゅつ》作品を撤去《てっきょ》しようとしたジム・トゥール議員《ぎいん》が、とつぜん、心臓発作《しんぞうほっさ》で急死するという奇怪《きかい》な事件《じけん》が起きた。

石はゴードン・ヤングという彫刻家《ちょうこくか》が2001年に制作《せいさく》した作品で、現在《げんざい》は、北西イングランドのカーライル城《じょう》近くの地下道に置《お》かれている。この石には、1525年にグラスゴーの大《だい》司教《しきょう》だった、ギャビッド・ダンバーの残《のこ》した1069語の呪《のろ》いの言葉のうち、300語ほどが刻《きざ》まれている。

呪《のろ》いの言葉といっても、世の中を呪《のろ》う言葉ではなく、ならず者たちに向けられた、人を守るため

▶急死したジム・トゥール議院《ぎいん》。

▲北西イングランドのカーライル城《じょう》のすぐそばにある地下道に置《お》かれた呪《のろ》いの石。

の言葉である。なお、1069語の呪《のろ》いの文章は、世界最長《さいちょう》とされている。

急死は呪《のろ》いのせいなのか？

「2005年に地元で起きた、洪水《こうずい》という不《ふ》幸《こう》な出来事は呪《のろ》いの石のせいではないか。また、2001年の口蹄疫《こうていえき》（家畜《かちく》がかかる病気）の広がりもこの石のせいにちがいない。だから早急に撤去《てっきょ》しよう」

というトゥール議院《ぎいん》の提案《ていあん》は、その奇抜《きばつ》さから世界中のマスコミから注目された。しかし、まともに相手にされることなく、議会《ぎかい》で否決《ひけつ》されてしまった。そして数年後の急死である。呪《のろ》いの石との関連性《かんれんせい》は不明《ふめい》だが、この不可解《ふかかい》な事件《じけん》によって、逆《ぎゃく》に呪《のろ》いの石の力がクローズアップされてしまったようだ。

人体・物体の怪現象
003

その掛《か》け軸《じく》は生きているのか!?
目を見開いた生首画

遭遇場所：日本

謎度
★★★★
目撃数
★★★★★
衝撃度
★★★★★
恐怖度
★★★★★

うめき声をあげる掛《か》け軸《じく》

1976年8月20日、とある朝の情報《じょうほう》番組でのことである。番組で取りあげられた生首の絵が、あろうことか放送中に目を見開いた、という衝撃的《しょうげきてき》な事件《じけん》が起きた。

問題の絵は、江戸《えど》時代末期《まっき》に、京都町奉行所《きょうとまちぶぎょうしょ》の役人だった渡邊金三郎《わたなべきんざぶろう》が、近江《おうみ》（現在《げんざい》の滋賀《しが》県《けん》）で暗殺《あんさつ》されたときに描《えが》かれたもの。遺体《いたい》の身元を確認《かくにん》するため、幕府《ばくふ》が、切られた生首の絵を記録《きろく》したもので、血の色には遺体《いたい》の血液《けつえき》が使われたという。

この掛《か》け軸《じく》は、1972年に青森県弘前市《ひろさきし》の詩人が京都の古書店で見つけて購入《こうにゅう》し、自宅《じたく》に持ちかえりタンスにしまっていた。

ところが、奇妙《きみょう》なことが起きはじめた。なんと、タンスのある部屋で寝《ね》ていた詩人の母親が、おそろしいうめき声を何度も聞いたのである。詩人も試《ため》しに寝《ね》てみると、やはり自分にも聞こえてきた。この掛《か》け軸《じく》をおそれた詩人は、同市の正伝寺《しょうでんじ》に相談《そうだん》。住職《じゅうしょく》は掛《か》け軸《じく》に邪気《じゃき》を感じたので、3日間にわたりお経《きょう》をあげ、寺の奥《おく》に安《あん》置《ち》したというのである。

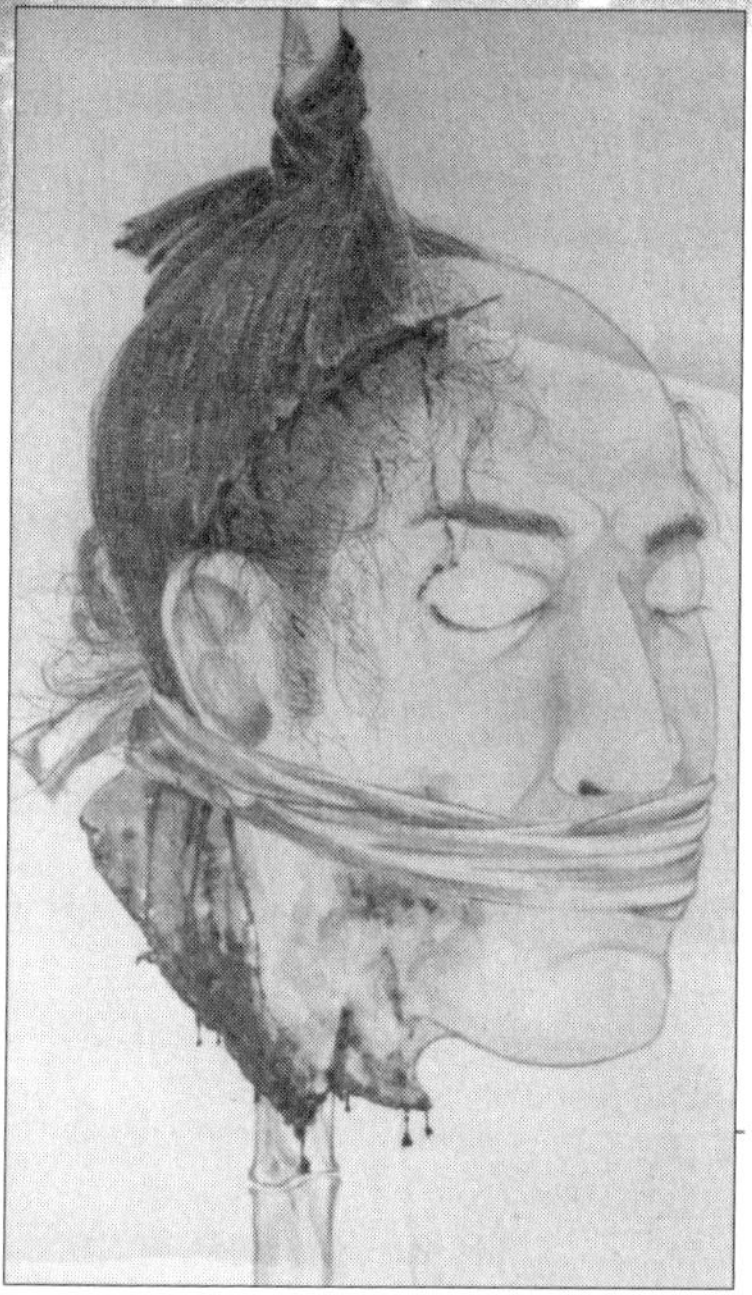

▲金三郎《きんざぶろう》の掛《か》け軸《じく》（左）は、生放送中に目を見開いた（右）。

目を開け、動かしていた！

生放送中に、閉《と》じて描《えが》かれたはずの目を開いた生首の絵は、しばらくの間カメラをにらみつけていたが、スタッフはそれに気がつかず、49秒もの間、放送が続《つづ》けられた。番組を見ていた視聴者《しちょうしゃ》は驚《おどろ》き、テレビ局《きょく》には問い合わせが殺到《さっとう》したという。

のちには検証《けんしょう》番組も放送され、

「カメラのレンズについた虫のせいで、目を開けたように見えたのでは」

と言われたが、すぐに否定《ひてい》された。なんと、あたりを見渡《みわた》すように目が動いていたことが、新たに確認《かくにん》されたからである。

怪奇現象《かいきげんしょう》をもたらす呪《のろ》われた絵
『もだえ苦しむ男』

遭遇場所：
イギリス

謎度
★★★

目撃数
★★★

衝撃度
★★★★

恐怖度
★★★★

血を使って描《えが》かれた絵

「呪《のろ》いの絵」と呼《よ》ばれる絵が、世界各地《かくち》に数多くあることを、きみは知っているだろうか？

そんな「呪いの絵」のなかで近年、大きな話題を集めている1枚《まい》の油絵を紹介《しょうかい》しよう。

作品のタイトルは『もだえ苦しむ男』。作者はなんと、自分の血を絵の具にまぜてこの絵を描《えが》き、完成《かんせい》と同時に自殺《じさつ》したのだという。

現在《げんざい》、この絵はイギリス在住《ざいじゅう》のショーン・ロビンソンが所有している。もともとは彼《かれ》の祖母《そぼ》が、友人からゆずりうけ、それをショーンが気に入ってしまい、もらいうけたのだ。祖母《そぼ》から、

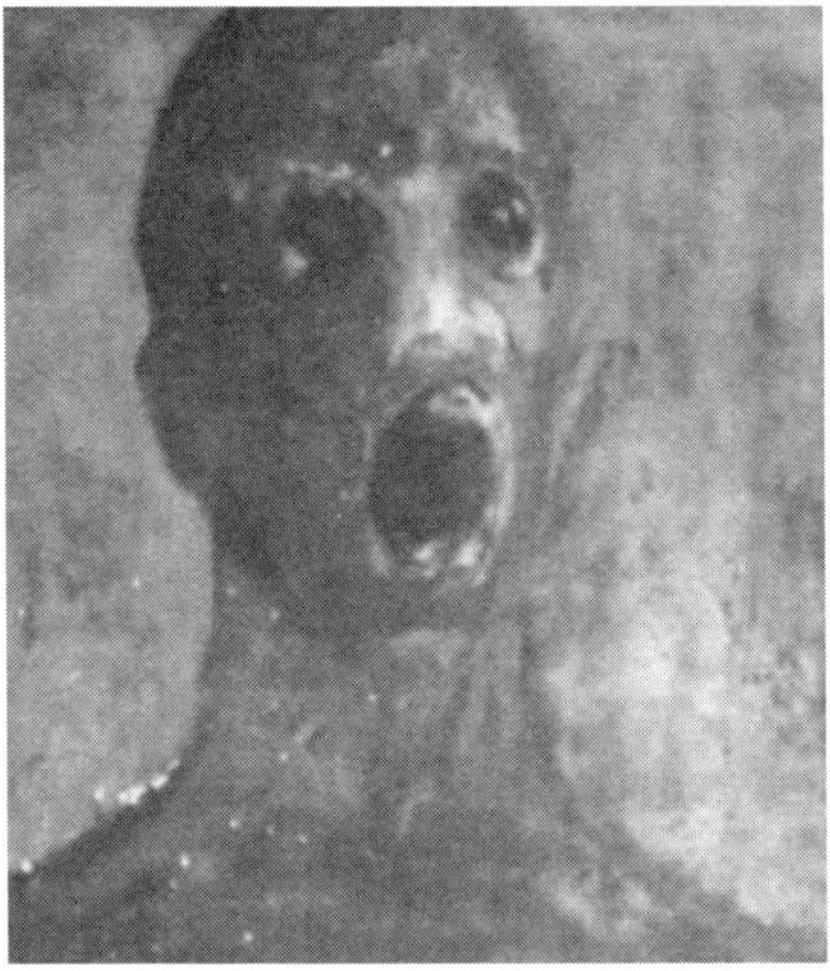

▲ショーンが所有する『もだえ苦しむ男』。

「この絵を持っていると、怪奇現象《かいきげんしょう》が起こるから、持っていかないほうがいい」
と警告《けいこく》されたにもかかわらず……。

▲絵の前に監視《かんし》カメラを置《お》いたところ、白いものが横ぎった。

そして、祖母《そぼ》の言ったとおりショーンの家で、怪奇現象《かいきげんしょう》が始まった。

絵が怪奇現象《かいきげんしょう》を引きおこす

最初《さいしょ》は、まるでだれかが壁《かべ》をたたいたり、ひっかいたりするような音が鳴りひびきだした。さらに寝室《しんしつ》のベッドの足もとに、だれかが立っているような気配を感じ、ささやき声を聞くようになった。ショーンはしだいに不気味《ぶきみ》なものを感じ、絵が置《お》いてある部屋に監視《かんし》カメラをセットし、24時間この絵を撮影《さつえい》した。すると、驚《おどろ》くべきものが映《うつ》っていた。白いもやのような物体が、絵の前を通過《つうか》していったのである。

やはりこの絵に、何かがあることはまちがいないようだ。もしかすると、絵を描《えが》きあげて自殺《じさつ》した作者の怨念《おんねん》なのかもしれない。

人体・物体の怪現象005

恐怖《きょうふ》のうわさが広まる絵画 世界一おそろしい絵

遭遇場所：ポーランド 中国

謎度 ★★★

目撃数 ★★★★

衝撃度 ★★★★★

恐怖度 ★★★★★

3回見ると死ぬ絵

ポーランドの画家に、ズジスワフ・ベクシンスキーという人物がいた。彼《かれ》が2005年に、友人の息子らに殺害《さつがい》されるまで制作《せいさく》を続《つづ》けたその絵には、死や絶望《ぜつぼう》などが描《えが》かれていた。それらは不気味《ぶきみ》かつ美しかったため、ベクシンスキーは「終焉《しゅうえん》の画家」とも呼《よ》ばれていた。

そんな彼《かれ》の絵のなかでも、とくにおそろしいものがある。それが「いすの上に女性《じょせい》の生首が乗った絵」だ。なんと、この絵を3回見ると、見た者は死んでしまうというのである。

そのため、世界でもっとも有名な「呪《のろ》われた絵」のひとつに数えられている。

▲「いすの上に女性《じょせい》の生首が乗った絵」。

所有者がかならず不幸《ふこう》になる！

このベクシンスキーの絵よりも、さらにおそろしいと、現在《げんざい》、うわさになっている絵がある。それが左の絵である。この絵は、東南アジアの某国《ぼうこく》に実在《じつざい》した人妻《ひとづま》を描《えが》いたものだ。その絵のモデルとなった女性《じょせい》は、夫《おっと》が愛人《あいじん》を作り、絶望《ぜつぼう》のはてに自殺《じさつ》してしまったのだという。

その悲劇《ひげき》のあと、女性《じょせい》のこの世のものとも思えない美しさから、絵を買いたいという人が続出《ぞくしゅつ》した。ところが、絵を所有した人は、かならず精神的《せいしんてき》な病をわずらい、治療法《ちりょうほう》のわからない謎《なぞ》の病気を発症《はっしょう》し、薬もきかないために苦しみぬいて死んでいったのである。

なお、この絵は「世界一こわい絵」というふれこみで、中国のネット掲示板《けいじばん》で公開された。これをきっかけに、見た者は所有者のように不幸《ふこう》になる、というものから、男性《だんせい》が夜中にこの絵をしばらく見つめていると、絵がほほえみかけてくる、といったものまでさまざまなうわさが広まった。

それにしても不幸《ふこう》をもたらす原因《げんいん》は、モデルとなった人妻《ひとづま》の怨念《おんねん》なのだろうか。

▲見ると不幸《ふこう》になる女性《じょせい》の絵。

人体・物体の怪現象
006

地獄《じごく》の支配者《しはいしゃ》が取りついた人形
キャベツ畑人形の悪霊《あくりょう》

遭遇場所：アメリカ

謎度	★★★
目撃数	★
衝撃度	★★★
恐怖度	★★★★★

キャベツ畑人形から腐臭《ふしゅう》が

1983年、アメリカ・コネチカット州で、人形がおそろしいポルターガイスト現象《げんしょう》を巻《ま》きおこした。その人形は、かつてアメリカで爆発《ばくはつ》的《てき》に売れた「キャベツ畑人形」。なんと、この人形に悪霊《あくりょう》が乗りうつったのである！

同州在住《ざいじゅう》の女性《じょせい》アンナ・ベリーは、その年の12月、クリスマス・プレゼントでキャベツ畑人形をもらった。彼女《かのじょ》はその人形をかわいがった。

しかし、数日後から奇妙《きみょう》なことが起きた。ベッドに寝《ね》かせておいた人形が、別《べつ》の部屋に転がっていたのだ。

「あれ？　わたしこんな所に置《お》いたかしら」

不思議《ふしぎ》に思ったアンナが人形を抱《だ》きあげると、

「うっ！」

とつぜん、卵《たまご》が腐《くさ》ったような悪臭《あくしゅう》に、はき気を覚《おぼ》えたのである。

それがきっかけであるかのように、怪異《かいい》が始まった！　夜になれば食器棚《しょっきだな》から皿やカップがひとりでに飛《と》びだし、家具が勝手に動く。部屋の電気はついたり消えたり、壁《かべ》をたたいたりするような音がした。ポルターガイスト現象《げんしょう》である。

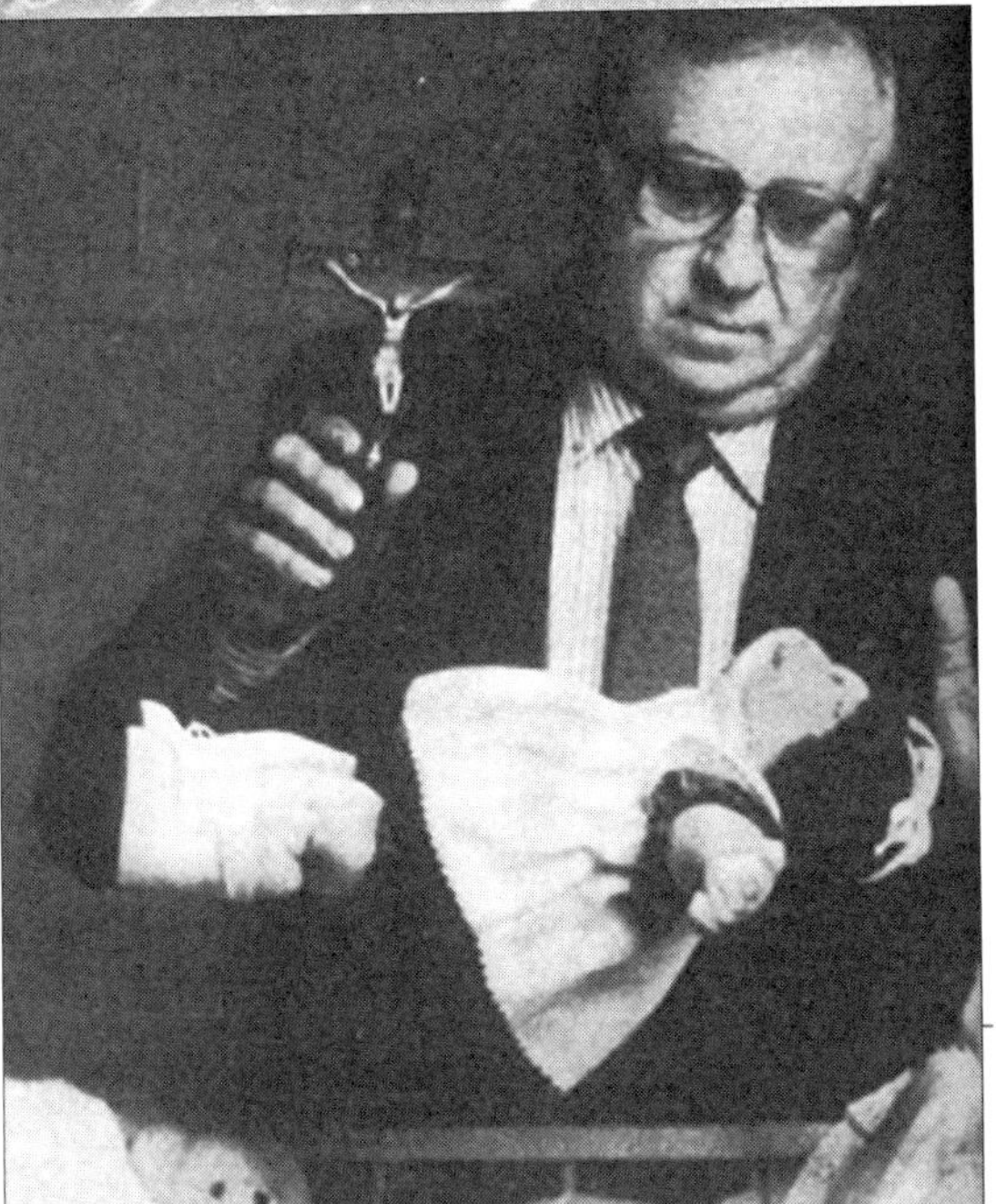

▲キャベツ畑人形の悪霊《あくりょう》をはらう、エド・ウォーレン。

人形がしゃべった！

やがて、決定的《けっていてき》なことが起きた。なんとキャベツ畑人形が、うめき声をあげベッドの上に立ちあがったのだ。それを見たアンナを、人形が目を真っ赤にしてにらみつけ、こう言った。

「わたしは人形ではない。地獄《じごく》から来た支配者《しはいしゃ》なのだ」

アンナはおそろしさから、ついにエクソシストのエド・ウォーレンに救《すく》いを求《もと》めた。

ウォーレンがアンナの家にかけつけたとき、人形はベッドから20センチの高さに浮《う》きあがり、敵意《てきい》をむきだしにしていた。ウォーレンはすぐに十字架《じゅうじか》を振《ふ》り、十字を切ると人形は落下して、その動きを止めた。その後人形は聖水《せいすい》をかけて埋葬《まいそう》され、事件《じけん》は解決《かいけつ》をみたのだった。

人体・物体の怪現象007

見たと同時に僧侶《そうりょ》が亡《な》くなった！
日本最古《さいこ》の心霊《しんれい》写真

遭遇場所：日本

謎度	★★★
目撃数	★★★★
衝撃度	★★★
恐怖度	★★

住職《じゅうしょく》がもだえ死にした写真

心霊写真《しんれいしゃしん》といえば、霊《れい》の姿《すがた》が写りこんだ写真のことだが、日本最古《さいこ》の心霊《しんれい》写真といわれるものがある。それが、左ページの画像《がぞう》だ。

1879年、横浜《よこはま》市にすんでいた三田弥一《みたよいち》という写真師《しゃしんし》が撮影《さつえい》したもので、被写体《ひしゃたい》は保土ケ谷《ほどがや》の天徳院《てんとくいん》という寺の住職《じゅうしょく》である。住職《じゅうしょく》の顔の横に、女性《じょせい》らしき影《かげ》が写っているのがわかるだろう。

じつはこの日本最古《さいこ》の心霊《しんれい》写真には、いわくがある。なんと、住職《じゅうしょく》は、この写真に写った女《じょ》性《せい》を見た瞬間《しゅんかん》、びっくりしたあまり、もだえ苦しんで亡《な》くなってしまったというのである。

はたして、この女性《じょせい》の正体とはいったいだれなのだろうか？

妻《つま》の呪《のろ》いが発動したのか？

女性《じょせい》の正体については、古い話でもあり、いくつかの説がある。そのひとつが、住職《じゅうしょく》の妻《つま》だというものだ。ある質屋《しちや》の娘《むすめ》が、住職の元に嫁《とつ》いできた。しかし、夫婦《ふうふ》の仲《なか》は悪く、また、妻《つま》は病気がちで寝こむことも多かった。しだいに嫌気《いやけ》のさしてきた住職《じゅうしょく》は、看病《かんびょう》もせず、水すらもあたえずに妻《つま》を衰弱《すいじゃく》死《し》させたというのである。妻《つま》は亡《な》くなる直前、住職《じゅうしょく》にこう言った。

「覚《おぼ》えていろよ、今に取りついてやる」

その後、横浜《よこはま》で三田弥一《みたよいち》に写真を撮《と》ってもらった住職《じゅうしょく》は、現像《げんぞう》した写真に亡《な》き妻《つま》が写りこんでいることに気がつき、妻《つま》の亡《な》くなる前に残《のこ》した言葉を思いだし、その恐怖《きょうふ》から亡《な》くなってしまったというのだ。

当時この話は、新聞にも取りあげられた、かなり有名な事件《じけん》だったという。

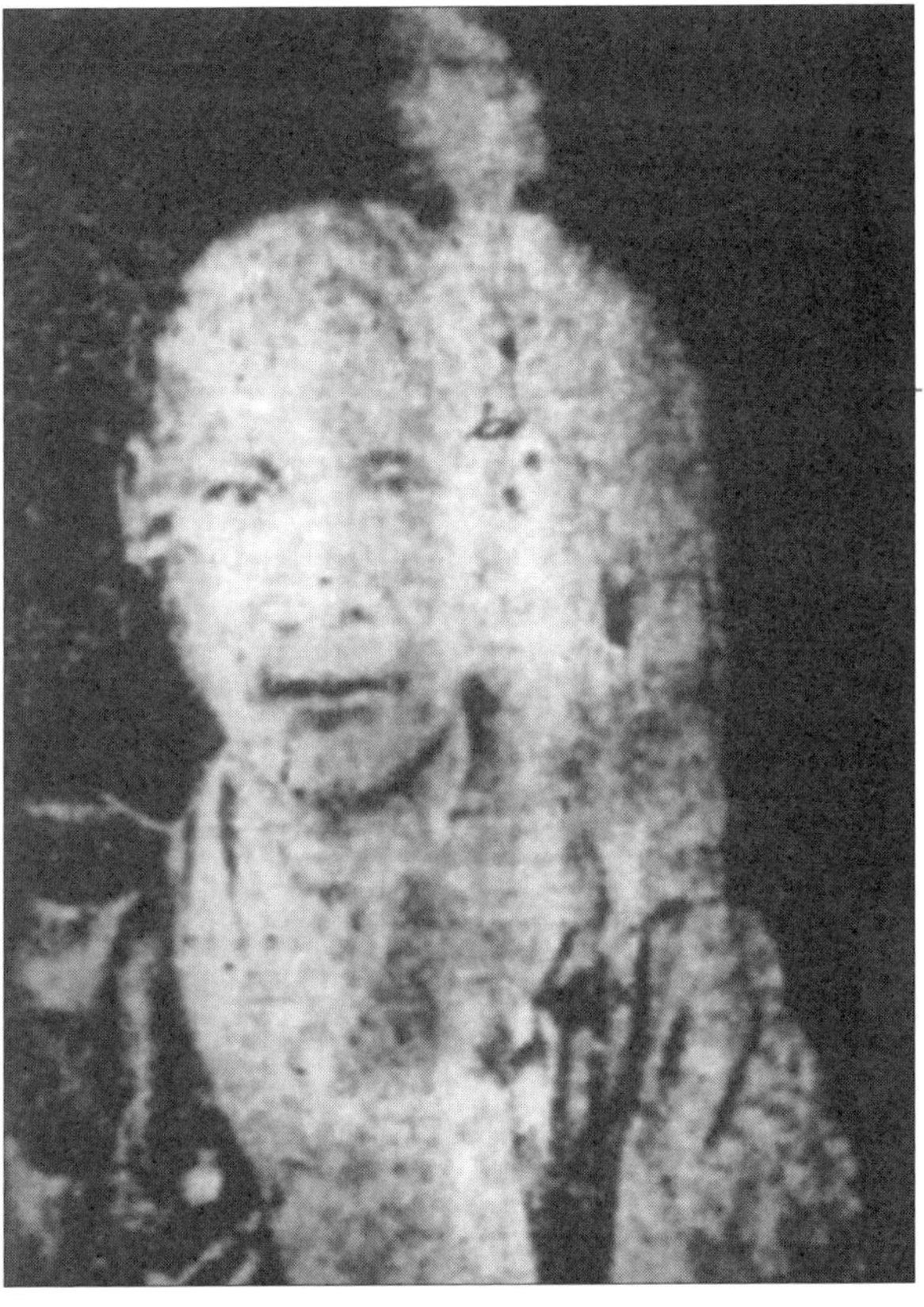

▶写真師《しゃしんし》、三田弥一《みたよいち》が撮影《さつえい》した日本最古《さいこ》の心霊《しんれい》写真。住職《じゅうしょく》の背後《はいご》に女性《じょせい》の姿《すがた》が。

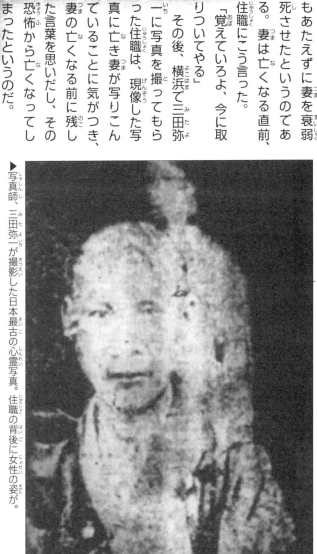

人体・物体の怪現象
008

移動《いどう》をきっかけに奇跡《きせき》が起きた
涙《なみだ》を流す観音像《かんのんぞう》

遭遇場所：日本

謎度	目撃数	衝撃度	恐怖度
★★	★★★★	★★★	★★

大量《たいりょう》の涙《なみだ》が流れだした！

聖母《せいぼ》マリアやキリストの聖像《せいぞう》や聖画《せいが》が、あるときとつぜん、涙《なみだ》を流すという奇跡《きせき》の現象《げんしょう》は、1章でも見てきたとおりだが（80ページ〜）、日本でも観音像《かんのんぞう》が涙《なみだ》を流すという奇跡《きせき》が起こっている。それが、兵庫県《ひょうごけん》たつの市にある円融寺《えんゆうじ》の観音像《かんのんぞう》だ。

涙《なみだ》を流しはじめたのは、1980年1月26日のこと。最初《さいしょ》はぽたぽたとしたたり落ちるくらいだったが、だんだんと大量に流れでるようになった。

この不可思議《ふかしぎ》な事態《じたい》に、寺では2月16日に涙《なみだ》を止めるための大法要祭《だいほうようさい》が行われた。しかし、それでも涙《なみだ》は止まらず、その後も断続的《だんぞくてき》に涙《なみだ》を流す現象《げんしょう》が続《つづ》いた。とくに1981年から1982年にかけては、季節《きせつ》に関係《かんけい》なく涙《なみだ》を流しつづけたという。

動かすことをこばんだのか？

それにしても観音像《かんのんぞう》は、なぜ涙《なみだ》を流すようになったのだろう。

そのきっかけと考えられる出来事があった。住職《じゅうしょく》が、観音像《かんのんぞう》を参拝者《さんぱいしゃ》によく見せようと、位置《いち》を少しずらそうとした。だが、このとき、トラックについているクレーンで動かそうとしたにもかかわらず、不思議《ふしぎ》なことにびくともしなかったのだ。

これは奇妙《きみょう》なことだった。というのも、1971年、1976年にこの地方を集中豪雨《ごうう》が襲《おそ》い、土砂崩《どしゃくず》れが起きたとき、観音像《かんのんぞう》の位置《いち》が少しずれた。このときは、男性《だんせい》ふたりの力で簡単《かんたん》に元の位置《いち》にもどすことができたのだ。

ようやくなんとか観音像《かんのんぞう》を動かすことができた直後、涙《なみだ》を流しはじめたというわけである。

現在《げんざい》、観音像《かんのんぞう》は涙《なみだ》を流すことはないようだが、涙《なみだ》が伝《つた》った跡《あと》は残《のこ》っているという。

また、観音像《かんのんぞう》から採取《さいしゅ》した涙《なみだ》を、とある大学の研究室で分析《ぶんせき》したところ、人間の涙《なみだ》と同じ成分《せいぶん》であることが判明《はんめい》している。

▶涙《なみだ》を流した円融寺《えんゆうじ》の慈母観世音菩薩《じぼかんぜおんぼさつ》。涙《なみだ》の伝《つた》った跡《あと》がわかる。

人体・物体の怪現象 009

青白い光を目から放つ謎《なぞ》

はにわ像《ぞう》の目が光った

遭遇場所：日本

謎度 ★★★★

目撃数 ★★★

衝撃度 ★★★

恐怖度 ★★

写真に撮《と》ると現《あらわ》れる奇現象《きげんしょう》

宮崎県宮崎市《みやざきけんみやざきし》の古墳《こふん》台地に広がる県立平和台公園《こうえん》には、約《やく》400基《き》のはにわの複製品《ふくせいひん》がならぶ、はにわ園がある。

ここでは1962年から、古墳《こふん》をかたどった盛《も》り土の上に、日本各地《かくち》から発掘《はっくつ》されたはにわや土偶《どぐう》、土器《どき》などを複製《ふくせい》したものが、遊歩道にそって置《お》かれている。

そのなかのはにわのひとつに、ある日、目をうたがう現象《げんしょう》が起こった！

信《しん》じられないことに、はにわの目が青白く光ったのである！

もちろんはにわの内部は空洞《くうどう》なので、光るようなものは入っていない。目玉にガラス玉のような、光を反射《はんしゃ》する物もはめこまれていない。

ところが、そのはにわを写真に撮《と》ると、目が青白く不気味《ぶきみ》に光るのだ。

はにわには呪《のろ》いがかかっている？

この奇怪《きかい》な現象《げんしょう》を見た人のなかには、「光の屈折《くっせつ》で、光っているように見えるんじゃないだろうか」

と指摘《してき》する者もいた。

だが、調べてみてもはっきりしなかった。結《けっ》局《きょく》、何もわからないままに終わってしまった。

この現象《げんしょう》と直接《ちょくせつ》の関係《かんけい》があるのかはわからないが、公園のはにわにいたずらをした人が、その晩《ばん》、高熱《こうねつ》を出して苦しむという報告《ほうこく》も、寄《よ》せられているという。

それにしても、これら複製《ふくせい》のはにわには、何か呪《のろ》いでもかかっているというのだろうか。

その原因《げんいん》は、今もって不明《ふめい》である。

▶目から青白い光を放つ、はにわ園の複製《ふくせい》はにわ。なぜ光るのかは原因《げんいん》不明《ふめい》だ。

人体・物体の怪現象
010

女神に祝福《しゅくふく》された奇跡《きせき》の老人《ろうじん》
70年間不食《ふしょく》の男

遭遇場所：インド

謎度
★★★★★
目撃数
★★★★
衝撃度
★★★★★
恐怖度
★

8歳《さい》から物を食べない！

わたしたちは、生きるために毎日の食事が欠《か》かせない。体調不良《ふりょう》などで数日食べられないこともあるが、それは特別《とくべつ》な場合だ。だが、もし、70年間一度も飲食することなく生きている人間がいるとしたら……。

2010年、そんな信《しん》じられない生活をする老人《ろうじん》が、インドのニュースで報道《ほうどう》された！

それが当時83歳《さい》になる男性《だんせい》プララド・ジャニである。彼《かれ》は8歳《さい》のときに女神からの祝福《しゅくふく》をうけたという。するとどうだ、彼《かれ》はその後、いっさいの食事を取らなくても、生活できるという特殊能力《とくしゅのうりょく》が身についたのである！

▲不食《ふしょく》の老人《ろうじん》プララド・ジャニ。

この驚愕情報《きょうがくじょうほう》に、研究機関《きかん》が動きだした。

体はなんと40代の若《わか》さ！

インドの防衛《ぼうえい》研究開発機構《きこう》は、ジャニを地元の病院に15日間入院させ、24時間態勢《たいせい》で監視《かんし》を続《つづ》けながら、検査《けんさ》を行った。

その結果《けっか》に研究者たちは衝撃《しょうげき》をうけた。

検査《けんさ》期間中、ジャニが水にふれたのは、うがいと入浴《にゅうよく》のときだけ。15日間、いっさい食事も取らず、排泄《はいせつ》も行わなかった。それでいて、心《しん》肺《ぱい》機《き》能《のう》や血液《けつえき》、脳《のう》波《は》の検査《けんさ》ではまったく異常《いじょう》は見られなかった。驚《おどろ》きなのはそれだけではない。検査《けんさ》の結果《けっか》、83歳《さい》と高齢《こうれい》だったにもかかわらず、ジャニの体は40代と変《か》わらない健康状態《けんこうじょうたい》だったのだ！

「なぜ食事もしないのに健康《けんこう》なのか。彼《かれ》の体で、何が起きているのでしょう」

検査《けんさ》にあたった学者は首をひねるばかりだった。

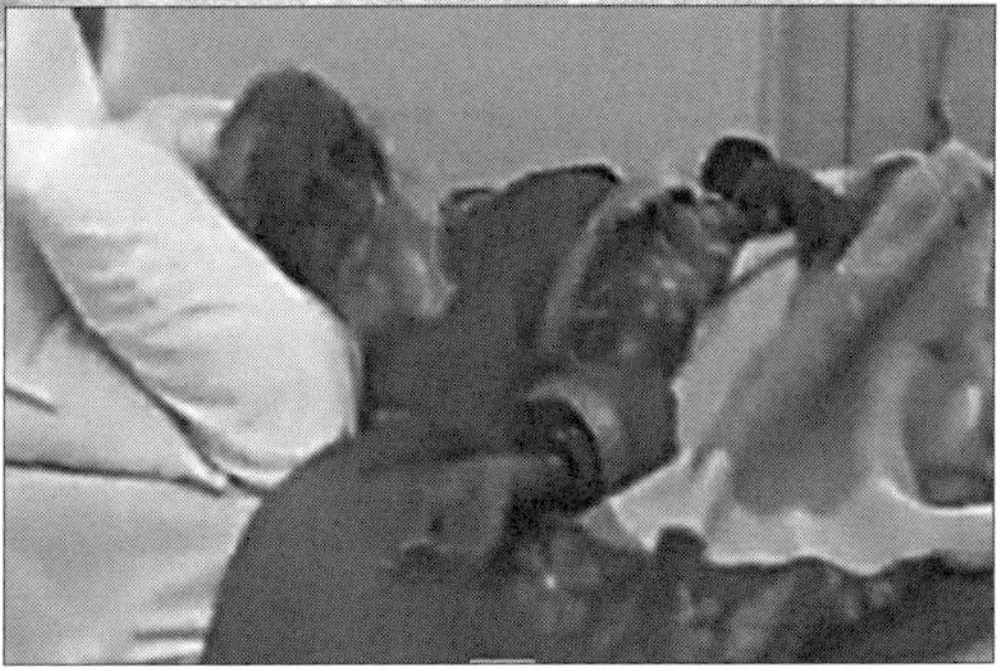

▲検査《けんさ》入院中のジャニ（上）と、退院《たいいん》し、医師《いし》と記者会見を行ったときの様子（下）

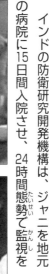

人体・物体の怪現象
011

寝《ね》ない男

かぜがきっかけで眠《ねむ》れなくなった男

遭遇場所：ベトナム

謎度
★★★★
目撃数
★★
衝撃度
★★★★★
恐怖度
★

お酒も薬も不眠《ふみん》に効《き》かない！

人間は眠《ねむ》らなければ生きていくことはできない。だが、ベトナムには1973年からこれまで、一度も眠《ねむ》らずに生活をしている男性《だんせい》がいる。

彼《かれ》の名はタイ・ンゴク。クアンナム省《しょう》で牧場《ぼくじょう》を営んでいる。不眠《ふみん》のきっかけは、かぜをわずらってしまったことだった。以来《いらい》、まるで眠《ねむ》れなくなってしまったのだという。

しかし、タイは一睡《いっすい》もしなくても、毎日重さ50キロの肥料《ひりょう》の入った袋《ふくろ》をかかえ、農場ではたらき、1日8キロもの距離《きょり》を歩いているという。そう、健康《けんこう》そのものなのだ。しいていえば肝臓《かんぞう》の機能《きのう》にやや低下《ていか》が見られるというが、それは70歳《さい》近い年齢《ねんれい》によるものと見られている。

タイの妻《つま》は、そんな夫《おっと》についてこう語る。

「昔は、よく寝《ね》る人でした。でも、今ではお酒を飲んだって、一睡《いっすい》もできないんです」

お酒だけではない、タイは睡眠薬《すいみんやく》を飲んでも、ベトナムの民間療法《みんかんりょうほう》をうけても、眠《ねむ》ることができないのである。しかし、眠《ねむ》れないことが日常《にちじょう》生活に影響《えいきょう》が出るなら問題だが、40年以上《いじょう》、何もないという。

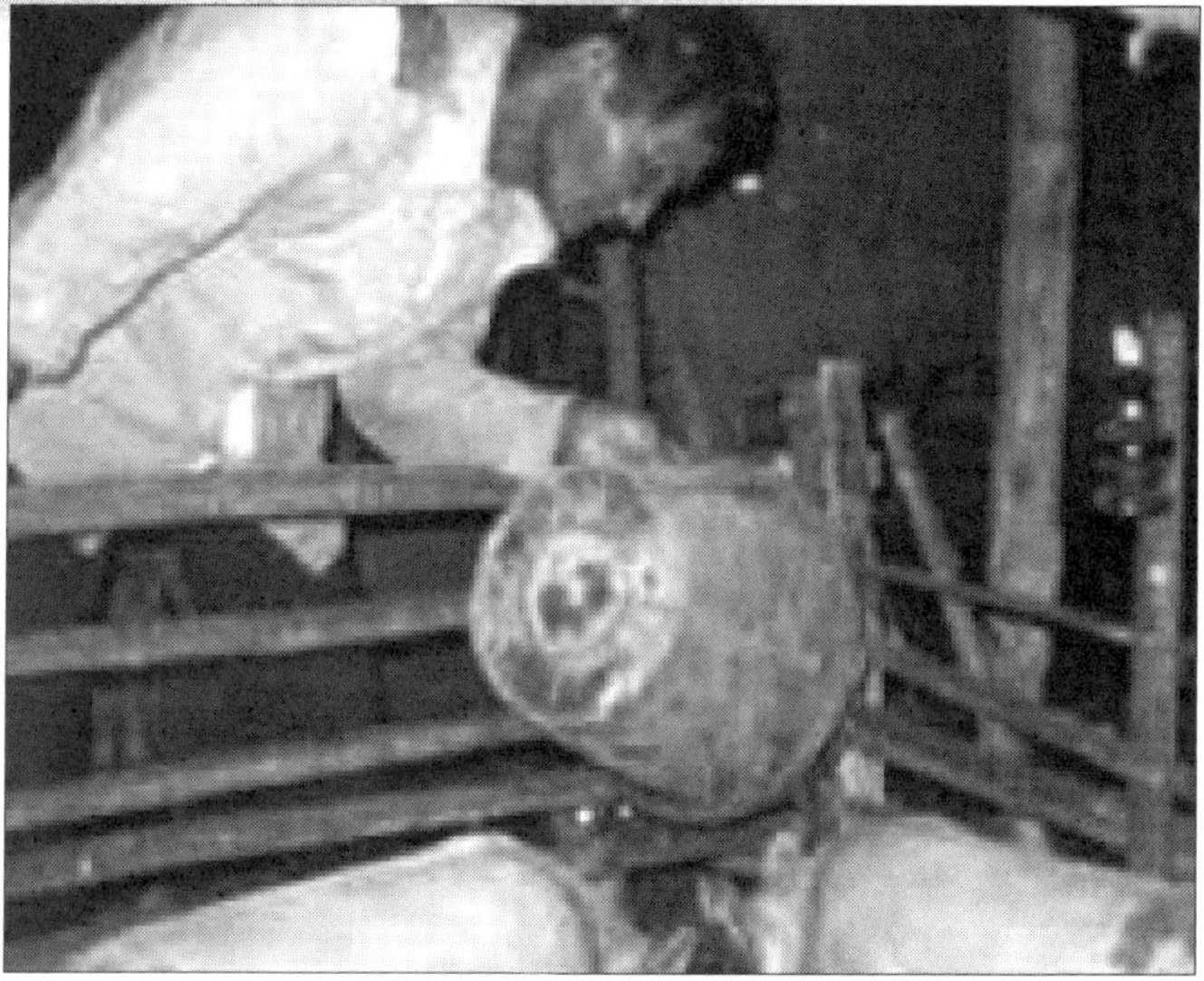

▶農場でほかの人と変《か》わらない作業をこなすタイ・ンゴク。

不眠体質《ふみんたいしつ》を生かした生き方

今では、泥棒《どろぼう》が入らないように、農場の監視《かんし》をしながら一夜を明かしたり、魚を養殖《ようしょく》するための池を3か月間毎日、深夜から朝にかけて掘《ほ》りつづけたりして、自身の特殊《とくしゅ》な体質《たいしつ》を生かした生活を送っている。近所の人も、サトウキビを植える季節《きせつ》は深夜に起きて作業しないといけないため、タイに起こしてもらうのだという。

タイを診察《しんさつ》したカーン・メンタル・ホスピタルの院長ファン・ンゴク・ハは、こう語る。

「ふつうなら不眠症《ふみんしょう》をうたがうでしょう。でも、その場合は、食欲不振《しょくよくふしん》や無気力《むきりょく》といった症状《しょうじょう》が見られます。ですが、まれに健康《けんこう》な人と変《か》わらずに生活できる人がいるといいます。タイ氏《し》は、そういう極《きわ》めてまれなケースでしょう」

人体・物体の怪現象
012

病や異常《いじょう》を見つけだす超能力《ちょうのうりょく》！

透視能力《とうしのうりょく》を持つ少女

遭遇場所：ロシア

謎度	目撃数	衝撃度	恐怖度
★★★★	★★★★★	★★★★	★

盲腸《もうちょう》の手術《しゅじゅつ》で能力《のうりょく》に目覚《めざ》める

ロシア・サランスクに、人体や物の内部を、

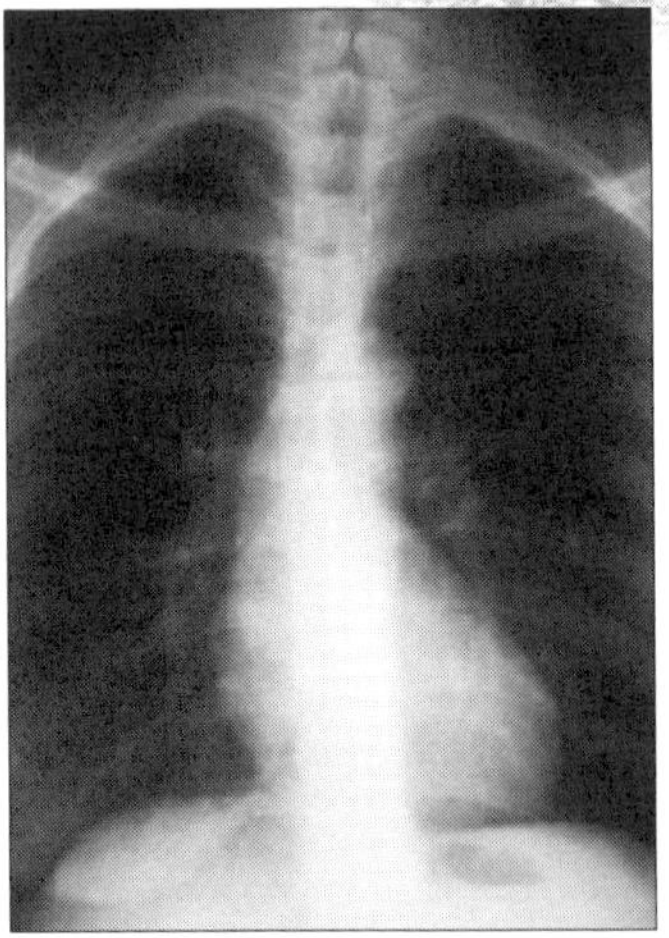

▲レントゲン写真。ナターシャには他人がこう見えているのだろうか?

レントゲン写真のように透視《とうし》できる少女がいるという。彼女《かのじょ》の名前はナターシャ・デムキナ。彼女《かのじょ》がその能力《のうりょく》を告白《こくはく》すると、地元の病院をはじめ、各国《かっこく》のマスコミが注目した。

ナターシャが透視能力《とうしのうりょく》に目覚《めざ》めたきっかけは、10歳《さい》のときにうけた盲腸《もうちょう》の手術《しゅじゅつ》だったという。

このとき、体が動かせなくなり、原因《げんいん》を調べたところ、腸内《ちょうない》に脱脂綿《だっしめん》が残《のこ》されているという医《い》療事故《りょうじこ》があった。これを取りのぞくため、再《ふた》び手術《しゅじゅつ》が行われたが、それから1か月後、彼女《かのじょ》は母親にこんなことを言った。

「ママの体のなかに掃除機《そうじき》のホースみたいなも

▲透視能力《とうしのうりょく》を持つ少女ナターシャ。

のが見えるわ。豆とウシの心臓《しんぞう》みたいなものも」

まだ臓器《ぞうき》の名前を知らなかったナターシャは、母親の体を透視《とうし》して見たものを、知っている物にたとえて表現《ひょうげん》した。驚《おどろ》いた母親は、ナターシャを病院に連《つ》れていき、そこでナターシャには透視能力《とうしのうりょく》があることがわかったのである。

動物でも写真でも透視《とうし》する

彼女《かのじょ》の能力《のうりょく》は世界中で研究された。

日本では、イヌの体を透視《とうし》し、右の後ろあしに器具《きぐ》がうめこまれていることを言いあてた。

また、写真に写っている男性《だんせい》を見て、その人物が肝臓《かんぞう》ガンにおかされていることを指摘《してき》した。

そう、透視《とうし》の対象《たいしょう》は、目の前にいなくてもいいのである。

彼女《かのじょ》の実験《じっけん》をした人のなかには、人間の外見《がいけん》的《てき》な特徴《とくちょう》から病気を推測《すいそく》しているのではないか、とうたがいの声も上がったが、動物でも写真でも透視《とうし》してしまうので、やがてうたがいの声は消えていった。彼女《かのじょ》はその能力《のうりょく》を生かし、将来《しょうらい》は医者になりたいと話しているという。

人体・物体の怪現象
013

母親の頭痛《ずつう》をも治《なお》してしまう!
奇跡《きせき》の磁石《じしゃく》少年

遭遇場所:セルビア

謎度	★★★
目撃数	★★★
衝撃度	★★★
恐怖度	★

生まれもっての磁石《じしゃく》人間

世界には、金属《きんぞく》が体にはりついてしまう、磁石《じしゃく》人間とも呼《よ》べる人々が存在《そんざい》する。ここで紹介《しょうかい》するセルビア人少年もまた、驚異《きょうい》の磁石《じしゃく》人間だ。

彼《かれ》の名はボグダン・イブコビック。当時7歳だったこの少年は、スプーンやフォーク、ナイフなどの軽い金属《きんぞく》はもちろん、マイクやテレビのリモコン、2キロを超《こ》えるフライパンまで、胸《むね》に吸《す》いつけてしまうのである。

ボグダンの母スベトラーによれば、彼《かれ》が赤ちゃんのころから、スプーンやおしゃぶりが体にはりついて離《はな》れず、驚《おどろ》いたという。ということは、ボグダンが生まれたときから、この能力《のうりょく》はすでに発揮《はっき》されていたのだろう。

そして、この能力《のうりょく》は成長《せいちょう》とともに強まっていった。最近《さいきん》ではボグダンがコンピューターやテレビ、携帯電話《けいたいでんわ》などの電化製品《でんかせいひん》にふれるだけで、故障《こしょう》やトラブルが起こるようになった。

頭痛《ずつう》を完治《かんち》させせた!

ボグダンになぜこのような能力《のうりょく》があるのかは、

まったくわかっていない。だが、スベトラーは、息子にこのような力があることをよろこんでいるという。なぜなら、ボグダンの能力《のうりょく》にはもうひとつ、驚《おどろ》くべき力があるからだ——、それは治癒《ちゆ》能力《のうりょく》である。

スベトラーはひどい頭痛《ずつう》を持っていて、医師《いし》から処方《しょほう》してもらう薬が欠《か》かせなかった。だが、ボグダンが彼女《かのじょ》の頭に手をふれると、痛《いた》みはスーッと消えてしまったそうである。これをくりかえしていると頭痛は軽くなり、数年前からは薬すら必要《ひつよう》なくなったという。この力の源《みなもと》は何なのだろうか。

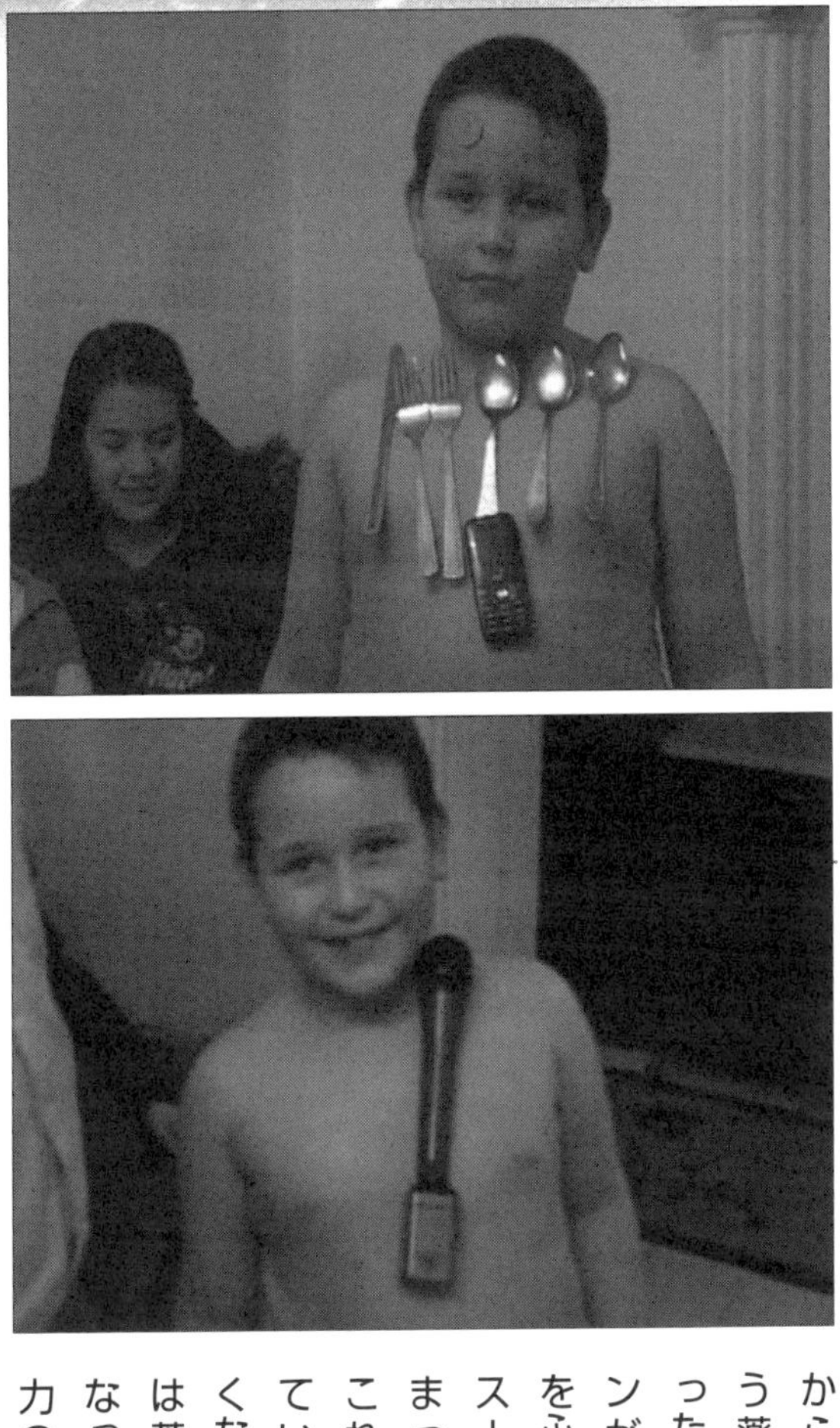

▶磁石《じしゃく》人間ボグダン。スプーンやフォークだけでなく、重いマイクもくっついてしまう。

人体・物体の怪現象
014

イエス・キリストの力を借《か》りた奇跡《きせき》

難病《なんびょう》を治《なお》す少女

遭遇場所：ブラジル

謎度	★★★★
目撃数	★★★★
衝撃度	★★★★
恐怖度	★

イエスのパワーで治療《ちりょう》

ブラジル・リオデジャネイロ近くの町に、不《ふ》思議《しぎ》な能力《のうりょく》を持つ8歳《さい》の少女がいる。アラニ・サントスだ。彼女《かのじょ》は、患者《かんじゃ》の体に手をふれるだけで、不治《ふじ》の病であるエイズやガンをも治《なお》してしまう驚異《きょうい》の治癒能力《ちゆのうりょく》を持っているという。

アラニがその能力《のうりょく》に目覚《めざ》めたのは2012年ごろのこと。父親で牧師《ぼくし》のアダウト・サントスによれば、彼女《かのじょ》はイエス・キリストと交信《こうしん》し、その治癒能力《ちゆのうりょく》をうけとっているのだという。

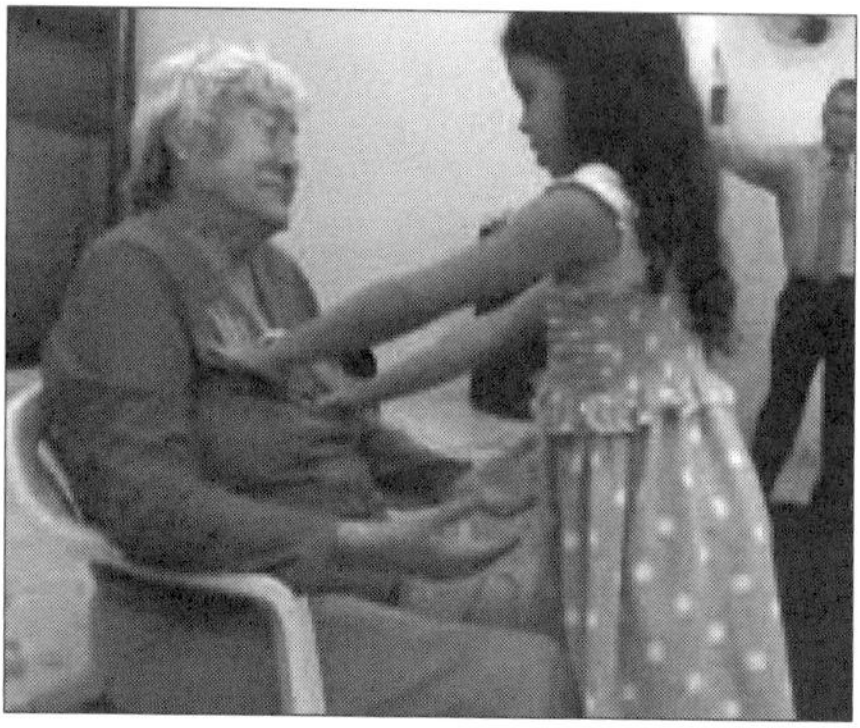

▶杖《つえ》なしで歩けなかった老女《ろうじょ》を治療《ちりょう》するアラニ。

この力は、アラニが病気に苦しむ人々にふれると、彼女《かのじょ》を通して患者《かんじゃ》に伝《つた》わり、あらゆる病気を治《なお》してしまうのである。

現在《げんざい》、アラニは父の教会で、週に2回、

この特殊《とくしゅ》な力を使った治療《ちりょう》を行っている。

杖《つえ》がないと歩くこともできなかった老女《ろうじょ》の体や足をアラニが優《やさ》しくふれると、数分後には立ちあがり、老《ろう》女《じょ》は杖《つえ》を使わずに歩くことができるようになったという。まさに奇《き》跡《せき》である。

▲患者《かんじゃ》の額《ひたい》に手を置《お》き、イエスのパワーをあたえるアラニ。

また、エイズで長年苦しんできた男性《だんせい》の額《ひたい》にアラニが手をふれたところ、その男性《だんせい》は意識《いしき》をうしなった。しかし、運ばれた病院で意識《いしき》を取りもどしたときには、彼《かれ》の体のなかで、エイズにむしばまれた部分はすべてなくなっていた。現代《げんだい》医学では不治《ふじ》の病が、完治《かんち》したのである。

病に苦しむ人々のために

アラニはこの特殊能力《とくしゅのうりょく》について、こう語る。

「わたしはただ心をこめて祈《いの》るだけです。祈《いの》ると、イエス様が奇跡《きせき》を起こしてくださいます。その奇跡《きせき》が人々を癒《いや》してくださるのです」

そして、それこそが自分自身の最高《さいこう》のよろこびであるという。

アラニは、イエスからあたえられたこの力をより正しく生かしたいと考えている。そのために、将来《しょうらい》は大学に進学し、医学の道に進むという夢《ゆめ》を持っているという。

人体・物体の怪現象
015

奇跡《きせき》の聖痕現象《せいこんげんしょう》

キリストと同じ位置《いち》に傷《きず》が現《あらわ》れる

遭遇場所：世界各地

謎度	目撃数	衝撃度	恐怖度
★★★★	★★★★★	★★★	★★

とつぜん、奇跡《きせき》の傷《きず》ができる

聖痕現象《せいこんげんしょう》をごぞんじだろうか？　これは、イエス・キリストが十字架《じゅうじか》にかけたれたとき、釘《くぎ》を打たれ、槍《やり》を刺《さ》されたのと同じところに、突然《とつぜん》、傷《きず》が現《あらわ》れ、出血するという不思議《ふしぎ》な現象《げんしょう》だ。この現象《げんしょう》は昔から、世界中で起きているのだ。

世界の聖痕現象《せいこんげんしょう》の体現者《たいげんしゃ》たち

なかでも有名なのが、イタリアのジョルジョ・ボンジョバンニだ。彼《かれ》は、1989年に初《はじ》めて聖母《せいぼ》マリアの姿《すがた》を見た瞬間《しゅんかん》、傷口《きずぐち》ができたと語り、両手、両足、胸《むね》などに聖痕《せいこん》が現《あらわ》れた。

1993年に彼《かれ》を診察《しんさつ》したロビゴ大学のスターニス・プレビアート博士《はくし》はこう語る。

「最初《さいしょ》は自分で傷《きず》つけたのかと思った。だが、傷《きず》の角度から見て、それにはむりがある」

ボンジョバンニはその後、マリアの指示《しじ》で世界中を旅し、マリアのメッセージを伝《つた》えるとともに、数々の奇跡《きせき》を起こしているという。

ドイツのテレーゼ・ノイマンの聖痕現象《せいこんげんしょう》は、その過酷《かこく》さとともに語られている。

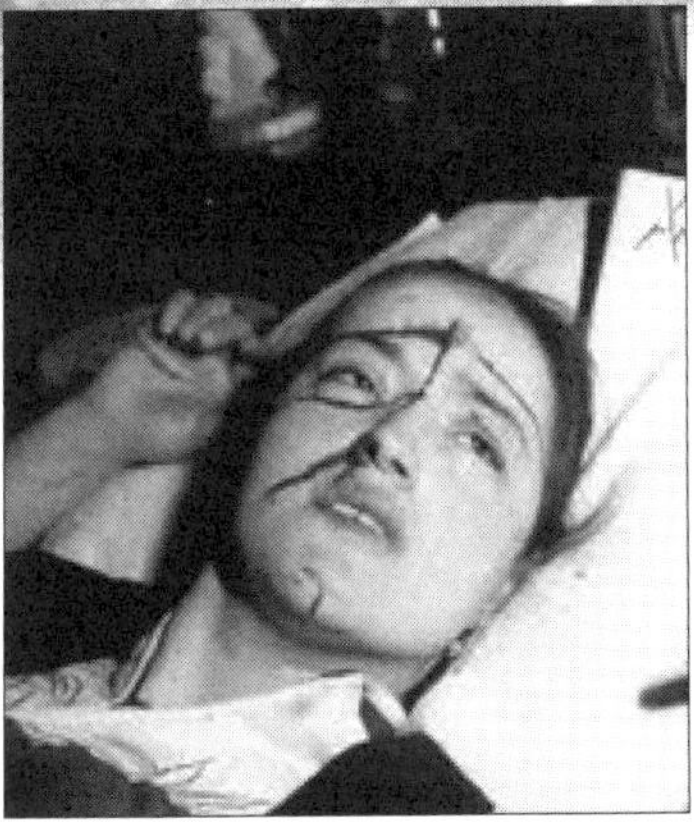

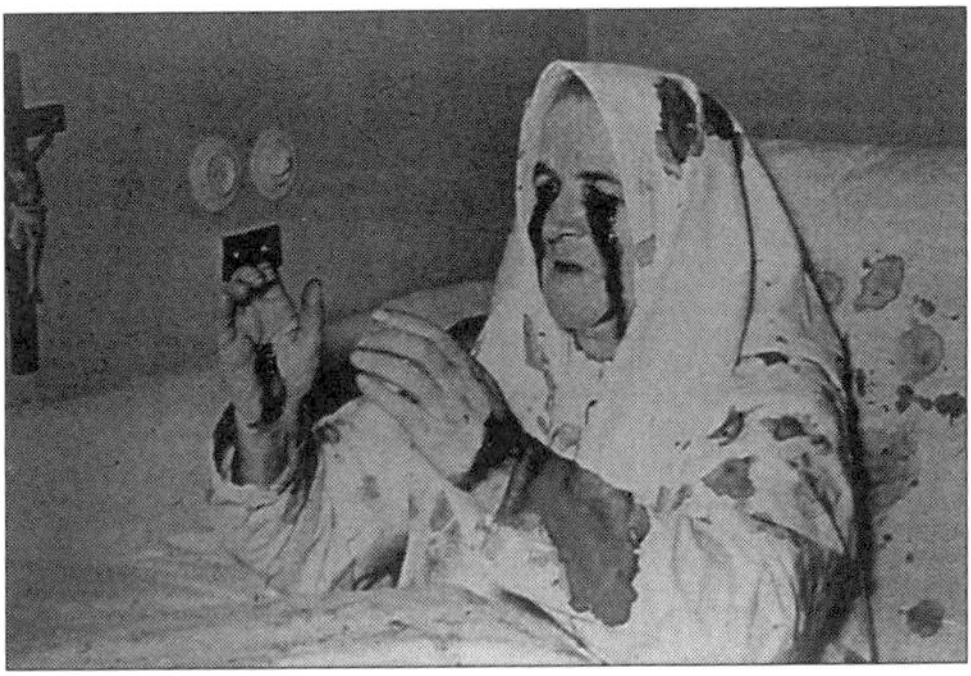

▲▶世界の聖痕体現《せいこんたいげん》者《しゃ》たち。両手、両足、胸《むね》、額《ひたい》などに聖痕《せいこん》が現《あらわ》れたイタリアのジョルジョ・ボンジョバンニ(右上)。過酷《かこく》な人生を送ったドイツの聖女《せいじょ》テレーゼ・ノイマン(右下)。最近《さいきん》の聖痕体現者《せいこんたいげんしゃ》、シリアのミルナ・ナザール(左上)。

1926年11月、彼女《かのじょ》に聖痕現象《せいこんげんしょう》による出血が起きた。さらに1928年3月8日、聖痕《せいこん》が肩《かた》に生じて以《い》来《らい》、テレーゼは何も飲まず、何も食べない生活に入る。そして、1962年に死亡《しぼう》した。彼女《かのじょ》は聖痕《せいこん》を背負《せお》いながら、至福《しふく》と苦難《くなん》の日々を生きつづけたのである。

最近《さいきん》では2004年4月、シリア・ダマスカスの敬虔《けいけん》なクリスチャン、ミルナ・ナザールの額《ひたい》に聖痕《せいこん》が現《あらわ》れたことがよく知られている。

聖痕現象《せいこんげんしょう》。その原因《げんいん》はいまだ明かされていない……。

人体・物体の怪現象
016

紫外線《しがいせん》を当てると現《あらわ》れる！
ふくらはぎの謎《なぞ》の刻印《こくいん》

遭遇場所：不明

謎度	★★★★★
目撃数	★
衝撃度	★★★
恐怖度	★★★

紫外線《しがいせん》で浮《う》かびあがる刻印《こくいん》

2014年3月、17歳《さい》の少女が、ハンディサイズの紫外線機器《しがいせんきき》をもてあそびながら、両足を照《て》らした。すると、彼女《かのじょ》の両足のふくらはぎに、奇妙《きみょう》な刻印《こくいん》が現《あらわ》れたのである。それが、左ページの画像《がぞう》だ。

少女は驚《おどろ》き、おびえながら、いっしょに暮《く》らす祖母《そぼ》にうったえた。

祖母《そぼ》は思わず言葉をうしなったが、ひとまず、少女に刻印《こくいん》されたものを落とそうとした。ローションを使ってふいたり、除光液《じょこうえき》でふいたりしたが、刻印《こくいん》はさっぱり落ちなかった！

刻印《こくいん》は紫外線《しがいせん》に当たったときにだけ見え、ふだんはわからない。だから、とりあえず気にしないことだ、そう祖母《そぼ》は思ったのだが……問題は、見えないだけではすまなかった。少女の刻《こく》印《いん》があるふくらはぎは、ときとして通常《つうじょう》の2倍くらいにむくみ、たいそう痛《いた》むのである！

ルーン文字に似《に》ている！

祖母《そぼ》は、知人にも相談をした。しかし人々は、超常現象《ちょうじょうげんしょう》だとか、宇宙人《うちゅうじん》のしわざだとか、衣料《いりょう》用洗剤《ようせんざい》に対するアレルギーだとかと意見したものの、どれも原因解決《げんいんかいけつ》にはつながらなかった。

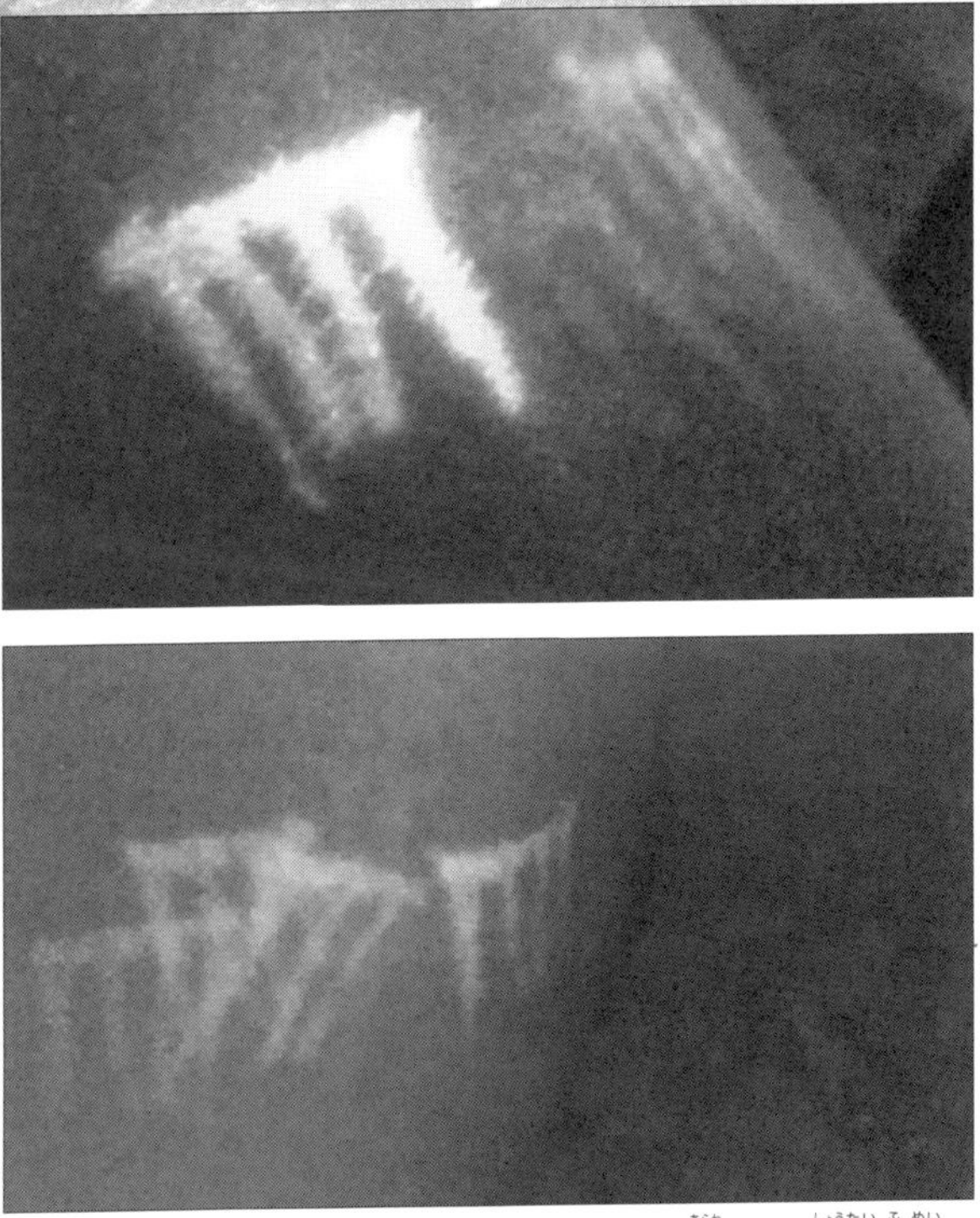

▲紫外線《しがいせん》を当てたときにだけ少女のふくらはぎに現《あらわ》れる、正体不明《しょうたいふめい》の謎《なぞ》の刻印《こくいん》。さまざまなもので消そうとしたが、落ちなかった。

　しかし、ひとつだけヒントになりそうな情報《じょうほう》があった。それは、刻印《こくいん》がルーン文字（ヨーロッパのゲルマン民族《みんぞく》が呪術《じゅじゅつ》や儀式《ぎしき》に用いた神秘《しんぴ》文字）に似《に》ているということだった。残念《ざんねん》ながら、刻《こく》印《いん》と同じルーン文字は見つからなかったが、やはりよく似《に》ており、そのいくつかは、ルーン文字より古いものに見えた。

　はたして、少女の刻印《こくいん》はなぜ刻《きざ》まれ、何を意味する物なのだろう？

　ちなみにこの事件《じけん》は、匿《とく》名《めい》で少女の祖母《そぼ》からもたらされたもので、少女がどうなったのかは不明《ふめい》だ。

人体・物体の怪現象 017

目から小石が出る少女

怪現象《かいげんしょう》は悪魔《あくま》の呪《のろ》いか？

遭遇場所：イエメン

謎度	★★★★
目撃数	★★★★
衝撃度	★★★★
恐怖度	★

小石が出る原因《げんいん》は不明《ふめい》

中東の国イエメンに、目から涙《なみだ》のように小石が出てくるようになった少女がいる。

12歳《さい》の少女サアディヤ・サレに、その奇妙《きみょう》な現象《げんしょう》が起きたのは2014年1月下旬《げじゅん》のことだ。サアディヤの父親によれば、小石は日中から夕方にかけて出て、睡眠中《すいみんちゅう》には何も起こらないという。また、小石は一日に100個《こ》以上《いじょう》出てくることもあるが、目が傷《きず》つくことはない。

それにしても原因《げんいん》は何なのだろう？　父親は複数《ふくすう》の病院でサアディヤを診察《しんさつ》してもらったが、レントゲン写真を撮《と》っても目には異常《いじょう》はなく、体内に小石は発見されなかった。小石が出る理由は不《ふ》明《めい》なのだ。

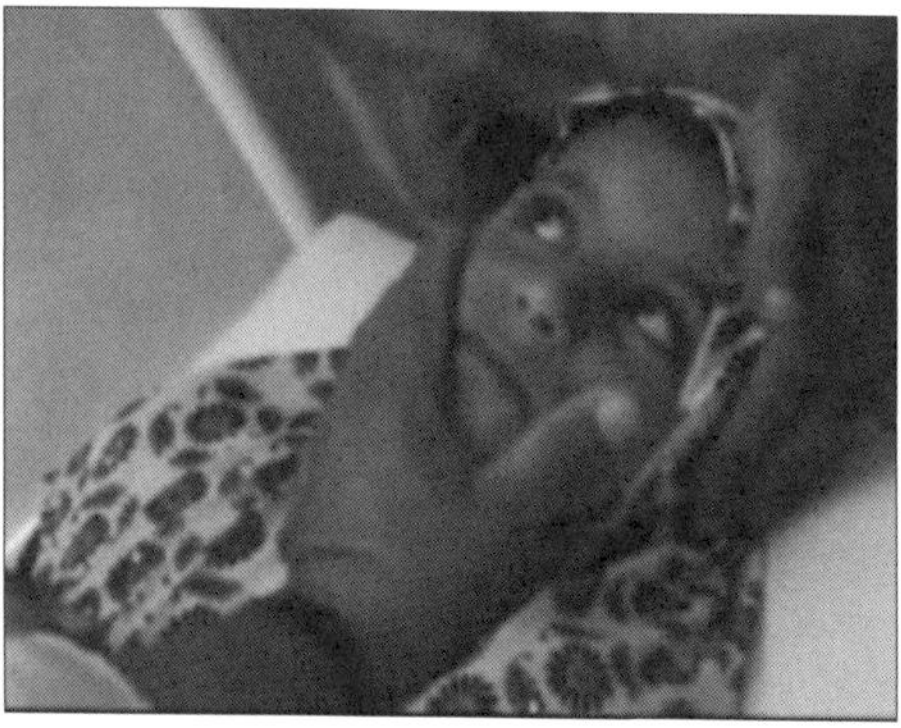

▶目から小石が出る少女サアディヤ。

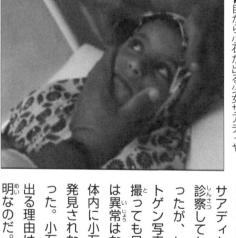

トリックとは考えられない

サアディヤのこの怪現象《かいげんしょう》に、彼女《かのじょ》の村の人々は、悪魔《あくま》の力だ、呪《のろ》われているのだ、と大さわぎした。このうわさを聞いたマスコミが、サアディヤをニュース番組で取りあげた。

そのときの映像《えいぞう》でも、彼女《かのじょ》の目から石が出てくる様子が確認《かくにん》でき、多くの人が「これはトリックとは考えられない」と判断《はんだん》した。

また、サアディヤのすむ村の近くにも、2011年から同じような現《げん》象《しょう》に見舞《みま》われた女性《じょせい》がいた。

彼女《かのじょ》は小石だけでなく、血のような赤い汗《あせ》が出るという。今は、血の汗《あせ》はおさまり、小石がたまに出るだけだという。

この地域《ちいき》には、異常《いじょう》を起こす何かがあるのだろうか？

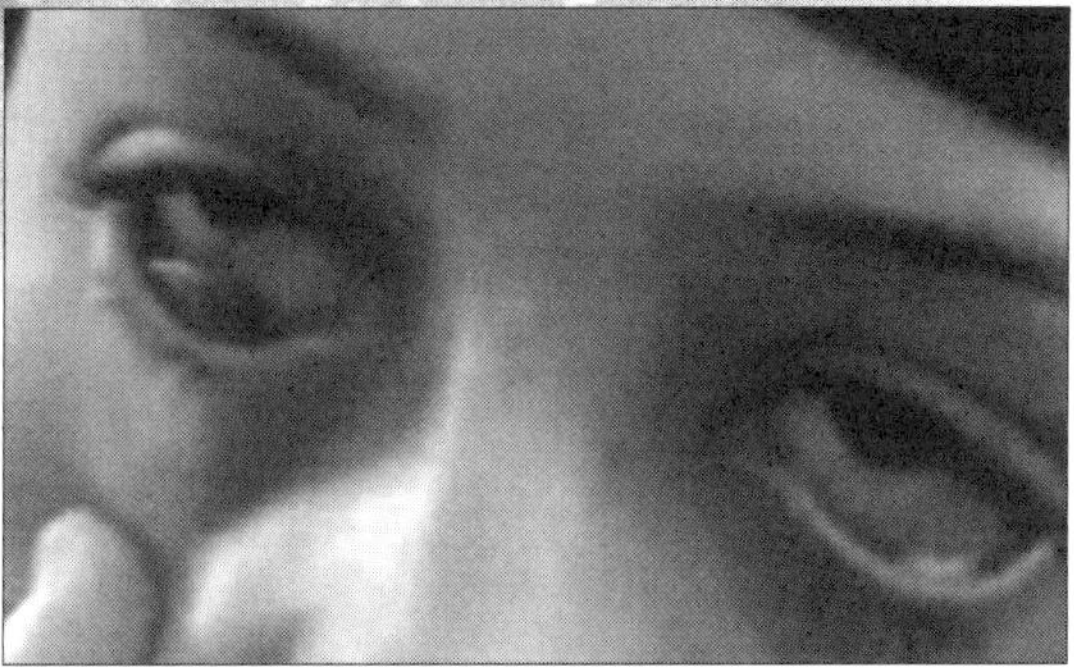

▲▶サアディヤの目から小石が出る瞬間《しゅんかん》（上）。サアディヤの目から出てきた40個《こ》近い小石（右）。

爬虫類型《はちゅうるいがた》エイリアンを産《う》んだ!? 宇宙人《うちゅうじん》の子を身ごもった女性《じょせい》

遭遇場所：イタリア

謎度	★★★★★
目撃数	★
衝撃度	★★★★
恐怖度	★★★★

宇宙人《うちゅうじん》に調査《ちょうさ》・研究された女性《じょせい》

2010年4月23日、動画投稿《とうこう》サイトに衝撃《しょうげき》的《てき》な告白《こくはく》をする女性《じょせい》の動画が公開された。なんと、「自分は、宇宙人《うちゅうじん》の子どもを妊娠《にんしん》した」というのだ。しかも、映像《えいぞう》には人間と宇宙人《うちゅうじん》の子どもと思われるものが映《うつ》っていた。

女性《じょせい》は当時41歳《さい》のイタリア人ジョヴァンナ。彼女《かのじょ》の証言《しょうげん》によれば、4歳《さい》のころから、彼女《かのじょ》の元には宇宙人が訪《おとず》れていたそうで、長年にわたり調査《ちょうさ》・研究の対象《たいしょう》になっていたらしい。

◀宇宙人《うちゅうじん》の子を宿したという女性《じょせい》。

宇宙人《うちゅうじん》たちは、彼女《かのじょ》から皮膚《ひふ》組織《そしき》や血《けつ》液《えき》などを採取《さいしゅ》した。彼女《かのじょ》の体には奇妙《きみょう》な痕跡《こんせき》が残《のこ》されているが、それは宇宙人《うちゅうじん》によってつけられたものだという。

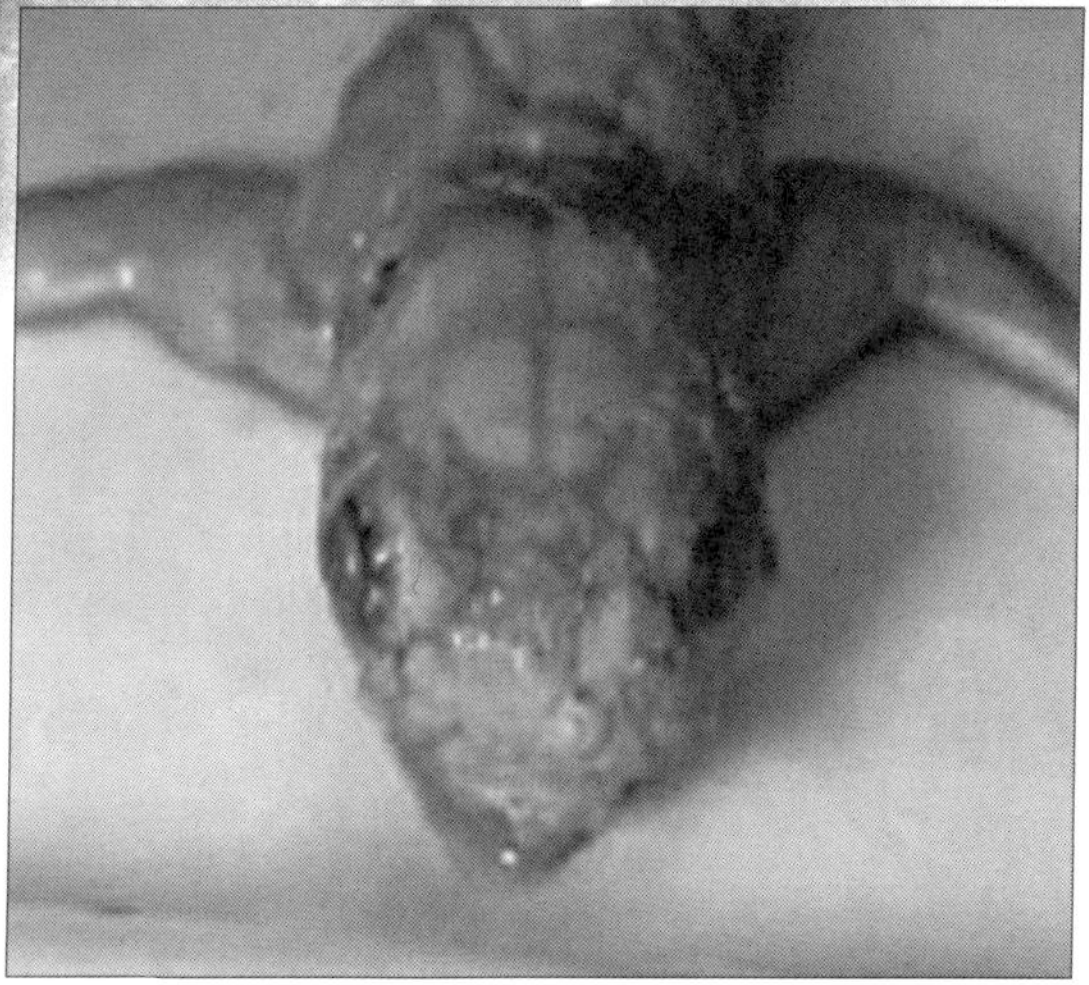

▲映像《えいぞう》には爬虫類型《はちゅうるいがた》宇宙人《うちゅうじん》が映《うつ》っていた。

最悪《さいあく》な宇宙人《うちゅうじん》がかかわっている！

そして成人《せいじん》すると、宇宙人《うちゅうじん》から「自分たちと遺伝子的《いでんしてき》に近い混血人種《こんけつじんしゅ》を作ろうとしている」と説明《せつめい》をうけた。その実験台《じっけんだい》に彼女《かのじょ》が選《えら》ばれたというのだ。

これだけを聞くと、彼女《かのじょ》は夢《ゆめ》でも見たと思われるかもしれない。だが、彼女《かのじょ》の部屋には宇宙《うちゅう》人《じん》が訪《おとず》れたときに残《のこ》した謎《なぞ》の物質《ぶっしつ》が残《のこ》されている。これは、おたがいが未知《みち》のウイルスに感染《かんせん》するのを防《ふせ》ぐための消毒薬《しょうどくやく》として用いられたという。この物質《ぶっしつ》を研究者たちが調査《ちょうさ》した結果《けっか》、地球にはないものだとわかった。さらに医師《いし》たちは何かがジョヴァンナの頭部にうめこまれていることに気づいたが、その物質《ぶっしつ》がどのようにして彼女《かのじょ》の頭部に挿入《そうにゅう》されたのか、またその物《ぶっ》質《しつ》が何なのかも特定《とくてい》できなかった。

なお、映像《えいぞう》の爬虫類型《はちゅうるいがた》の宇宙人《うちゅうじん》は、「人類《じんるい》乗っとり計画」を実行しようとしている最悪《さいあく》な種《しゅ》だ。いやな胸騒《むなさわ》ぎを覚《おぼ》える事件《じけん》である。

人体・物体の怪現象 019

教会のミサで起こった衝撃《しょうげき》の事件《じけん》
ウマを生《う》んだ女性《じょせい》

遭遇場所：ナイジェリア

謎度	★★★★
目撃数	★★★
衝撃度	★★★★★
恐怖度	★★★

神のお告《つ》げをうけていた！

2012年10月5日付《づけ》のナイジェリアの新聞が、教会のミサに出席《しゅっせき》していた女性《じょせい》がウマを出《しゅっ》産《さん》した、というとんでもないニュースを報《ほう》じた。記事によると、女性《じょせい》は同年9月11日に開かれていたミサの最中《さいちゅう》に金切り声をあげ、大量《たいりょう》の出血とともにウマを出産《しゅっさん》したという。

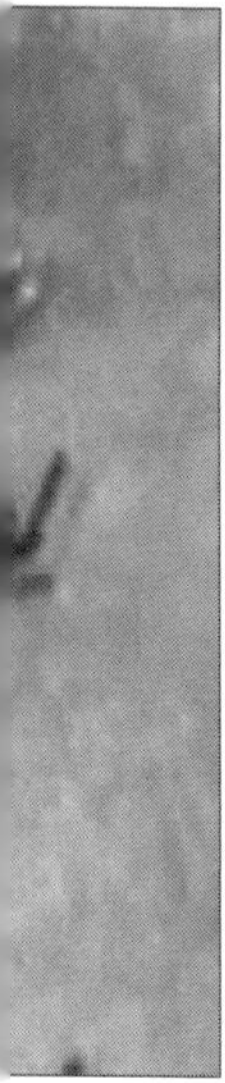

教会の管理《かんり》をまかされているシルヴァ・ウェルス師《し》は、「あの生物を言葉で表現《ひょうげん》することはできません。ミサの最中《さいちゅう》に、驚《おどろ》くような経験《けいけん》したことはありますが、今回のことは別格《べっかく》です」と、おそろしげに話をした。

じつは、この出来事の直前、ウェルス師《し》は神からお告《つ》げをうけていたので、ミサの祈《いの》りの間もずっと、出産《しゅっさん》に問題のありそうな女性《じょせい》がいることをばくぜんと感じていたという。ウェルス師《し》は出産時《しゅっさんじ》にすぐそばにはいなかったので、生まれた瞬間《しゅんかん》を、自分で確認《かくにん》することはできなかったが、女性《じょせい》の周囲《しゅうい》にいた人々はパニック状態《じょうたい》におちいったという。

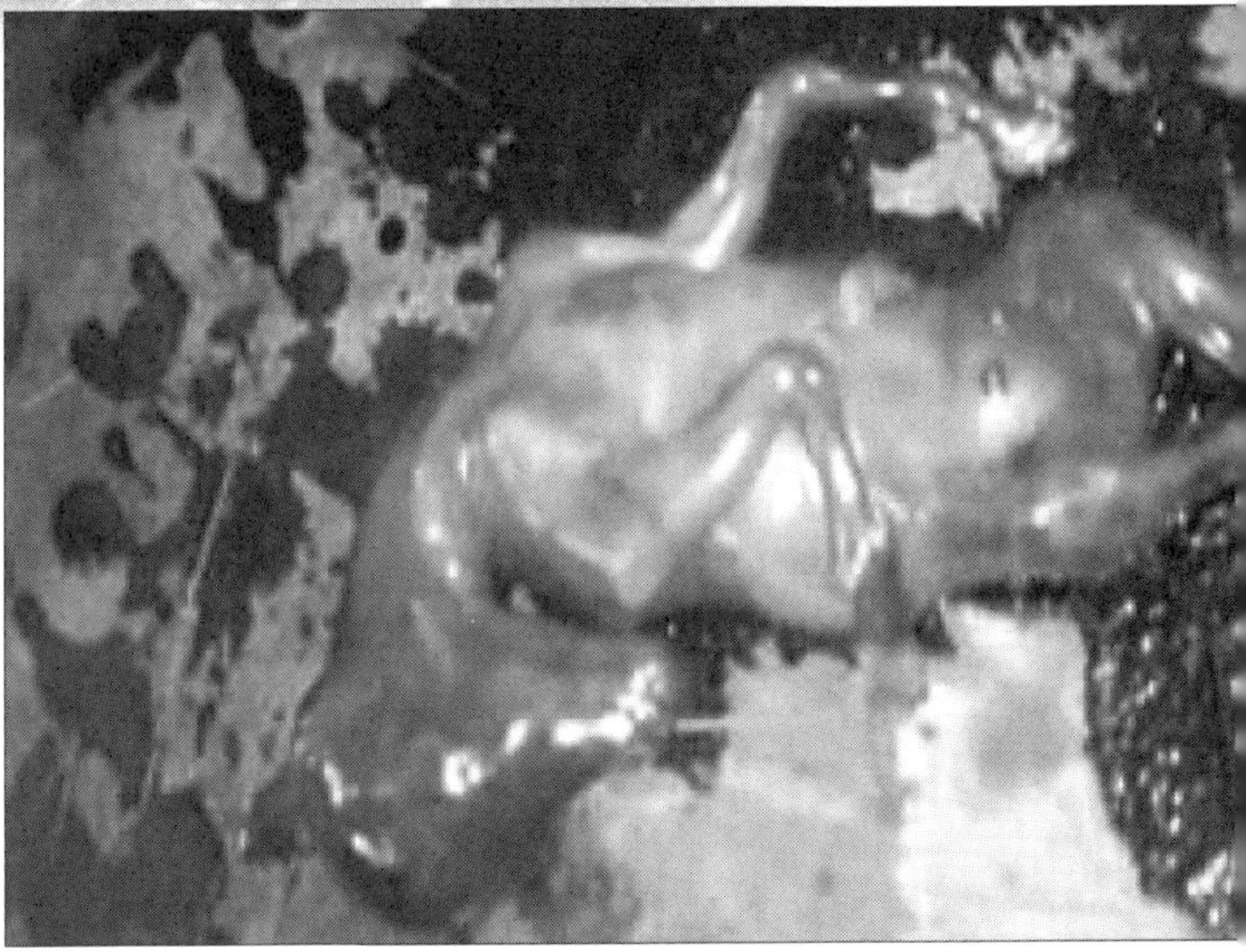

▶新聞に載《の》った写真。はたして本物か!?

神の意図があったのか？

さて、女性《じょせい》が生んだ胎児《たいじ》だが、周囲《しゅうい》の人によると出産《しゅっさん》されたあと少し動いて、すぐに息を引きとってしまったという。また、女性《じょせい》は無事《ぶじ》で、体に異常《いじょう》はなかったようだ。

ウェルス師《し》は「神はわたしたちの教会を祝福《しゅくふく》し、予言をあたえ、奇跡《きせき》をもたらしてくれています」と続《つづ》けるが、この出産《しゅっさん》にはどんな〝神の意図〟があったのだろうか……。

女性《じょせい》が入院した病院の関係者《かんけいしゃ》は、「人間が別《べつ》の生物を出産《しゅっさん》するなどありえない」と、この出来事を信《しん》じていないようだが、同教会がある町の長老《ちょうろう》たちが、この事件《じけん》に関《かん》する調査《ちょうさ》を開始したといわれている。調査《ちょうさ》の報告《ほうこく》を待ちたい。

超《ちょう》ミステリー　COLUMN《コラム》

巨人《きょじん》は実在《じつざい》していた！

われわれ人類《じんるい》の祖先《そせん》が誕生《たんじょう》する以前《いぜん》、太古の地球には巨人《きょじん》たちが暮《く》らしていたという伝説《でんせつ》は、世界各地《かくち》に残《のこ》されている。そんな巨人伝説《きょじんでんせつ》をうらづける、不思議《ふしぎ》な化石の数々を紹介《しょうかい》しよう。

◎エジプトで撮影《さつえい》した、伝説《でんせつ》の巨人《きょじん》ネフィリムの指

２０１２年、ドイツで長さ97センチのミイラ化した巨大《きょだい》な指が公開され、「ネフィリムのものか？」と注目された。ネフィリムとは、『旧約聖書《きゅうやくせいしょ》』などに描《えが》かれる、神と人間の間に生まれた巨人《きょじん》だ。

下に紹介《しょうかい》した写真を発表したグレゴリー・シュペリが１９８８年に撮影《さつえい》したものだという。彼《かれ》が時をへて公開したのには理由がある。

シュペリはエジプトが好きで、調査《ちょうさ》旅行に行き発掘《はっくつ》作業を行っていた。そして、１９８８年の調査《ちょうさ》旅行の最後《さいご》の日のことだ。盗掘者《とうくつしゃ》グループから彼《かれ》は、このミイラ化した指と、本《ほん》

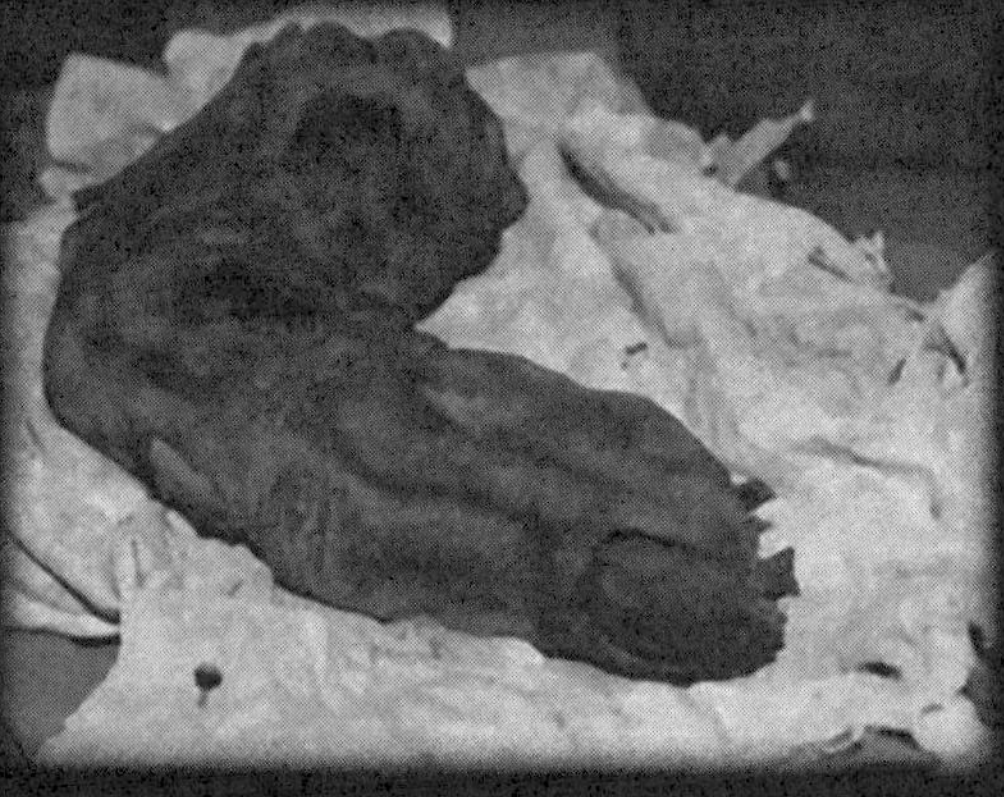

▲巨人《きょじん》ネフェリムの指のミイラとされる写真。

奇怪《きかい》な証拠《しょうこ》の数々

物《もの》であるという証拠《しょうこ》をしめす指のレントゲン写真を見せられた。

シュペリは「売ってほしい」と伝《つた》えたが拒否《きょひ》され、結局《けっきょく》、写真撮影《さつえい》だけで終わってしまったのだという。

2009年、シュペリは再《ふたた》びエジプトを訪《おとず》れたが、盗掘者《とうくつしゃ》グループとは会えなかった。そこで、自分なりに巨人《きょじん》の指について関係《かんけい》しそうなことを調べあげ、ギザのピラミッドに巨大《きょだい》すぎる石棺《せっかん》があることを知った彼《かれ》は、〝かつてこの地に巨人《きょじん》ネフィリムが存在《そんざい》していた〟という確信《かくしん》にいたったのだ。

そして指の画像《がぞう》を一般《いっぱん》公開し、新たな情報《じょうほう》を募《つの》ることにしたのである。しかし、情《じょう》報《ほう》は得《え》られていないようで、その謎《なぞ》は今なお、解《と》きあかされていない。

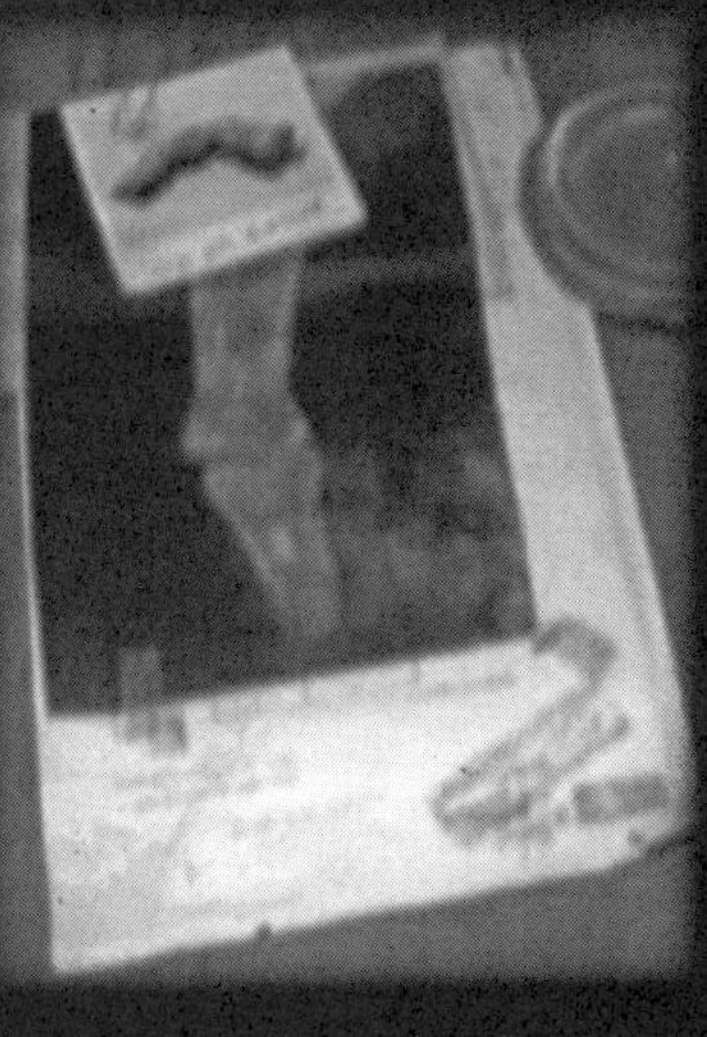
◀ネフェリムの指のレントゲン写真。

◎続々《ぞくぞく》と見つかる巨人《きょじん》化石

ネフィリムの指は映像《えいぞう》だけだったが、世界各地《かくち》からは、巨人《きょじん》の化石が発見されつづけている。

超《ちょう》ミステリー　COLUMN《コラム》

近年では、2012年7月19日、イラク政府《せいふ》のモハメド・アリ報道官《ほうどうかん》が「キルクーク、カラールの丘陵地帯《きゅうりょうちたい》で、身長3メートルにも達する4体の巨人《きょじん》化石を掘《ほ》りだした」と発表したと、イラクの通信社《つうしんしゃ》が報《ほう》じた。

詳細《しょうさい》はこうだ。同年9月半ば、イラク最北端《さいほくたん》に位置《いち》するアルビールの遺跡《いせき》から興《きょう》味《み》深《ぶか》い遺物《いぶつ》が発見された。なんと紀元前《きげんぜん》5000年ごろのものとみられる壁面《へきめん》のレリーフ画に、巨人《きょじん》が小さな人間たちをふみつける光景《こうけい》が描《えが》かれていたというのだ。こういった発見は、じつはイラクではめずらしくない。なんと1980年と2003年にも、3メートルを超《こ》える巨人《きょじん》の化石が発見されているというから驚《おどろ》きだ。

イラクばかりではない。エジプトやインド、アラスカでも1970年代から2000年代にかけて、同様の巨人《きょじん》化石の発見が続《つづ》いている。

これほどの世紀《せいき》の大発見なのに大きく報《ほう》じられないのは、「ダーウィンの進化論《しんかろん》と矛盾《むじゅん》

▲2012年、イラクで発掘《はっくつ》された巨人《きょじん》の全身化石。

する」という点が大きいからだ。ダーウィンの進化論《しんかろん》は考古学界や科学界では絶対《ぜったい》で、仮《かり》に進化論《しんかろん》を否定《ひてい》すると、その学者は学界から追放《ついほう》されてしまう。そのため、このような異《い》端《たん》の研究や調査《ちょうさ》は、アマチュアの学者たちにゆだねられてしまうのだ。

ちなみに、2014年にアメリカのスミソニアン博物館《はくぶつかん》が、かつて鑑定《かんてい》に持《も》ちこまれた巨人《きょじん》の骨《ほね》数万点を「伝統的理論《でんとうてきりろん》を守るためにすてた」と、職員《しょくいん》が告発《こくはつ》。裁判《さいばん》で、その証拠《しょうこ》書類《しょるい》の公開が命じられるというニュースが、インターネット上で話題となった。ただ、これは後にデマであったことがわかったが、ほんとうだと信《しん》じた人も多かったという。このことからも、人々の巨人《きょじん》に対する関心《かんしん》の高さはうかがえるだろう。

それにしても、実際《じっさい》に巨人《きょじん》の骨《ほね》は発掘《はっくつ》されており、巨人《きょじん》が残《のこ》したといわれる遺物《いぶつ》もある。やはり巨人族《きょじんぞく》は、かつてこの地球上にいたのではないだろうか。

▲アラスカで発見された巨人《きょじん》の頭骨《とうこつ》。

読者は見た!!

編集部《へんしゅうぶ》にとどいた驚《おどろ》きの情報《じょうほう》を公開しよう！

広島《ひろしま》の山中に謎《なぞ》の飛《ひ》行《こう》物体現《あらわ》る!?

これは広島県《ひろしまけん》の山中にある、温《ぬく》井《い》ダム付近《ふきん》で撮《と》ったUFO《ユーフォー》の写真です。たまたま撮《と》った写真のなかに、このUFO《ユーフォー》が写っていました。写真を撮影《さつえい》したのは2008年10月30日です。

ふつうに景色《けしき》を写した写真なのですが、プリントしてみたら、写真中央やや右上、山の上の雲のなかに小さな点が写っていました。

ぱっと見た感じは「鳥かな」と思ったんですが、拡大《かくだい》して確認《かくにん》してみると、生物っぽくない。色も銀色をしていて、これは帽子型《ぼうしがた》のドームを持つUFO《ユーフォー》だと思いあたりました。

調べてみると、この形とすごく似《に》ているUFO《ユーフォー》がありました。そう、1972年に高知県《こうちけん》の介良《けら》に現《あらわ》れた小型UFO《こがたユーフォー》です。

40年近く昔のUFO《ユーフォー》が、今さら現《あらわ》れるものなのかとも思いますが、いったいこれは、何なのでしょうか？

（匿名希望《とくめいきぼう》さん）

見よ！ 山中に現《あらわ》れた謎《なぞ》の飛《ひ》行《こう》物体を大公開

ふつうの風景《ふうけい》写真だが、雲の中に何かがある。

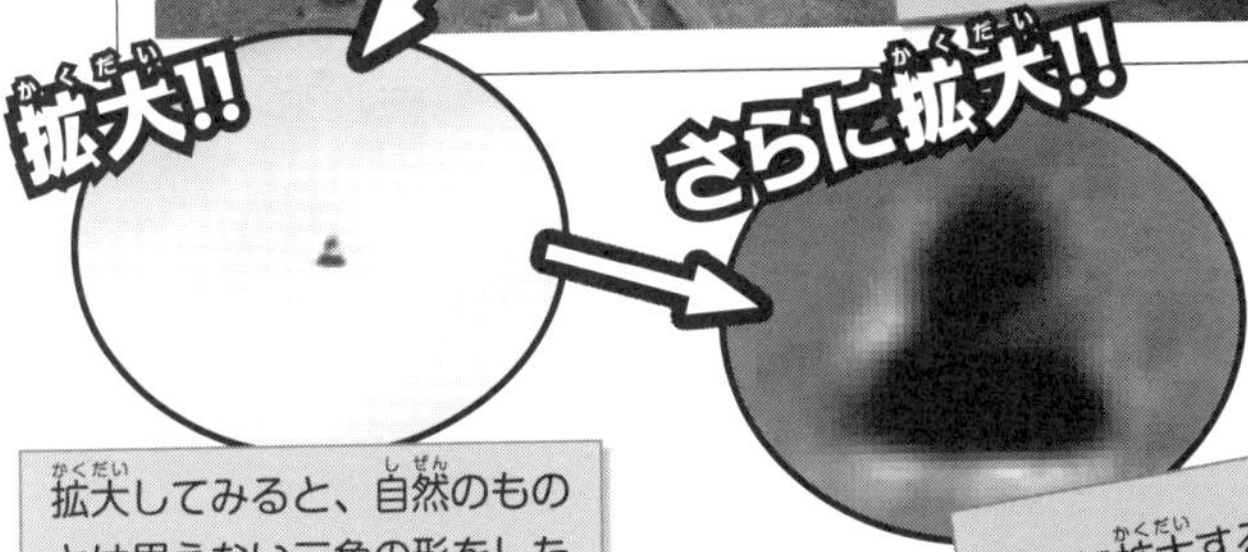

拡大《かくだい》してみると、自然《しぜん》のものとは思えない三角の形をしたものが。

さらに拡大《かくだい》するとUFO《ユーフォー》のようにも見えるが？

みんなの不思議体験大募集《ふしぎたいけんだいぼしゅう》!!

編集部《へんしゅうぶ》では、読者のみんなの不思議体験《ふしぎたいけん》を大募集《だいぼしゅう》しています。おもしろいものは本に掲載《けいさい》するかも!? どしどし体験談《たいけんだん》を送ってください。お待ちしております。

※宛先などは、2ページ後をご覧ください。

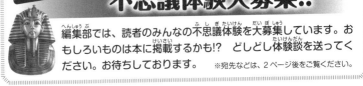

あとがき

イギリス・ロンドンには、あちこちに〝心霊《しんれい》スポット〟がある。そのなかでも有名なのが、〝幽霊《ゆうれい》が出るスポット〟として名高い、レミントンスパー駅だ。

「切符《きっぷ》を買っていたら幽霊《ゆうれい》の姿《すがた》を見た！」

「改札《かいさつ》に幽霊《ゆうれい》が立っている！」

などと、多くの利用客《りようきゃく》からの苦情《くじょう》が絶《た》えないという。

そこで駅では、こうした客からの苦情《くじょう》に対して、驚《おどろ》くべき対応策《たいおうさく》を講《こう》じた。なんと霊能力《れいのうりょく》を持ったニック・リースさん（58歳《さい》）を駅員として雇《やと》ったのだ。鉄道会社から事情《じじょう》を聞いたリースさんは、すぐに駅構内《えきこうない》のパトロール役を買ってでた。

「幽霊《ゆうれい》係りの仕事は、うまくやっています。だってわたしは幽霊《ゆうれい》に敬意《けいい》をはらっていますからね。彼《かれ》らに悪意はありません。ちゃんと向きあえば、彼《かれ》らもわたしを理解《りかい》してくれて、おとなしくしてくれています」

と語るリースさん。駅の構内《こうない》には、いたるところに幽霊《ゆうれい》が出現《しゅつげん》するスポットがあるという。しかしなぜ、この駅《えき》に幽霊《ゆうれい》が現《あらわ》れるのかは謎《なぞ》だという。キミが大人になっても、まだその好奇心《こうきしん》がふくらんだままだったら、一度、このレミントンスパー駅を訪《おとず》れてみてはいかがだろうか。

そして、〝超《ちょう》ミステリー〟という夢《ゆめ》とロマンをこれからも楽しみつづけてほしい。

二〇一五年一月吉日

並木　伸一郎

参考文献

『真・怪奇心霊事件FILE』（並木伸一郎著　学研パブリッシング）
『最新禁断の異次元事件』（並木伸一郎著　学研パブリッシング）
『最新最驚!! 怪奇報道写真ファイル』（並木伸一郎監修　竹書房）
『最新版 世界怪事件ファイル』（並木伸一郎著　竹書房）
『世界怪奇事件ファイル』（並木伸一郎著　学研パブリッシング）
『世界の怪奇事件集』（並木伸一郎著　KKロングセラーズ）
『日本の怪奇事件集』（並木伸一郎著　KKロングセラーズ）
『日本の怪奇100』（並木伸一郎著　マガジンランド）
『ムー的世界遺産』（並木伸一郎著　学研パブリッシング）

写真提供

並木伸一郎
Getty Images

みんなの不思議《ふしぎ》体験《たいけん》大募集《だいぼしゅう》!!

編集部《へんしゅうぶ》では、読者のみなさんのおたよりをお待ちしております。

・UFO《ユーフォー》やUMA《ユーマ》の目撃情報《もくげきじょうほう》
・身近に起きた不思議現象《ふしぎげんしょう》
・この本の感想《かんそう》

など、どしどしお寄《よ》せください。

※みなさんのおたよりは、編集部《へんしゅうぶ》と監修者《かんしゅうしゃ》、執筆者《しっぴつしゃ》で読んで、参考《さんこう》にさせていただきます。

あて先

〒160-8565
東京都新宿区大京町22-1
ポプラ社児童書編集局
「ほんとうにあった!? 世界の超ミステリー⑩ 戦慄！超常現象の謎」の係

この世の謎《なぞ》にせまる!!
「ほんとうにあった!?

❶ UFO《ユーフォー》と宇宙人《うちゅうじん》の謎《なぞ》

グレイ・エイリアンの正体やUFO《ユーフォー》墜落《ついらく》事件《じけん》など、UFO《ユーフォー》と宇宙人《うちゅうじん》に関《かん》する謎《なぞ》を紹介《しょうかい》！

❷ 未確認動物《みかくにんどうぶつ》 UMA《ユーマ》の謎《なぞ》

ネス湖の怪物《かいぶつ》ネッシーや吸血《きゅうけつ》怪獣《かいじゅう》チュパカブラなど、世界のUMA《ユーマ》を完全紹介《かんぜんしょうかい》！

❸ 超古代文明《ちょうこだいぶんめい》とオーパーツの謎《なぞ》

水晶《すいしょう》ドクロなど、超古代《ちょうこだい》文明が残《のこ》したといわれる不思議《ふしぎ》な遺物《いぶつ》の謎《なぞ》を解《と》き明かす！

❹ 未確認動物《みかくにんどうぶつ》UMA《ユーマ》の謎《なぞ》 珍獣奇獣編《ちんじゅうきじゅうへん》

ビッグフットの最新《さいしん》研究をはじめ、新種《しんしゅ》のUMA《ユーマ》から伝説《でんせつ》のUMA《ユーマ》まで一挙掲載《いっきょけいさい》！

❺ 超怪奇現象《ちょうかいきげんしょう》の謎《なぞ》

バミューダトライアングルなど、現代《げんだい》の科学では解明《かいめい》できない不《ふ》思議《しぎ》の謎《なぞ》にせまる！

きみは全部

監　修／並木伸一郎　なみき しんいちろう
1947年東京生まれ。早稲田大学を卒業、電電公社（現NTT）に勤務ののち、UFO問題を中心とした不思議な現象の調査・研究に専念。海外の研究者とも積極的に交流し、雑誌やテレビなどで幅広く活躍している。日本におけるUFO研究の第一人者。MUFON日本代表、未知領域調査解析機構代表、国際未知動物学会会員、日本宇宙現象研究会会長を務めている。著書および監修書は『未確認動物UMA大全』、『未確認飛行物体UFO大全』（学研）など多数ある。

執　筆／こざきゆう
表紙イラスト／岡本英郎
漫　画／森野達弥
本文イラスト／大里あかね
デザインフォーマット／斎藤伸二
装丁デザイン／岩田里香
本文デザイン／ゴルゴオフィス

ほんとうにあった!?　世界の超ミステリー⑩
戦慄《せんりつ》！　超常現象《ちょうじょうげんしょう》の謎《なぞ》

発　行　2015年　2月　第1刷
　　　　2017年　9月　第3刷

監　修　並木伸一郎
発行者　長谷川 均
編　集　大塚訓章
発行所　株式会社ポプラ社
〒160-8565　東京都新宿区大京町 22-1
振替 00140-3-149271
電話 03-3357-2212（営業）03-3357-2216（編集）
ホームページ www.poplar.co.jp

印刷・製本　共同印刷株式会社

Printed in Japan　N.D.C.147／207P／18cm　ISBN978-4-591-14296-7

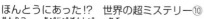